GREEK READINGS
FOR REVIEW

FIRST LESSONS II

COMPRISING

THE NOUN AND THE REGULAR vERB IN -ω

BY
ADOLF KAEGI, Ph.D.

AUTHORIZED ENGLISH EDITION BY
JAMES A. KLEIST, S.J., Ph.D.

TWELFTH EDITION

BOLCHAZY-CARDUCCI PUBLISHERS, INC.
Wauconda, Illinois, USA

Formerly published by B. Herder Book Co. as
First Lessons in Greek

Cover Illustration:
Chiron with the young Achilles
wall painting from Herculaneum

Cover Design:
Adam Phillip Velez

BOLCHAZY-CARDUCCI PUBLISHERS, INC.
1000 Brown Street, Unit 101
Wauconda, Illinois, USA
WWW.BOLCHAZY.COM

Printed in the United States of America
2002
by United Graphics, Inc.

ISBN 0-86516-549-1

Reprint of the 1928 B. Herder Book Co. edition

PREFACE

THE *Greek Exercise Book*, the first part of which is here submitted to the public, is a complement to the *Short Grammar*. It contains material for Translation and Reading.

The *Narratives* introduced among the Exercises, and especially those forming the Appendix, will relieve the monotony and strain of the daily drill and facilitate the subsequent Reading of Authors.

The *Vocabulary* has been carefully selected by Professor Kaegi. His aim has been to introduce none but such words into the Exercises as are *most frequently met with* in Classical School Authors. Teachers should therefore insist upon the study of the vocables here given; those contained in foot-notes need not be memorized, their only purpose being to aid in framing particular sentences.

The *study of grammar* is, of course, to be regulated according to the Lessons of the Exercise Book. The *amount* of grammar to be practiced in each Lesson should likewise be thoroughly learnt. Daily experience in the class-room teaches that a thorough foundation in the elementary rules of both Etymology and Syntax is an indispensable requisite for a profitable and enjoyable Reading of the Authors. As the Prince of Orators has it: Τὰ κάτωθεν ἰσχυρότατ᾽ εἶναι δεῖ.

The present work furnishes *abundant* material for *Translation*. Teachers who wish to proceed more rapidly will have no difficulty in making their own selection. If from five to six hours a week be devoted to the study of Greek, the first 76 Lessons of Part I ought, under favorable circumstances, to constitute the task of the first year.

The Lessons are not intended as home tasks, but to be translated in school and repeated at home.

iii

Owing to the richness in synonyms of the English language, it was impossible without unduly swelling the Vocabulary to give all the shades of meaning which an idiomatic translation might seem to require. Consequently, the Greek equivalents of choicer words or more select phrases have been either given in foot-notes or indicated in the English *Index*.

It is especially in the first year of the study of Greek that teachers should act upon the well-known maxim: Σπεῦδε βραδέως, *nam sat celeriter fit quidquid fit satis bene.*

Suggestions towards an improvement of the book will not only be gratefully accepted but are kindly solicited from teachers who will use the book in the class-room.

JAMES A. KLEIST, S.J.

St. Louis University,
St. Louis, Mo., July 9, 1902.

TO THE SECOND EDITION

THANKS to the great interest Teachers have taken in these *First Lessons*, I have been able to enhance the present edition by a variety of changes and corrections.

Those who at the first glance would deem the *Vocabulary* too copious and a burden to the student's memory rather than a help in his study of Greek, are invited to examine what it really contains. They will find that the words here presented for memorization are precisely such as occur most frequently in the Classical Authors usually read at College. No student of Greek can do without them.

It may be well to add that the *Selections for Reading* (Lessons 84–92) do not constitute an integral part of the work to be mastered in these *First Lessons*. They are intended to furnish matter for supplementary reading, and in consequence to be read or omitted at the discretion of the individual teacher.

The matter contained in the foot-notes is not supposed to be committed to memory.

The Greek sentences detached from the main paragraph, *e.g.* sentence 16, in Lesson 4, are quotations from poetry. Some of these lines are written in Homeric verse, the heroic hexameter; most of them, however, represent either the iambic or the trochaic rhythm. In Greek verse, a spondee may be used for a dactyl ($\angle$ — for $\angle$ ◡ ◡). Likewise a tribrach may be used for a trochee (◡̆ ◡ ◡ for $\angle$ ◡) or for an iambus (◡ ◡̆ ◡ for ◡ $\angle$). Thus, sentence 10, in Lesson 36, reads as follows:

τὰ μεγάλα δῶρα τῆς τύχης ἔχει φόβον

◡ ◡̆ ◡ | ◡ $\angle$ | ◡ $\angle$ | ◡ $\angle$ | ◡ $\angle$ | ◡ ◡̆

Greek as a compulsory study at College is at present undergoing severe censure on the part of those who attach more importance to the study of the sciences. The author of these *Lessons* is not of the opinion that Greek has an altogether exceptional value as a means of general culture or mental discipline. But its power as a means of training the budding mind to habits of work and precision is beyond all controversy. Nothing, however, short of extensive reading preceded by a patient and daily drill in the Greek forms of expression, will accomplish the results for general culture which a thorough acquaintance with the Classics is wont to insure. It is no exaggeration for the author of these *Lessons* to say that practical experience has fully proved the following exercises to be well suited to their purpose.

JAMES A. KLEIST, S.J.

COLLEGE OF THE SACRED HEART,
PRAIRIE DU CHIEN, WIS., Sept. 15, 1905.

PREFACE TO THE REVISED EDITION

The present edition has been enriched by an Appendix which is to fur-
nish the teacher with suitable and fresh matter *for Repetition*. Thus,
Lessons 93–95 may be read after Lesson 27 ; 96–99 after 43 ; 100–102 after
52 ; 103 after 58 ; 104 after 68 ; 105 after 76. As a consequence the *Vocab-
ulary* had to be enlarged to meet the new demands. It should be noted,
however, that only such words were received into the Vocabulary as should,
in the opinion of its author, be learned by heart and form part and parcel
of the student's knowledge of Greek words. Words which occur but
rarely, or were used to build up some particular sentence only, have been
relegated to the notes at the foot of the page. It is hoped that the con-
tents of these new reading exercises will be found sufficiently interesting
to commend themselves to teacher and student alike. At the head of
each separate Lesson will be found put together for convenient reference
all those *Proper Names* that occur in it together with their English equiva-
lents. The latter, moreover, have been marked wherever it seemed neces-
sary with an accent so as to facilitate their correct pronunciation.

READING LESSON.

Grammar I. 2, I-3. 3. 4; 5, 6; 6, I-5.

Δῶρον, λέγομεν, σάρξ, φλέψ, ψέγω, λήγω, στῆτε, πᾶσιν, πάν-
των, πασῶν, ἀσφαλής, στράτευμα, ἀπολείποντες, καταλαβόντες,
Λάμαχος, Ξενοφῶν, Χίος, Χῖος, Ξέρξης, Φερεκράτης, Θεόφιλος,
Σωσθένης, Ξενοχάρης.

Ἄγγελος, συγγενής, ἐγκώμιον, ἐγχώριος, ὄγχνη, φάλαγξ,
λάρυγξ, Ζεύς, ζέφυρος, ἔραζε, Ἥρα, Ἡρακλῆς, ἔθελε, ἤθελε, θελε,
τῆλε, τέλλε, τέθηλε, καθέδρα, θάλαττα, ἴαμβος, ἰάπτω, ἰατρός, ἴυγξ,
ἰσχύς, σχολή, αἶσχος, αἰσχρός, Βοιωτία, Αἰγύπτιος, Φίλιππος,
δημοκρατία, ῥώμη, ἄρρητος, Ῥήγιον, ἀπορρώξ, Διόσκοροι, Οὐρα-
νίωνες, αἰδώς, εἰδώς, εἶδος, εἴδους, αἰδοῦς, φεύγω, εὔνους, εὖνοι,
οἶνοι, οἴνους, ἐγγύς, εὔπλοια, Πειραιεύς, Ὀαιεῖς, Πειραιοῖ, Χοίριλος,
μυῖα, υἱεῖς, παῖς, πάϊς, ἄιδρις, αὐτή, αὑτή, ταῦρος, ἄυπνος, ῥάδιος,
ἀίσσω, Σωκράτης, Ἅιδου, ἦγον, ᾖδον, Ἰωών, ὑπερῷον, Ὠιδεῖον,
Ἡρῴδης, θᾶττον, τάττον, μάσσον, ἆσσον, ἄλλον, μᾶλλον, φῦλον,
φύλλον, ῥήτρα, φαρέτρα, ἐνέδρα, ἀρότρου, ζῶστρα.

Present Indicative, Imperative and Infinitive.

	Active	Middle and Passive
Indicative	παιδεύ-ω I educate, παιδεύ-εις (I am educating). παιδεύ-ει παιδεύ-ομεν παιδεύ-ετε παιδεύ-ουσι(ν)	παιδεύ-ομαι I educate for myself, παιδεύ-ῃ (for my own inter- παιδεύ-εται est); I am educated. παιδευ-όμεθα παιδεύ-εσθε παιδεύ-ονται
Imp.	παίδευ-ε educate παιδεύ-ετε	παιδεύ-ου educate for yourself παιδεύ-εσθε etc.; (let yourself) be educated.
Inf.	παιδεύ-ειν to educate	παιδεύ-εσθαι to educate for oneself etc.; to be edu- cated.

B   1

I. PRESENT ACTIVE.

A. 1. Βασιλεύει. 2. Πιστεύετε. 3. Ἔχει. 4. Γιγνώσκεις.
5. Φθείρουσιν. 6. Λέγετε. 7. Φέρω. 8. Οὐ γιγνώσκομεν. 9. Θαυ-
μάζετε. 10. Μὴ φεῦγε. 11. Λύουσιν. 12. Θύετε πολλάκις
καὶ πιστεύετε. 13. Οὐ θαυμάζεις; 14. Ἄγγελλε πολλάκις.

B. 1. I know. 2. Loose! 3. He marches. 4. They write.
5. Do not trust! 6. She is queen. 7. Do you not admire? 8. He
sacrifices. 9. They often announce. 10. Perceive! 11. Do they
rule? 12. You trust. 13. We often write. 14. They do not cor-
rupt. 15. We believe. 16. Educate!

O-DECLENSION. Gr. 31.
2. Rules I and 5.*

A. 1. Οἱ νόμοι τοὺς ἀνθρώπους παιδεύουσιν. 2. Οὐκ ἔχομεν
συμμάχους ἐν τῷ πολέμῳ. 3. Πιστεύομεν τοῖς τῶν φίλων λόγοις.
4. Τοὺς νόμους οἱ Ἀθηναῖοι εἰς λίθους γράφουσιν. 5. Μὴ
πιστεύετε τοῖς ξένοις, ὦ Ἀθηναῖοι. 6. Ἄγγελλε, ὦ φίλε, τοῖς
ἑταίροις τὸν τοῦ Κύρου λόγον. 7. Οὐ γιγνώσκετε τοὺς τοῦ βίου
πόνους καὶ κινδύνους. 8. Τὸν θάνατον οἱ ἄνθρωποι καὶ ὕπνον
λέγουσιν. 9. Ἐν τοῖς κινδύνοις τοὺς τῶν ἀνθρώπων τρόπους
γιγνώσκομεν. 10. Λακεδαιμόνιοι πόνους καὶ κινδύνους οὐ φεύγου-
σιν. 11. Καὶ οἱ Ἀθηναῖοι τὸν τοῦ Κροίσου πλοῦτον θαυμάζουσιν.

B. 1. Death (a) destroys the life of man. 2. Even the Athenians
admire the laws of Lycurgus. 3. Darius rules even over Egypt.[1]
4. The people[2] sacrifice a horse and a bull to the sun. 5. We often
shun toil and dangers. 6. The Athenians have allies and mercena-
ries. 7. Do the Romans not admire the songs[3] of Homer?
8. Athenians, do not trust the words of Philip! 9. Life (a) always
has its troubles[4] and dangers for men. 10. Death (a) puts an
end[5] to the sufferings of men. 11. Friend, you do not know the
character of the strangers! 12. The messengers announce the
war of the allies to the people.[2]

3. Rules 2 and 3.

ἐστί(ν) est he (she, it, there) is. εἰσί(ν) sunt they (there) are. Gr. 24, I.
ἦν erat he (she, it, there) was. ἦσαν erant they (there) were.
εἶναι esse to be.

---

* See *Some Rules of Syntax* on page 97.
[1] *the Egyptians.* [2] *populus, not homines.* [3] *words.* [4] *brings toils.* [5] *looses.*

3

A. 1. Θεὸς βασιλεύει ἐν τοῖς οὐρανοῖς. 2. Τὰ δένδρα φύλλα φέρει καὶ καρπούς. 3. Οἱ στρατηγοὶ ἐν τῷ στρατοπέδῳ ἦσαν. 4. Τὸν ἥλιον καὶ τὰ ἄστρα λέγουσιν[1] ὀφθαλμοὺς τοῦ οὐρανοῦ. 5. Ὁ δοῦλος τοὺς καρποὺς ἐκ τῶν ἀγρῶν εἰς τὸ πεδίον φέρει. 6. Θαυμάζουσιν οἱ ἄνθρωποι τὰ τῶν θεῶν ἔργα. 7. Ἄγετε τοὺς ταύρους εἰς τὸ πεδίον καὶ θύετε τοῖς θεοῖς. 8. Ὁ πλοῦτος πολλάκις τοὺς τῶν ἀνθρώπων τρόπους φθείρει. 9. Τὰ τῶν συμμάχων ὅπλα[2] ἐν τῷ πεδίῳ ἦν. 10. Οἱ σύμμαχοι τὸν θάνατον τοῦ τῶν πολεμίων στρατηγοῦ ἀγγέλλουσιν. 11. Ὁ χρόνος ἰατρὸς τῶν πόνων ἐστίν. 12. Οἱ στρατηγοὶ τῷ τῶν ξένων θυμῷ πιστεύουσιν. 13. Οἱ γεωργοὶ τοὺς τῶν ἀγρῶν καὶ τῶν δένδρων καρποὺς ἔχουσι μισθὸν τῶν πόνων. 14. Θεὸν γιγνώσκομεν ἐκ τῶν ἔργων.

B. 1. We call men the children of God. 2. The laws of the Lacedaemonians were the work of Lycurgus. 3. Have confidence in your physicians and their medicines! 4. In times of danger, men sacrifice to the gods. 5. Sleep (a) is an image of death (a). 6. The camps of the Athenians and of the Thebans were in the plain. 7. People call death (a) the healer of their sufferings. 8. Winds (a) are often dangerous[3] to ships (a). 9. The allies bring the weapons of the enemy in their ships.

4. PRESENT MIDDLE AND PASSIVE. — Rule 4.

A. 1. Θεραπεύεσθε. 2. Γίγνεται. 3. Ἱδρύονται. 4. Φυλάττου. 5. Ἀρχόμεθα. 6. Μάχομαι. 7. Πορεύῃ. 8. Φέρεσθε. 9. Κελεύονται. 10. Οὐκ ἄρχετε, ἀλλὰ ἄρχεσθε ὑπὸ τῶν ξένων. 11. Ἄγονται οἱ πολέμιοι τοὺς καρποὺς ἐκ τῶν ἀγρῶν. 12. Οἱ σύμμαχοι τοῖς τῶν πολεμίων στρατηγοῖς οὐ πείθονται. 13. Τὰ ἔργα θεοῦ ὑπὸ τῶν ἀνθρώπων θαυμάζεται. 14. Ἐκ τοῦ πλούτου πολλάκις γίγνονται κίνδυνοι. 15. Πείθου, ὦ ἄνθρωπε, τοῖς νόμοις θεοῦ.

16. Εἴδωλον ἔργων ἐστὶν ἀνθρώπου λόγος.

B. 1. You are perceived. 2. They are admired. 3. Fight! 4. It is sacrificed. 5. Gods are worshipped everywhere.[4] 6. I am judged by my brothers. 7. We do not follow. 8. The camp is guarded. 9. The Athenians are fighting against the Thebans in the plain. 10. The danger is often not perceived by physicians. 11. The sentiments (sg) of your (a) companions are learned in times of danger.

---

[1] dicunt they (people) say, eall.   [2] here: place of arms, camp.   [3] bring dangers.
[4] πανταχοῦ.

12. We are bidden to gather[1] fruit (*a*) from the fields. 13. Are you erecting[2] a trophy, O Egyptians? 14. The mercenaries do not obey the commands[3] of the general, but march in arms to[4] their camp.

5. FEMININE STEMS IN -o.

A. 1. Αἱ μὲν τάφροι ἔργα τῶν ἀνθρώπων εἰσίν, οἱ δὲ ποταμοὶ τῶν θεῶν. 2. Ὑπὸ τῶν ἰατρῶν αἱ νόσοι θεραπεύονται. 3. Σύμμαχοι καὶ ξένοι παρὰ[5] τῇ νήσῳ μάχονται τοῖς πολεμίοις. 4. Χρυσὸς καὶ ἄργυρος ἐκ τῶν μετάλλων εἰς τὰ πλοῖα φέρονται. 5. Καὶ ἐν τῇ ἠπείρῳ καὶ ἐν ταῖς νήσοις τοῖς Ἀθηναίοις σύμμαχοι ἦσαν. 6. Φέρειν κελευόμεθα τοὺς τοῦ βίου πόνους ὑπὸ τῶν θεῶν. 7. Οἱ τοῦ πολέμου πόνοι νόσους φέρουσι καὶ ἀνθρώποις καὶ ἵπποις. 8. Φέρετε τοῖς φίλοις τὰς τοῦ ἀδελφοῦ βίβλους. 9. Ἡ Αἴγυπτος δῶρον τοῦ Νείλου ποταμοῦ λέγεται.

B. 1. Physicians (*a*) know the symptoms of diseases (*a*). 2. Wine (*a*) is made from the fruit of the vine. 3. Vines (*a*) and wine (*a*) are called the gift of Dionysus. 4. The mercenaries do not fight, but flee across[6] the plain. 5. Trophies are erected on the mainland by the general of the enemy. 6. Diseases often break out[7] in times of war. 7. Gods are worshipped, (καὶ) altars are erected and animals sacrificed even among barbarians. 8. The Athenians owned[8] mines on Mt. Laurium. 9. The troops of the allies march across[6] the island, and the enemies flee from the island to their ships.

A-DECLENSION. Gr. 27-29.
6. Rule 7.

A. 1. Οὐ πενία λύπην φέρει, ἀλλὰ ἐπιθυμία. 2. Ἐν τῇ τῶν Ἀθηναίων ἀγορᾷ ἦσαν αἱ ἐκκλησίαι. 3. Μετὰ[9] τὴν μάχην τρόπαια ἱδρύεται. 4. Ἐν Σπάρτῃ βοῇ κρίνουσι καὶ οὐ ψήφῳ ἐν ταῖς ἐκκλησίαις. 5. Ὁ θάνατος μισθὸς τῆς ἁμαρτίας[10] ἐστίν. 6. Ἡ ἐπιθυμία ἡδονῶν πολλάκις ἀνθρώπους εἰς ἀδικίαν καὶ ἀτυχίαν ἄγει. 7. Ἡ τῶν συμμάχων φυγὴ ἦν ἀρχὴ τῆς τῶν πολεμίων νίκης. 8. Ἡ λύπη πολλάκις ζημία ἐστὶ τῶν ἡδονῶν καὶ ἐπιθυμιῶν. 9. Οἱ νόμοι τοῖς ἀνθρώποις δίκην καὶ ἀδικίαν ὁρίζουσιν.[11] 10. Ἐν

---

[1] middle of ἄγω. ? middle. [3] words. [4] into; so often in the following. [5] near by, off. [6] διά w. gen. [7] are born. [8] I own: mihi est. [9] after. [10] ἡ ἁμαρτία sin. [11] define, determine.

Ἀθήναις αἱ τέχναι μᾶλλον[1] θεραπεύονται ἢ ἐν Σπάρτῃ.   11. Πεί-
θεσθε, ὦ Θηβαῖοι, ταῖς τῶν Ἀθηναίων βουλαῖς.

12. Ἀρχὴν σοφίας νόμιζε[2] τὸν θεοῦ φόβον.

B. 1. During peace we cultivate the arts.   2. Poverty often
becomes a source of virtue.   3. Distrust destroys friendships.
4. Grief of heart is often soothed[3] by the words and counsels of
friends (a).   5. Peace and honor are won[4] for a country by the
victory of her armies.   6. The enemies flee from the plain to their
tents.   7. The road from Messenia to Arcadia lay[5] through[6] forests.
8. The victory of the Athenians was the end of their wrongs and
the beginning of their liberty.   9. Virtues (a) are a source[4] of
honor (pl) and joy (pl), vices[7] (a) of disgrace and sorrow.
10. The moon often shines[8] even by[9] day.

7.

A. 1. Οἱ σοφοὶ ἀεὶ τῆς γλώττης ἄρχουσιν.   2. Φέρετε, ὦ
φίλοι, τοῖς συμμάχοις βοήθειαν.   3. Φεύγετε τὴν ἀσέβειαν, τὴν
τῆς κακίας πηγήν.   4. Ὁμονοίᾳ καὶ ἀνδρείᾳ ἡ ἐλευθερία φυλάτ-
τεται.   5. Ταῖς Μούσαις μάλιστα[10] παρὰ[11] ποταμοῖς καὶ πηγαῖς
θυσίαι θύονται.   6. Τοῖς πλοίοις πολλάκις ἐν τῇ θαλάττῃ κίνδυνοι
γίγνονται.   7. Μετὰ[12] τὴν ἧτταν τὴν ἐν Χαιρωνείᾳ λύπη καὶ
ἀθυμία ἐν Ἀθήναις ἦν.   8. Τὴν μὲν φιλίαν θεραπεύετε, ἐν δὲ
τῇ φιλίᾳ τὴν ἀλήθειαν.   9. Ἡ δόξης ἐπιθυμία πολλάκις ἐστὶν
ἀρχὴ ἀδικίας καὶ ἀσεβείας.

B. 1. Evening (a) brings rest to man and beast (pl).   2. Athens
was near[13] the sea.   3. Kindness begets[14] kindness, distrust begets
distrust.   4. Follow your leaders to[15] victory and glory.   5. The
sun, (καὶ) the moon and the stars are said to be globes.   6. The
weapons of the enemy are brought in wagons to the camp of
the Athenians.   7. The enemies build bridges over[16] the river.
8. Security and glory accrue[14] to the country from the prowess of
her armies.   9. The desire of honor often leads to (εἰς) injustice (pl)
and impiety (pl).

---

[1] μᾶλλον — ἤ magis — quam.   [2] νομίζω w. two acc.: consider as.   [3] loosed.
[4] φέρω.   [5] was.   [6] διά w. gen.   [7] injustices. Use μέν — δέ.   [8] shine φαίνομαι.
[9] gen. without art.   [10] mostly, especially.   [11] near, by, at, on.   [12] after.   [13] ἐγγύς
w. gen.   [14] is born (of ἐκ).   [15] πρός w. acc.   [16] ἐν.

8. ENCLITICS. Gr. 9, 2.

A. 1. a) Ἡ εὐσέβεια ἀρχὴ τῆς σοφίας ἐστίν.

b) Ἡ εὐσέβεια τῆς σοφίας ἀρχή ἐστιν.

c) Τῆς σοφίας ἀρχὴ ἡ εὐσέβειά ἐστιν.

2. a) Ὁ τῶν ἀνθρώπων βίος δῶρον θεοῦ ἐστιν.

b) Ὁ τῶν ἀνθρώπων βίος θεοῦ δῶρόν ἐστιν.

3. Πενία ἐστὶ τρόπων διδάσκαλος τοῖς ἀνθρώποις. 4. Οἱ νόμοι ψυχὴ τῆς πολιτείας εἰσίν. 5. Ὁ Νεῖλός ἐστι ποταμὸς τῆς Αἰγύπτου. 6. Αἱ κακίαι εἰσὶ νόσοι τῆς ψυχῆς. 7. Ἡδοναὶ πολλάκις αἰτία λυπῶν εἰσιν. 8. Ἡ παιδεία ἐν ταῖς μὲν εὐτυχίαις κόσμος ἐστίν, ἐν δὲ ταῖς δυστυχίαις καταφυγή.[1]

9. Λύπης ἰατρός ἐστιν ἀνθρώποις χρόνος.

B. 1. **Time** is a teacher. 2. Kindness is frequently the beginning of friendship. 3. Sleep and death are sisters.[2] 4. The evening is the close of the day. 5. The stars of the sky are works of God. 6. Success and failure, life and death, poverty and riches come[3] from the gods. 7. Not your years,[4] but your works are the measure of your life.

N.B. Each sentence should be rendered in several ways.

9. MASCULINES OF THE A-DECLENSION. Gr. 29.

A. 1. Οἱ τοξόται ἦσαν γυμνῆται. 2. Ἐχθαίρουσιν οἱ στρατιῶται τοὺς προδότας. 3. Οἱ Πέρσαι πολλάκις δεσπόται τῆς θαλάττης ἦσαν. 4. Ἡ τῶν δεσποτῶν εὔνοια τοὺς οἰκέτας τρέφει.[5] 5. Οἱ νομοθέται εἰσὶν εὐεργέται τῶν πολιτῶν. 6. Ἐν τῇ ἐν ταῖς Θερμοπύλαις μάχῃ Ἐφιάλτης τοῦ Λεωνίδου καὶ τῶν Σπαρτιατῶν προδότης ἦν. 7. Ἡ τῶν Σπαρτιατῶν συμμαχία βλάβην φέρει τοῖς Πέρσαις. 8. Οἱ μαθηταὶ ἀγγέλλουσι τὸν τοῦ ἑταίρου θάνατον. 9. Μὴ δειμαίνετε, ὦ νεανίαι, τοὺς τῆς στρατείας πόνους καὶ σῴζετε τὴν χώραν ἀνδρείᾳ καὶ ὁμονοίᾳ. 10. Δαρεῖος μετὰ[6] Καμβύσην Περσῶν δεσπότης ἦν. 11. Ἡ τοῦ Ξέρξου στρατεία τοῖς μὲν Πέρσαις ἀτυχίαν καὶ αἰσχύνην φέρει, τοῖς δὲ Ἀθηναίοις δόξαν καὶ εὐτυχίαν. 12. Ἐν τῇ τῶν πολιτῶν εὐσεβείᾳ καὶ ἐν τῇ τῶν στρατιωτῶν ἀνδρείᾳ καὶ ἐν τῇ τῶν δικαστῶν δικαιοσύνῃ ἡ τῆς πολιτείας ῥώμη ἐστίν.

---

[1] (place of) refuge, rest and solace. [2] brothers. [3] are (from παρά w. gen.) [4] time. [5] nourishes, feeds. [6] after.

7

B. 1. There were citizens, (καὶ) slaves and soldiers in the market-place. 2. Discretion, O judges, is always the beginning of justice. 3. The poets tell[1] of the enmity between[2] Pelides and the sons of Atreus. 4. Trust, O citizens, in the justice of the judges! 5. Silence (a) is an ornament of the young. 6. In the army of Xerxes, there were heavy and light infantry, spearmen and bowmen, whilst[3] the Spartans were hoplites. 7. The songs[4] of poets afford[5] delight and profit. 8. The life of man is full[6] of sufferings. 9. Epaminondas and Pelopidas were benefactors of the Thebans. 10. Have confidence, O pupils, in the advice and judgment of your teachers! 11. His fellow-citizens admire Aristides for[7] his justice.

Adjectives of the O- and A-Declensions. Gr. 32.
IO. OXYTONE ADJECTIVES.— Rule 6.

A. 1. Χαλεπὰ τὰ καλά.[8] 2. Ἄνευ[9] θεῶν τοῖς θνητοῖς ἀνθρώποις οὔτε κακὰ γίγνεται οὔτε καλά. 3. Καλὰ δένδρα καλοὺς φέρει καρπούς. 4. Θεὸς γιγνώσκει τὰ ἔργα τῶν ἀνθρώπων,[10] τά τε πονηρὰ καὶ τὰ ἀγαθά. 5. Οἱ σοφοὶ τὸν ἄνθρωπον μικρὸν κόσμον ἐν τῷ μακρῷ κόσμῳ λέγουσιν. 6. Σῴζετε, ὦ θεοί, ἐκ τῶν δεινῶν κινδύνων τοὺς ναύτας· ὑμῖν[11] γὰρ δυνατόν ἐστιν. 7. Αἱ εἴσοδοι αἱ ἐκ τῆς Βοιωτίας[12] εἰς τὴν Ἀττικὴν στεναὶ ἦσαν. 8. Φεῦγε τὴν τῶν κακῶν φιλίαν καὶ τὴν τῶν ἀγαθῶν ἔχθραν. 9. Σῴζονται σὺν τοῖς θεοῖς[13] καὶ ἐκ δεινῶν κινδύνων οἱ ἀγαθοί. 10. Χρηστὸν φίλον λέγομεν λύπης ἰατρόν.

11. Κακὸν φέρουσι καρπὸν οἱ κακοὶ φίλοι.

B. 1. The path of virtue is steep[14] and narrow. 2. Good vines yield[15] fine wine. 3. There were hot springs at Thermopylae. 4. Little things become[16] the little ones (o). 5. Altars (a) are consecrated to the gods. 6. The wise call envy a deadly[17] disease of the soul. 7. The wicked obey neither laws nor reason.[18] 8. Strong people generally[19] live long.[20] 9. Bad company[21] corrupts good manners. 10. In dangerous[22] diseases bitter medicines often restore health.[23] 11. Tears are common to grief and joy alike.

[1] ᾄδω w. acc. [2] gen. [3] μέν—δέ. [4] words. [5] παρέχω. [6] γέμω am full. [7] ἐπί w. dat. [8] sc. ἐστίν. The copula (ἐστίν and εἰσίν) is often omitted, esp. in short sayings. [9] without. [10] The attributive genitive of nouns is not strictly confined to the attributive position (Rule 1). Gr. 120, note. [11] vobis. [12] ἡ Βοιωτία Boeotia. [13] with the help of the gods. [14] ὀρθός, 3. [15] bring. [16] become πρέπω (w. dat.). [17] bad. [18] good words. [19] μάλιστα. [20] have a long life. [21] ἡ ὁμιλία, pl. [22] difficult. [23] bring rescue.

II. BARYTONE ADJECTIVES.

A. 1. Σιγὴ νέῳ τιμὴν φέρει. 2. Τὰ δίκαια ἀεὶ καλά ἐστιν.
3. Ἡ φιλία ὁμόνοιά ἐστιν ἐν τοῖς καλοῖς καὶ δικαίοις. 4. Ἐν τοῖς
ἱεροῖς καὶ παρὰ τοῖς βωμοῖς θεία σωτηρία γίγνεται τοῖς ἱκέταις.
5. Τύραννοι ἀεὶ ἐχθροὶ ἐλευθερίᾳ, καὶ νόμοις ἐναντίοι. 6. Ἰδίας
νόμιζε τὰς τῶν φίλων συμφοράς. 7. Τὸν ὅμοιον θεὸς ἀεὶ πρὸς[1]
τὸν ὅμοιον ἄγει. 8. Ἄγει τὸ θεῖον τοὺς κακοὺς πρὸς τὴν δίκην.
9. Ἔργῳ δικαίῳ καὶ θεὸς συλλαμβάνει.[2]

B. 1. The wise alone are rich. 2. The beginning is difficult,
but the end is easy. 3. Libya is full of wild animals. 4. The noble
deeds of worthy citizens are deserving of illustrious fame. 5. Only
cowardly soldiers fear danger (*pl*) in foreign countries. 6. Mani-
fold are the cravings and actions of men. 7. The general does not
know the strength of the enemy's troops. 8. Few Grecian hoplites
guard the bridges over[3] the river. 9. Violent passions[4] draw
down[5] dreadful punishments upon men. 10. In great[6] calamities,
a faithful friend is worth silver and gold.

12. ADJECTIVES OF TWO ENDINGS.

Rule 8. — Gr. 32, 3. 4.

A. 1. Ἄλυπον βίον οἱ θεοὶ μόνοι ἄγουσιν. 2. Ἄδικος πλοῦ-
τος οὔποτε[7] βέβαιος. 3. Βλάβαι τοὺς ἀνοήτους παιδεύουσιν.
4. Τοῖς σοῖς πράοις λόγοις οἱ ἡμέτεροι ἐχθροὶ πραΰνονται.[8]
5. Ἐν τοῖς φρονίμοις αἱ μὲν φιλίαι ἀθάνατοί εἰσιν, αἱ δὲ ἔχθραι
θνηταί. 6. Ἡ τοῦ σοφοῦ ψυχὴ ἥσυχός ἐστιν ἐν ταῖς τοῦ βίου
συμφοραῖς. 7. Ἀνάριθμα ἀγαθά, ὦ θεοί, παρέχετε[9] τοῖς ἀνθρώ-
ποις. 8. Ἀθάνατος ἡ ψυχή. 9. Ὁ μὲν θάνατος καὶ τοῖς δειλοῖς
καὶ τοῖς ἀνδρείοις ἐστὶ κοινὸς καὶ ἀναγκαῖος, ἡ δὲ ἔνδοξος καὶ
ἔντιμος τοῦ βίου τελευτὴ μόνοις τοῖς ἀνδρείοις ἰδία ἐστίν. 10. Μὴ
ἐν πολλοῖς ὀλίγα λέγε, ἀλλ' ἐν ὀλίγοις πολλά. 11. Ἄδηλα τὰ[10]
τοῦ πολέμου.

12. Ὅπου[11] ἐστὶν ἔργων καιρός, ἄχρηστοι λόγοι.

B. 1. Ill-timed pleasures do[12] harm. 2. The end of life (*a*) is
uncertain. 3. Riches (*a*) are perishable, virtues (*a*) immortal.
4. Both Grecian and barbarian tribes were subject to the Persians.

---

[1] *towards, to.* [2] *encourages, favors.* [3] *of.* [4] *wild desires.* [5] *bring . . . to.*
[6] *heavy.* [7] *never.* [8] *πραΰνω appease.* [9] *παρέχω w. dat. bestow upon, give.* [10] *the*
vicissitudes of warfare, Gr. 124, note. [11] *where.* [12] *bring.*

5. We prefer[1] honest poverty to dishonest gain.[2] 6. Wild and tame animals furnish[3] man (*a, pl*) with useful food and warm clothing. 7. Freedom (*a*) is secured to our country by your bravery and the kindness of the gods. 8. The state is ruined owing to your light-mindedness.[4] 9. You dread the lonely paths of the foreign country. 10. Justice (*a*) is opposed to injustice (*a*), beauty (*a*) to deformity[5](*a*). 11. Free citizens prefer[1] a glorious death to an infamous life.

13. IMPERFECT ACT., MID. AND PASS.—SYLL. AUGMENT.

Gr. 73, I. 2.-78.—Rule 9.

A. 1. Οἱ Πέρσαι τὰ τέκνα εἰς ἀλήθειαν ἐπαίδευον. 2. Ἐπίστευον οἱ σύμμαχοι τοῖς Ἀριστείδου λόγοις. 3. Οἱ Σπαρτιᾶται τοῖς Λυκούργου νόμοις ἐπείθοντο. 4. Καὶ ἡ Αἴγυπτος τῷ τῶν Περσῶν δυνάστῃ ἐδούλευεν. 5. Οἱ ἡμέτεροι στρατηγοὶ τοὺς στρατιώτας ἐκέλευον διώκειν τοὺς πολεμίους. 6. Οἱ παλαιοὶ τοῖς θεοῖς παρὰ τοῖς βωμοῖς παντοῖα θηρία ἔθυον. 7. Οἱ τῶν Περσῶν υἱοὶ ἐν τοῖς κοινοῖς τῆς δικαιοσύνης διδασκαλείοις[6] ἐπαιδεύοντο. 8. Οἱ Ἀθηναῖοι πολλάκις ὑπὲρ δόξης καὶ ἐλευθερίας ἐστράτευον καὶ ἐκινδύνευον. 9. Μετὰ τὸν Κύρου θάνατον τὸν ἐν τῇ μάχῃ ἡ Ἑλληνικὴ στρατιὰ οὔτε ἐπορεύετο οὔτε ἐστρατοπεδεύετο σὺν τοῖς βαρβάροις. 10. Ἐν Ἀθήναις οἱ πολῖται ἐν ταῖς ἐκκλησίαις ἐβούλευον καὶ ἐδίκαζον. 11. Ἐν τῇ Φρυγίᾳ Κύρῳ βασίλεια ἦν καὶ παράδεισος θηρίων πολλῶν καὶ ἀγρίων μεστός, ὅπου[7] Κῦρος πολλάκις ἐθήρευεν ἀπὸ ἵππου καὶ τοὺς ἵππους ἐγύμναζεν.

B. 1. His friends trusted Cyrus. 2. The Egyptians considered the sun and the moon as deities. 3. The brave soldiers wept over the death of their general. 4. The bridges were guarded by the satraps of Darius. 5. The sons of the rich Persians were educated at the court[8] of their ruler. 6. The Greek soldiers marched through desert land. 7. We were in danger of being killed[9] in the trenches by the enemy. 8. You did not fight, but fled to the ships of the allies. 9. Messengers were frequently sent by the Spartans to the king of Persia.[10] 10. We saved the whole country by our victory. 11. The aged were more[11] honored at Sparta than[11] at Athens. 12. Leonidas with the Spartans prevented the inroad of Xerxes at Thermopylae.

[1] προκρίνω (*to*: gen.). [2] *unjust riches.* [3] παρέχω w. dat. [4] ἡ ῥᾳθυμία; Rule 7. [5] τὸ αἰσχρόν; Rule 6. [6] τὸ διδασκαλεῖον *school.* [7] *where.* [8] *at* (ἐπί w. dat.) *the doors.* [9] *to be destroyed.* [10] *ruler of the Persians.* [11] μᾶλλον—ἤ.

Contracts of the O- and A-Declensions.
14. Gr. 30. 33. 34.

A. 1. Οἱ ὅμοιοι τοῖς ὁμοίοις εὖνοί εἰσιν. 2. Καλοί εἰσιν οἱ πλοῖ οἱ ἐκ τοῦ Εὐξείνου Πόντου εἰς Ἀθήνας. 3. Ὁ θάνατος χαλκοῦς ὕπνος λέγεται. 4. Οἱ Πέρσαι τῷ ἡλίῳ καὶ τῇ σελήνῃ καὶ τῇ γῇ καὶ τοῖς ἀνέμοις ἔθυον. 5. Οὐ λόγοις, ἀλλὰ βλάβαις παιδεύονται οἱ ἄνοι. 6. Πολλάκις ἀνθρώπων νοῦν ὀργὴ ἐκκαλύπτει.[1] 7. Ἐν τῇ Ἀθηνῶν ἀγορᾷ πολλοὶ Ἑρμαῖ ἦσαν. 8. Ὁ περίπλους Σικελίας τῆς νήσου ὀκτὼ ἡμερῶν[2] ἦν. 9. Οἱ ἀγαθοὶ πολῖται προσέχουσι[3] τὸν νοῦν τῷ κοινῷ ἀγαθῷ. 10. Αἱ τῶν νεκρῶν ψυχαὶ ὑπὸ Ἑρμοῦ εἰς Ἅιδου[4] πέμπονται. 11. Πρὸς[5] τοῖς νεκρῶν ὀστοῖς ἐν τοῖς Σκυθῶν τάφοις ἀργυροῖ στέφανοι καὶ σιδηρᾶ ὅπλα ἐστίν.

12. Ἁπλοῦς ὁ τῆς ἀληθείας ἐστὶν λόγος.

B. 1. The life of man is similar to a voyage. 2. Do not follow evil-minded companions! 3. The intellect is a wonderful gift of God. 4. The Athenians worshipped most of all[6] Athena. 5. The shape[7] of the earth was found out[8] by circumnavigation. 6. The meals of the Spartans were simple. 7. Young men offered[9] wine in goblets of silver and gold. 8. Citizens, have[3] your common good at heart.[3] 9. There were altars at the cross-roads[10] in honor[11] of Hermes. 10. The temple of Athena on the citadel of Athens was famous. 11. Many animals are well-disposed towards their benefactors, but vicious[12] towards their enemies. 12. Grant, O God, a happy[13] voyage to our brothers and sisters! 13. As[14] the pilot on the voyage, so[14] reason (a) rules in life (a).

15. On the Persian Wars.
Rule 10.

Δαρεῖος ὁ τῶν Περσῶν δυνάστης τοῖς Ἀθηναίοις σφοδρῶς[15] ἐχαλέπαινεν, ὅτι τοῖς ἐν τῇ Ἀσίᾳ ἀδελφοῖς βοήθειαν ἔπεμπον. Ἐβούλετο οὖν[16] τοὺς Ἀθηναίους ὑπηκόους παρέχεσθαι[17] καὶ ἔπεμπεν ἐν πλοίοις μυρίους[18] στρατιώτας εἰς τὴν Ἀττικήν· οἱ δὲ θεοὶ τοῖς

---

[1] reveals. [2] octo dierum, gen. of quality, Gr. 146. [3] pay (attention). [4] τὴν οἰκίαν is never found with the gen. Ἅιδου (εἰς Ἅιδου, ἐν Ἅιδου). Gr. 143. [5] besides. [6] μάλιστα. [7] ἡ μορφή. [8] γιγνώσκω. [9] brought. [10] triple roads. [11] to, for H. [12] evil-minded. [13] beautiful. [14] μέν—δέ. [15] adv. highly, exceedingly. [16] therefore. [17] make, render. [18] innumerable, countless.

μὲν ἀδίκοις βαρβάροις κακόνοι ἦσαν, τοῖς δὲ ἀνδρείοις Ἑλληνι-
κοῖς ὁπλίταις λαμπρὰν νίκην ἔνεμον.¹ Μιλτιάδης γάρ, ὁ τῶν
Ἀθηναίων στρατηγός, ἐν πεδίῳ τῆς Ἀττικῆς ὀλίγῃ στρατιᾷ τῶν
Περσῶν τοὺς μὲν² ἀποκτείνει, τοὺς δὲ² εἰς φυγὴν τρέπει· ἐν δὲ
5 τοῖς νεκροῖς ἦν καὶ Ἱππίας ὁ Πεισιστράτου υἱός.
    Μετὰ δὲ τὸν Δαρείου θάνατον Ξέρξης ὁ Δαρείου υἱὸς ἐβασί-
λευε τῆς Ἀσίας. Ξέρξης οὖν δίκην λαμβάνειν ἐβούλετο ὑπὲρ³
τῆς προτέρας ἥττης καὶ τὴν ὅλην Ἑλληνικὴν γῆν καταστρέφεσθαι.
Διὰ τοῦτο⁴ ἀνάριθμον στρατιὰν καὶ κατὰ⁵ γῆν καὶ κατὰ θά-
10 λατταν εἰς τὴν Εὐρώπην ἄγει. Καὶ πρῶτον⁶ μὲν ἡ τύχη τῷ
Ξέρξῃ εὔνους ἦν. Λεωνίδας γὰρ ὁ τῶν Σπαρτιατῶν στρατηγὸς
σὺν τριακοσίοις⁷ Σπαρτιάταις καὶ ὀλίγοις συμμάχοις ἐν ταῖς
Θερμοπύλαις τὴν τῶν Περσῶν εἴσοδον εἰς τὴν Ἑλληνικὴν γῆν
ἐκώλυεν,⁸ Ἐφιάλτης δὲ ὁ προδότης τοὺς πολεμίους εἰς τὰ τῶν
15 Λακεδαιμονίων νῶτα ἄγει, ὥστε⁹ Λεωνίδας καὶ οἱ Σπαρτιᾶται
φθείρονται μὲν ὑπὸ τῶν πολλῶν, καλὸν δὲ καὶ ἔνδοξον θάνατον
ἀποθνῄσκουσιν. Ξέρξης δὲ σὺν τῇ στρατιᾷ εἰς Ἀθήνας πορεύε-
ται, ἔνθεν¹⁰ οἱ ἔνοικοι εἰς τὴν Πελοπόννησον καὶ εἰς τὰς παροίκους
νήσους ἔφευγον.
20   Τοῖς δὲ Περσῶν πλοίοις Εὐρυβιάδης ὁ Λακεδαιμόνιος περὶ¹¹
Ἀρτεμίσιον τῆς Εὐβοίας¹² ἀνδρείως¹³ ἐμάχετο· ἐπεὶ δὲ ὁ Λεωνίδου
καὶ τῶν Σπαρτιατῶν θάνατος ἐγιγνώσκετο, τὸ Ἑλληνικὸν ναυτικὸν
εἰς τὸν Σαρωνικὸν κόλπον ἔφευγεν. Ἐνταῦθα¹⁴ μετ' ὀλίγας ἡμέρας
δεινῇ ναυμαχίᾳ τὰ μὲν πλεῖστα¹⁵ τῶν Περσικῶν πλοίων φθείρεται,
25 τὰ δὲ ἄλλα φυγαδεύεται. Ξέρξης δέ, ἐπεὶ ἐξ ἄκρας τῆς Ἀττικῆς
τὴν ἧτταν ἔβλεπεν, αὐτὸς¹⁶ μὲν σὺν ὀλίγοις πιστοῖς εἰς τὴν Ἀσίαν
ἔφευγεν, Μαρδόνιον δὲ τὸν στρατηγὸν σὺν τῷ πεζῷ στρατῷ ἐν τῇ
Εὐρώπῃ καταλείπει. Τῷ δὲ ὑστέρῳ ἐνιαυτῷ τοὺς μὲν πεζοὺς τῶν
βαρβάρων Παυσανίας ὁ τῶν Λακεδαιμονίων στρατηγὸς ἐν Πλα-
30 ταιαῖς τῆς Βοιωτίας ἔφθειρε, τὸ δὲ ναυτικὸν τῇ αὐτῇ ἡμέρᾳ¹⁷ ἐν
Μυκάλῃ τῆς Ἰωνίας ὑπὸ τῶν Ἑλληνικῶν συμμάχων ἐφθείρετο.

---

¹ νέμω 'apportion, give, grant. ² οἱ μέν — οἱ δέ some — (the) others. ³ on account
of, (to make up) for. ⁴ for this reason, therefore. ⁵ terra marique. ⁶ primo. ⁷ three
hundred. ⁸ tried to prevent. Gr. 168, 1. b. ⁹ so that. ¹⁰ whence. ¹¹ near. ¹² a
promontory of E. ¹³ adv. of ἀνδρεῖος. ¹⁴ ibi. ¹⁵ the greater number. ¹⁶ himself.
¹⁷ on the same day.

CONSONANTAL DECLENSION.
Consonant Stems.
16. LIQUID STEMS. Gr. 37.

A. 1. Ἐν Ἀθήναις ἦσαν πολλοὶ καὶ ἔνδοξοι ῥήτορες. 2. Οἱ ἅλες καὶ ἀνθρώποις καὶ θηρσὶν ἀναγκαῖοί εἰσιν. 3. Οἱ παλαιοὶ τὸν Νάξιον οἶνον νέκταρι εἰκάζουσιν. 4. Τὸν οὐρανὸν οἱ ποιηταὶ αἰθέρα ὀνομάζουσιν. 5. Θύετε, ὦ ναῦται, τοῖς Διοσκόροις, τοῖς ὑμετέροις σωτῆρσιν. 6. Οἱ πολέμιοι τοξόται τὸν ἡμέτερον στρατηγὸν παρὰ τῷ ζωστῆρι ἐτίτρωσκον. 7. Τοῖς Νέστορος λόγοις στρατιῶται καὶ στρατηγοὶ ἐπείθοντο, νέοι καὶ γεραιοί. 8. Ἄξιοι γίγνεσθε, ὦ στρατιῶται, τῆς δόξης καὶ τῆς ἐλευθερίας τῶν ὑμετέρων προπατόρων. 9. Αἱ τῶν θεῶν οἰκίαι ὑπὲρ[1] τοῦ ἀέρος ἐν τῷ αἰθέρι εἶναι λέγονται. 10. Ἐν τῷ ἐν Δελφοῖς ἱερῷ χρυσοῖ καὶ ἀργυροῖ κρατῆρες ἦσαν.

B. 1. The people honored Hector like[2] a god. 2. The gentle zephyrs of spring delight both young and old. 3. Animals (a) love their young,[3] as[2] men (a) love their children. 4. Our orators do not fear the anger of the people. 5. It is the judge's duty (o) to uphold[4] justice, the orator's to tell the truth. 6. Make liberal offerings[5] to the gods, your protectors. 7. The Ancients believed the Islands of the Blessed to be near[6] the Oceanus. 8. The enemy were not put to flight by our bravery alone, but the gods were the preservers of our freedom.

17. GUTTURAL AND LABIAL STEMS. Gr. 38.

A. 1. Πανταχοῦ[7] οἱ κήρυκες τίμιοί εἰσιν. 2. Οἱ Θρᾷκες ἄγριοι καὶ πολεμικοὶ ἦσαν. 3. Ἔνδοξοι ἦσαν οἱ πλοῖ τῶν Φοινίκων. 4. Ἐν τῇ τῶν Κυκλώπων νήσῳ αἶγες ἦσαν πολλαὶ καὶ πρόβατα. 5. Ξέρξης μάστιξιν ἐκέλευε κολάζειν τὴν θάλατταν. 6. Οἱ ὁπλῖται διὰ τῶν θωράκων ἐτιτρώσκοντο. 7. Ὅμηρος τὴν τῶν Φαιάκων καὶ Αἰθιόπων εὐδαιμονίαν ἐγκωμιάζει.[8] 8. Οἱ Ἀθηναῖοι τὴν ἐν Ἀρείῳ πάγῳ[9] βουλὴν ἐθεράπευον ὡς[10] φύλακα νόμων. 9. Ἐν τοῦ Ξέρξου στρατιᾷ ἦσαν Πέρσαι καὶ Μῆδοι καὶ Αἰγύπτιοι καὶ Αἰθίοπες καὶ Ἄραβες καὶ Ἰνδοὶ καὶ Φοίνικες καὶ Κίλικες καὶ Λυδοὶ καὶ Φρύγες καὶ Κᾶρες καὶ ἄλλα φῦλα πολλά.

---

[1] above. [2] ὥσπερ. [3] ὁ νεοττός. [4] to preserve. Rule 6. [5] bring many gifts. [6] περί w. acc. [7] everywhere. [8] extols. [9] ὁ Ἄρειος πάγος Areopăgus, hill of Ares. [10] as, like.

B. 1. Poets (*a*) are heralds of fame. 2. Owls (*a*) were sacred to Athena. 3. Wild goats were the food of the Ethiopians. 4. The fast horses of the Arabs were always prized. 5. The Ancients worhipped Hermes as herald and messenger of the gods. 6. The eagle fights for her young[1] with wings and talons. 7. Hoofs (*a*) are the weapons of horses (*a*). 8. The phalanxes of Philip were formidable to both the Thracians and the Athenians. 9. A wolf (*a*) is a bad guardian of sheep (*a*).

18. DENTAL STEMS. Gr. 39.

A. 1. Αἱ ἔλαφοι τῆς Ἀρτέμιδος ἦσαν ἱεραί. 2. Πλάτων ὁ φιλόσοφος ταῖς Χάρισιν ἔθυεν. 3. Τοῖς Κρησὶν ἦν δῶρα τίμια ὅπλα. 4. Αἱ ὑψηλαὶ πυραμίδες τῶν Αἰγυπτίων θαυμάσιαί εἰσιν. 5. Χάρις μὲν χάριν τίκτει, ἔρις δ' ἔριν. 6. Ὁ στρατηγὸς τὴν ἐλπίδα νίκης ἐν τῇ τῶν στρατιωτῶν ἀνδρείᾳ ἔχει. 7. Ὁ ἀνθρώπινος βίος μεστός ἐστι φροντίδων ἀπὸ νεότητος μέχρι[2] θανάτου. 8. Ἐν ἀτυχίαις οἱ ἄνθρωποι σῴζονται ἐλπίσιν. 9. Χρηστοὶ πολῖται ἄσμενοι ὑπὲρ τῆς πατρίδος μάχονται καὶ ἐν πατρίδι γῇ θάπτεσθαι χρῄζουσιν. 10. Οἱ νομάδες τῆς Λιβύης τὸν χρόνον οὐ ταῖς ἡμέραις, ἀλλὰ ταῖς νυξὶν ὁρίζουσιν.[3]

11. Ἐν νυκτὶ βουλὴ τοῖς σοφοῖσι[4] γίγνεται.

B. 1. It is hard to be without hope. 2. Poets call the moon the eye of night (*a*). 3. The Scythians sacrificed strangers in honor[5] of Artemis. 4. People justly[6] call cowards (*a*) traitors of their country. 5. The heavy infantry have breastplates, (καὶ) shields, (καὶ) greaves and helmets. 6. Greece is the native land of many, (καὶ) celebrated poets. 7. The good things of life (*a*) are not given[7] to men without toil and sweat and care. 8. Even in times of danger, man (*a*) always clings[8] to hope. 9. There were all sorts of uniforms[9] and weapons in the army of Xerxes. 10. It was the Roman custom[10] to save the country with iron and not with gold.

19.

A. 1. Τρέφεται ἡ ψυχὴ μαθήμασιν. 2. Τὰ γράμματα ἀποτρέπει[11] τὴν νεότητα πολλῶν ἁμαρτημάτων. 3. Οἱ παλαιοὶ τοῖς νεκροῖς οἴνῳ καὶ γάλακτι καὶ ὕδατι ἔσπενδον. 4. Οἱ φυγάδες ἐν τῇ πατρίδι εἶναι χρῄζουσιν. 5. Πολλοῖς θηρσὶν ἐν τοῖς ποσίν

---

[1] ὁ νεοττός. [2] *till.* [3] *determine, measure.* [4] poet. = σοφοῖς. Gr. 210, 2. [5] *for.* [6] δικαίως. [7] *fiunt.* [8] *nourishes.* [9] ἐσθής. [10] πάτριον ἦν τοῖς Ῥ. [11] *turn away.*

ἐστιν ἡ σωτηρία.   6. Πρόσθια¹ τραύματα τοῖς στρατιώταις τίμιον κτῆμά ἐστιν.   7. Ὁ Ἅιδης κοῖνός ἐστι τοῖς τε πλουσίοις καὶ τοῖς πένησιν.   8. Οἱ μὲν ἰατροὶ τῶν πολιτῶν τὰ σώματα θεραπεύουσιν, οἱ δὲ νομοθέται καὶ δικασταὶ τὰς ψυχὰς παιδεύουσιν.   9. Λυκοῦργος τοὺς Σπαρτιάτας χρυσᾶ καὶ ἀργυρᾶ νομίσματα ἔχειν ἐκώλυεν.   10. Οὐ τὰ σώματος, ἀλλὰ τὰ τῆς ψυχῆς χρήματα κτῆμά ἐστιν εἰς ἀεί.²

B. 1. God grants the light of the sun to the good and the bad. 2. Our arrows wound the enemy even through their shields, (καὶ) cuirasses and greaves.   3. Tripods and mixing bowls were sent to Delphi as votive offerings.   4. Great³ learning does not always make⁴ people (a) good.   5. The destinies of men lie⁵ upon the knees of the gods.   6. Spears wound the body (pl), words the soul (pl). 7. The weapons of bulls (a) are their horns.   8. The hopes of the brave are in their spears and arrows, those of the cowardly in their nimble feet.   9. The penalties due⁶ to offences are determined by law.⁷   10. The Ancients believed the water of Lethe to put an end (λύω) to the grief of the Souls.

20. STEMS IN -ν. Gr. 40, I. 2.

A. 1. Ἄσμενοι ἔπεσθε ἀγαθοῖς ἡγεμόσιν.   2. Οἱ Αἰθίοπες μέλανές εἰσιν.   3. Οἱ ποιμένες τὰ πρόβατα καὶ τὰς αἶγας εἰς τοὺς λειμῶνας ἄγουσιν.   4. Μετὰ τὴν ἐν Μαραθῶνι μάχην οἱ Ἀθηναῖοι τὸν Πᾶνα ἐθεράπευον ὡς⁸ εὐεργέτην καὶ σωτῆρα.   5. Χειμῶνος⁹ πολλὰ ὕδατα γίγνεται.   6. Αἱ πονηραὶ ἐλπίδες, ὥσπερ⁸ κακοὶ ἡγεμόνες, ἐπὶ τὰ ἁμαρτήματα ἄγουσιν.   7. Τοῖς μὲν σώφροσιν ὁ θεὸς νόμος ἐστίν, τοῖς δὲ ἄφροσιν ἡ ἀεὶ¹⁰ γνώμη.   8. Ἐν πολλοῖς καὶ δεινοῖς ἀγῶσιν οἱ Ἀθηναῖοι πολλῶν ἀγαθῶν αἴτιοι ἐγίγνοντο τοῖς Ἕλλησιν.   9. Ἐξ αἰῶνος εἰς αἰῶνα βασιλεύει θεὸς ἐν τοῖς οὐρανοῖς.

B. 1. In dark storms, the sailors pray¹¹ to their protector Poseidon.   2. Foolish desires bring harm and punishment.   3. Homer calls Agamemnon the shepherd of the hosts.¹²   4. The poet Arion was rescued from the sea by a dolphin.   5. The phalanxes of the Macedonians became formidable to Greeks and barbarians.   6. During storms the harbors afford security to ships.   7. Reason (a) is the weapon of prudence, anger (a) of folly.¹³   8. After the battle

---

¹ vulnera adversa.   ² forever, lasting.   ³ much.   ⁴ παρέχω.   ⁵ are in.   ⁶ due to = of.   ⁷ are in the laws.   ⁸ as, like.   ⁹ in, during a st.   ¹⁰ the frame of mind they happen to be in at the time, the whim of the moment.   ¹¹ εὔχομαι.   ¹² λαός.   ¹³ ἡ ἀφροσύνη.

B. 1. We built. You named. They hoped. He forced. Did you announce? I conjectured. You insulted. Did you not compel? Were we forced? We armed. They increased. We spent. I was exercised. They were gathering. It was awarded. You came down. They were leading astray. He emblazoned. He wrote an account. 2. The messenger announced the victory to our friends. 3. The allies were armed in the plain. 4. The tyrants forced many citizens to flee the country. 5. Cyrus raised an army against his brother Artaxerxes. 6. The enemies threw stones into the river and built a bridge. 7. The wings of the hostile army descended into the plain. 8. Before[1] the battle the armies prayed to the gods for victory. After the victory they erected trophies, (καὶ) chanted hymns in honor[2] of the gods and brought presents to the altars and votive offerings to the temples of their deliverers.

24. Alexander's Self-control.

Ἀλέξανδρος σὺν τῷ στρατεύματι πορευόμενος πρὸς Δαρεῖον πολλάς ποτε ἡμέρας ὥδευε δι᾽ ἐρήμης καὶ ἀνύδρου χώρας. Τότε δὲ αὐτός[3] τε ὑπὸ δίψης μάλα[4] ἐπιέζετο καὶ οἱ Μακεδόνες, ὥστε[5] πολλοὶ ἀπηγόρευον.[6] Ἔνθα δὴ[7] ἔνιοι τῶν γυμνήτων ἐν κοίλῃ πέτρᾳ μικρῷ ὕδατι ἐνετύγχανον, καὶ ἀκούοντες τὸν Ἀλέξανδρον κακῶς ἤδη ἔχοντα ὑπὸ δίψης κόρυν μεστὴν ὕδατος προσέφερον. Ὁ δὲ ἐλάμβανε μὲν τὸ ὕδωρ, περιβλέπων δὲ εἰς τοὺς στρατιώτας ἅπαντας ἐγκλίνοντας[8] τὰς κεφαλὰς πρὸς τὸ ποτὸν οὐκ ἔπινεν, μόνος τοῦ ὕδατος ἀπολαύειν[9] οὐ βουλόμενος, ἀλλὰ ἐξέχεε[10] τὴν κόρυν πάσης τῆς στρατιᾶς προσβλεπούσης. Γιγνώσκοντες δὲ τὴν ἐγκράτειαν τοῦ στρατηγοῦ ἄγειν ἐκέλευον οἱ στρατιῶται καὶ τοὺς ἵππους μάστιξιν ἔπαιον· οὔτε γὰρ πόνον οὔτε δίψαν οὔτ᾽ ἄλλα πήματα πάσχειν οὔθ᾽ ὅλως[11] ἀποθνήσκειν ἐνόμιζον, ἔχοντες ἡγεμόνα οὕτω[12] σώφρονα.

25. SYNCOPATED LIQUID STEMS. Gr. 42.

A. 1. Πόνος ἐστίν, ὡς[13] λέγουσιν, πάσης δόξης πατήρ. 2. Ἀνδρῶν ἀπίστων ὅρκον εἰς ὕδωρ γράφε. 3. Φρόνιμοι ἄνδρες οὔποτε ταῖς τῆς γαστρὸς ἡδοναῖς δουλεύουσιν. 4. Μετὰ τὸν τῆς μητρὸς

---

[1] πρό w. gen. Use μέν — δέ.　[2] to.　[3] ipse.　[4] very much.　[5] so that.　[6] ἀπαγορεύω become exhausted, give out, break down.　[7] Gr. 69, note 1.　[8] ἐγ-κλίνω bend towards.　[9] taste, drink.　[10] ἐκ-χέω pour out, empty.　[11] in general.　[12] so.　[13] as.

φόνον Ὀρέστης ὁ Ἀγαμέμνονος υἱὸς ἐκ τῆς πατρίδος ἔφευγεν.
5. Οἱ ποιηταὶ πατέρες τῆς σοφίας καὶ ἡγεμόνες ὀνομάζονται.
6. Τῶν ἀνδρῶν ἐν τῷ πεδίῳ μαχομένων αἱ μητέρες ηὔχοντο τῇ
Ἀθηνᾷ. 7. Ἀγαθὸς δυνάστης οὐ διαφέρει ἀγαθοῦ πατρός. 8. Ἐν
τῇ Αἰγύπτῳ πάντα ἰατρῶν ἦν μεστά· οἱ μὲν γὰρ ὀφθαλμῶν ἦσαν
ἰατροί, οἱ δὲ κεφαλῆς, οἱ δὲ ὀδόντων, οἱ δὲ γαστρός, οἱ δὲ τῶν
ἀδήλων νόσων. 9. Χάρις εἰς ἀεὶ τοῖς πατράσιν ἐστὶ καὶ ταῖς
μητράσι παρὰ¹ χρηστῶν υἱῶν καὶ θυγατέρων.
10. Ἀνδρὸς χαρακτὴρ ἐκ λόγου γιγνώσκεται.

B. 1. Children, love your fathers and mothers! 2. A son
often resembles² his mother, a daughter her father. 3. The praise
of father and mother gladdens a good daughter. 4. Honor your
aged father. 5. We consider cowardly men as traitors of their
country. 6. They call godliness the mother of virtues (a). 7. Sensible men do³ of their own accord what is necessary. 8. Shun bad
company, O daughter! 9. It becomes sons and daughters to obey
the commands⁴ of father (pl) and mother (pl). 10. Spartan⁵
mothers (a) willingly sent their sons into dangers in defence⁶ of
the country.

26. FUTURE AND AORIST IND., INF. AND PART. ACT., AND MIDDLE.
Gr. 78.

A. 1. Μηνύσομεν. Ἐφυγάδευσας. Ἐτόξευσαν. Ἐφυτεύσατο.
Παύσειν. Συνεβούλευσεν. Παυσάσας. Ἐπαύσω; Φυτεύσετε;
Φύσαντες. Παύσασθαι. Ἐπιβουλεύσετε. Συμβουλευσάμενοι.
Ἠλήθευσας; Κινδυνεύσοντες. Καταλῦσαι. Ἐπεβούλευσαν. Συνεβουλευσάμεθα.

2. Μετὰ Καμβύσην Δαρεῖος τῶν Περσῶν ἐβασίλευσεν. 3. Διόνυσος τοῖς ἀνθρώποις τὴν ἄμπελον ἐφύτευσεν. 4. Ἄκοντες οἱ
Θηβαῖοι πρὸς τοὺς Πέρσας ἐστρατεύσαντο. 5. Τὰς τῶν πονηρῶν
συνουσίας ὀλίγος χρόνος διαλύσει. 6. Οὐδέποτε οἱ ἄνθρωποι
παύσονται πολέμων καὶ μαχῶν. 7. Πελοπίδας ὑπὲρ τῆς τῶν Θηβαίων ἐλευθερίας ἐκινδύνευσεν. 8. Τοῖς ἀεὶ ἀληθεύσασι πάντες
πιστεύσουσιν. 9. Σωκράτης τρὶς⁷ στρατεύσασθαι⁸ λέγεται, εἰς
Δήλιον καὶ Ἀμφίπολιν⁹ καὶ Ποτείδαιαν. 10. Τισσαφέρνης Ἀρταξέρξῃ τὴν Κύρου ἐπιβουλὴν ἐμήνυσεν. 11. Ἐπεὶ Ἀχιλλεὺς ἔμελλε

¹ from. ² is like. ³ πράττω. ⁴ words. ⁵ of the Spartans. ⁶ ὑπέρ w. gen.
three times. ⁸ for the aor., see Gr. 169, 4. ⁹ acc. of ἡ Ἀμφίπολις. Gr. 46.

τὸν Ἀγαμέμνονα φονεύσειν, ἡ Ἀθηνᾶ ἧκεν ἀπὸ τοῦ οὐρανοῦ παύσουσα τὴν ὀργὴν τοῦ Μυρμιδόνος.

12. Ἕλληνες ὄντες βαρβάροις δουλεύσομεν;

B. 1. We did (not) plant.[1] You will hinder.[1] I planted for myself. Did you cease? We dissolved.[1] They will reveal.[1] Will you speak the truth? Have you parted from each other[2]? Did you report the murderesses[3]? We shall report. You hunted for yourselves. We held a council. They were plotting. When will you advise? You shot. Trust the advisers.[3] We shall cease at the command[3] of our father.

2. The Spartans divested Pausanias of his command. 3. Will you educate your children in[4] virtue and godliness? 4. The Lacedaemonians drove the strangers out of their country. 5. Reasonable men will plant also for posterity (a). 6. After the death of his father, Alexander became[5] king[5] of Macedonia. 7. Some of the citizens bade Solon do away with the democracy. 8. The generals, having[3] sacrificed to the gods, took the field. 9. We shall willingly run any risk[6] in behalf of our country. 10. Orestes murdered his mother. 11. The Thirty[7] had designs not only[8] against the freedom of the people, but also[8] against the property of the rich citizens.

27. Gr. 76, 2 and 82.

A. 1. Ἄξομεν. Ἔλεξαν. Φεύξομαι. Ἤρξατε. Ἔψη; Ἔγραψας. Ἤρξω. Ἄρξειν. Λέξαντες. Πέμψουσιν. Διωξάσῃ. Ἐτρεψάμεθα. Βλέψαι. Καταλείψεις; Καταστρέψεται, καταστρέψω. Προσβλέψας. Ἥξομεν. Ἔπεισας. Ἐδέξαντο. Πείσομαι. Ἐψεύσασθε. Σπεύσετε. Μετεπεμψάμεθα. Διέτριψεν. Ἐφεισάμην. Ἀεὶ πεισόμεθα.

2. Οὐδεὶς[9] πάντα τὸν βίον ἀεὶ ἐν εὐτυχίᾳ διατρίψει. 3. Οἱ εὐεργέται τῶν ἀνθρώπων ἀθάνατον δόξαν καταλείψονται. 4. Κῦρος καίπερ[10] πολλὰ πλοῖα ἔχων Ξένωνα καὶ Πασίωνα οὐκ ἐδίωξεν. 5. Ξέρξης καταστρεψάμενος τὴν Αἴγυπτον ἧκεν εἰς τὴν Εὐρώπην καταστρεψόμενος καὶ τοὺς Ἕλληνας. 6. Κροῖσος ὁ τῶν Λυδῶν δυνάστης τῷ ἐν Δελφοῖς θεῷ δύο[11] κρατῆρας ἔπεμψε, χρυσοῦν καὶ ἀργυροῦν. 7. Ὁ κῆρυξ ἀπὸ τοῦ ἡγεμόνος ἀρξάμενος πάντας τοὺς στρατιώτας ἐκέλευσε τοῖς θεοῖς εὔξασθαι. 8. Κῦρος πρὸς Ἀρτα-

---

[1] act. and mid. [2] mid. of διαλύω. [3] aor. part. [4] πρός w. acc. [5] aor. of βασιλεύω. Gr. 168, 2, d. [6] πάντα κινδυνεύω. [7] τριάκοντα sc. tyrants. [8] οὐ μόνον —ἀλλὰ καί. [9] no one. [10] Rule 31. [11] two.

ξέρξην τὸν ἀδελφὸν στρατευσόμενος Κλέαρχον ἐκ τῆς Θρᾴκης μετεπέμψατο, ὅπου[1] πολλοὺς στρατιώτας συνέλεξεν.[2]   9. Θουκυδίδης ὁ Ἀθηναῖος τὸν Πελοποννησιακὸν συνέγραψε πόλεμον. 10. Δᾶτις ὁ Δαρείου στρατηγὸς Δήλου τῆς νήσου ἐφείσατο.

11. Ἥξει Δωριακὸς πόλεμος καὶ λοιμὸς[3] ἅμ' αὐτῷ.[4]

B. 1. Alexander hoped to subject[5] the whole of Asia.   2. Good citizens will not forsake their country when[6] it is in difficulty. 3. The daughters decorated[7] their mother's grave (a).   4. We shall not believe him[8] who told a lie.   5. Socrates said he would[5] obey God more[9] than men.   6. Our generals did not receive the heralds of the Thracians.   7. Will you lead the troops of the allies through your country?   8. The light troops pressed on during the night to Plataeae.   9. The Athenians formerly ruled many a year over many Hellenes.   10. After we had[2] routed the enemy towards[10] evening, we erected a trophy and spent the night on board[11] the ships in the harbor.

Σ- or Eliding Stems.
28. Gr. 44, l.

A. 1. Τέλος κακῆς ἀρχῆς κακόν.   2. Ἐκ τοῦ σκότους τὸ φῶς καὶ ἐκ τοῦ φωτὸς τὸ σκότος.   3. Τῷ μὲν ξίφει φθείρεται τὸ σῶμα, τοῖς δὲ ψεύδεσιν ἡ ψυχή.   4. Ἡ ἡμέρα μικρὸν μέρος τοῦ ἔτους ἐστίν.   5. Τὰ κράνη τῶν Ἑλληνικῶν ὁπλιτῶν ἦν χαλκᾶ.   6. Τῶν τῆς ψυχῆς παθῶν ἡ σοφία μόνη φάρμακόν ἐστιν.   7. Ἡ Ἰνδικὴ χώρα τῷ τε κάλλει καὶ τῷ πλήθει θηρῶν διέφερεν.   8. Οὔτε λαμπρὰ οἰκία οὔτε χρυσοῦ πλῆθος οὔτε γένους δόξα οὔτε μέγεθος ἀρχῆς ἡσυχίαν παρέχει τῇ ψυχῇ καὶ εἰρήνην.   9. Ἀνταλκίδας ἔλεγε, τῆς Σπάρτης τείχη εἶναι τοὺς νέους.   10. Ἀνάχαρσις τῷ γένει Σκύθης ἦν, ἀλλ' οὐ τοῖς ἤθεσιν.   11. Οὐ ψεύδεσιν, ἀλλὰ τῇ ἀληθείᾳ φρονίμους πείσομεν ἄνδρας.

12. Κέρδη πονηρὰ ζημίαν ἀεὶ φέρει.

13. Φθείρουσιν ἤθη χρήσθ'[12] ὁμιλίαι κακαί.

14. Τὰ τῆς ἀληθείας ἔπη ἁπλᾶ ἐστιν.

B. 1. The tastes and habits of nations are as various as[13] their languages.   2. In summer,[10] the days are long, but in winter,[10] the

---

[1] where.   [2] for the aor., see Gr. 168, 2, c.   [3] plague.   [4] together with it.   [5] fut. inf. [6] pres. part.   [7] στέφω.   [8] dat. of art. w. aor. part. Gr. 128, note 1.   [9] μᾶλλον ἤ. [10] gen. without art.   [11] ἐπί w. dat.   [12] for χρηστά, Gr. 17, 2, b.   [13] ὥσπερ — the first as is not transl.

nights. 3. Ye gods, punish the traitors with your arrows ! 4. No good (*pl*) ever comes[1] of lying. 5. The swords of the Spartans were short. 6. Even the Greeks decorated[2] the graves of their dead with flowers. 7. Hope of gain (*pl*) is often a source of injustice and wickedness. 8. We admire the simple habits of the Spartans. 9. On the high mountains of Arcadia the Greeks worshipped Hermes (*a*), Pan,[3] Poseidon, Artemis, and other gods. 10. Athens is protected not by the height of her walls, nor by the breadth and depth of her trenches, nor by the beauty of her houses, nor by the enormity of her wealth,[4] but by the valor and honesty[5] of her citizens.

29. Gr. 44, 1-3.

A. 1. Ἦν ποτε χρόνος, ὅτε θεοὶ μὲν ἦσαν, θνητὰ δὲ γένη οὐκ ἦν. 2. Ὁ Ἅιδης τῇ τε νεότητι ἐχθρὸς καὶ τῷ γήρᾳ. 3. Ἔαρος καὶ θέρους, νυκτὸς καὶ ἡμέρας ψυχῆς ἄλγη τοὺς ἀδίκους ἄγξει.[6] 4. Τὸν ἀνθρώπινον βίον καπνῷ ἤκαζον οἱ ποιηταὶ ἢ[7] ὀνείρῳ ἢ ἄνθει χλόης.[8] 5. Τὰ τοῦ γήρως κακὰ πολλάκις πικρά ἐστιν. 6. Ἐν τῇ μάχῃ τῇ Κύρου πρὸς τὸν ἀδελφὸν Κλέαρχος μὲν ἐπὶ τῷ δεξιῷ κέρατι ἦν, Μένων δὲ τὸ ἀριστερὸν κέρας ἦγε τοῦ Ἑλληνικοῦ στρατεύματος. 7. Ἐπεὶ Δημάδης ὁ Ἀθηναῖος ἔσκωπτε[9] τὴν τῶν Λακωνικῶν ξιφῶν μικρότητα, Ἆγις ὁ τῶν Σπαρτιατῶν στρατηγὸς ἔλεξεν· Ἀλλὰ καὶ τοῖς μικροῖς ξίφεσιν ἀποκτείνουσι τοὺς πολεμίους.

8. Στέργει (γὰρ) οὐδεὶς[10] ἄγγελον κακῶν ἐπῶν.

9. Χαλεπὸν τὸ γῆράς ἐστιν ἀνθρώποις βάρος.

B. 1. Never rejoice at unjust gain. 2. Poets call old age (*a*) the winter of life (*a*). 3. The Scythians lived[11] on the milk and the flesh (*pl*) of horses. 4. With horns and trumpets the heralds announce the beginning of the battle. 5. In the battle of Plataeae the Athenians were on the left, the Spartans on the right wing. 6. In the days[12] of Homer wine and pieces[13] of meat (*pl*) were welcome dainties[14] at meals (*a*). 7. The sense of shame is a faithful guardian of virtue. 8. The beauty and strength of the human body is destroyed by diseases and old age. 9. The Romans subdued most[15] of the nations of the earth. 10. Young men, have[16] respect for old age (*a*).

---

[1] *is born*, of = ἐκ.   [2] στέφω.   [3] repeat the article and καί with each name.
[4] *money*.   [5] ἡ χρηστότης, ητος.   [6] ἄγχω *torment*.   [7] *or.*⌐   [8] ἡ χλόη *grass*.   [9] σκώπτω *jest about*.   [10] *nobody*.   [11] mid. of τρέφω (*on* = dat.).   [12] κατά w. acc.   [13] *parts*.
[14] *precious gifts*.   [15] *the most* (πλεῖστος, 3.) nat.   [16] παρέχω.

30. Gr. 45.

A. 1. Ἐπαμεινώνδας ἦν ἀφανοῦς πατρός. 2. Ἐλευθέρου ἀνδρός ἐστιν ἀεὶ τἀληθῆ¹ λέγειν. 3. Οἱ μὲν Λακεδαιμονίων δυνάσται Ἡρακλέους ἔκγονοι ἦσαν, οἱ δὲ Περσῶν Ἀχαιμένους. 4. Αἱ τοῦ Πλάτωνος βίβλοι πλήρεις εἰσὶ χρηστῶν Σωκράτους ἐπῶν. 5. Εὐτυχοῦς ἀνδρὸς πάντες εἰσὶ συγγενεῖς. 6. Οἱ Ἀθηναῖοι Περικλέα κεραυνὸν² φέρειν ἔλεγον ἐπὶ τῇ γλώττῃ. 7. Ψευδέσιν ἡδοναῖς χαίρουσιν οἱ πονηροί, οἱ δὲ ἀγαθοὶ ἀληθέσιν. 8. Τἀληθῆ λέγοντες οὐκ ἀεὶ τοὺς ἀνθρώπους εὐφραίνομεν. 9. Θεμιστοκλέους πείσαντος οἱ Ἀθηναῖοι τὰ μακρὰ τείχη ἵδρυσαν καὶ πολλὰς τριήρεις. 10. Εὐτυχοῦς γήρως ἄξιοί εἰσιν οἱ τοὺς γέροντας θεραπεύοντες. 11. Μέμνησο,³ ὦ Περίκλεις, ἐλευθέρων ἄρχεις, Ἑλλήνων ἄρχεις, Ἀθηναίων ἄρχεις.

12. Πολλοί τοι⁴ ὄντες εὐγενεῖς εἰσιν κακοί.

B. 1. The gifts of fortune are not certain. 2. Numerous are the speeches of Demosthenes against⁵ the Macedonian Philip. 3. Hera was hostile to Heracles. 4. The bones of Themistocles were brought from Asia to Athens. 5. The sea was swarming⁶ with the triremes of the Athenians. 6. Abstemious people are generally⁷ healthy to their old age. 7. The Athenians took the field against Samos under the command⁸ of Pericles and Sophocles. 8. There were always many studious⁹ youths and old men around¹⁰ Socrates. 9. Cyrus pursued the fugitives with his triremes. 10. It is often difficult to tell¹¹ the true (*nt, sg*) from the false (*nt, sg*). 11. God deals kindly¹² with the pious, but severely¹² with the impious. 12. Preserve a sound mind in a sound body!

Vowel-Stems.
31. Gr. 46.

A. 1. Δύναμις πολλάκις ὕβριν ἔφυσεν. 2. Πονηραῖς πράξεσι θεία ζημία ἕψεται. 3. Στάσεις ταῖς πόλεσιν ἀεὶ βλαβεραί εἰσιν. 4. Δόξα καὶ πλοῦτος ἄνευ φρονήσεως οὐκ ἀσφαλῆ κτήματα. 5. Ἡ τῶν ἐθνῶν φύσις ὁμοία ἐστὶ τῇ φύσει τῆς χώρας. 6. Κύρῳ ἐπίστευον μὲν πᾶσαι αἱ πόλεις, ἐπίστευον δὲ καὶ οἱ ἄνδρες. 7. Ἡ

---

¹ See Gr. 18 and 124; Rule 6. ² ὁ κεραυνός *thunderbolt, thunder and lightning.* ³ *memento.* ⁴ τοί (encl.) *in truth, surely.* ⁵ κατά w. gen. ⁶ *full of.* ⁷ τὰ πολλά. Gr. 141. ⁸ gen. abs. Gr. 203, 2. *I command:* ἡγεμονεύω. ⁹ φιλομαθής, 2. ¹⁰ περί w. acc. ¹¹ διαγιγνώσκειν (*from:* gen.). ¹² *is well-disposed towards, formidable to.*

ὄψις τῶν Ἑλληνικῶν τάξεων τοῖς Πέρσαις φοβερὰ ἦν. 8. Ἐξ ἐχθρῶν στάσεις γίγνονται, ἐκ δὲ στάσεων φόνοι. 9. Ταῖς μὲν πόλεσιν ἀναθήματα καὶ ἀγάλματα κόσμος, ταῖς δὲ ψυχαῖς μαθήματα. 10. Δημοσθένης ὁ ῥήτωρ ἔλεξε πόλεως εἶναι ψυχὴν τοὺς νόμους. 11. Ἀπόλλωνος κελεύσαντος τοὺς Ἀθηναίους ξυλίνοις¹ τείχεσιν τὴν πόλιν σῴζειν, ἔνιοι μὲν ἐνόμιζον τὸν θεὸν τὴν ἀκρόπολιν λέγειν, Θεμιστοκλῆς δὲ ὁ Νεοκλέους ἔλεγε τὰς τριήρεις. 12. Ἀρετῆς βέβαιαί εἰσιν αἱ κτήσεις μόναι. 13. Φύσεως κακῆς σημεῖόν ἐστιν ὁ φθόνος.

B. 1. Friendship without confidence is no² friendship. 2. In all the works of nature (a) we perceive the power and wisdom of God. 3. It becomes the young to shun strife and insolence. 4. Train the young to noble enterprises! 5. While³ Xerxes was enlisting troops at Sardis, the Athenians sent messengers to all the cities of Hellas. 6. We enjoyed the sight of our battalions. 7. On the Acropolis of Athens, there were magnificent statues, (καὶ) votive offerings, (καὶ) altars, and a famous temple of Athena. 8. Xenophon wrote an account of the inland expedition and the retreat of the ten thousand⁴ Greeks. 9. In all states there are laws to⁵ check the wicked. 10. The Ancients believed that their seers knew⁶ the future. 11. Harmony preserves, discord destroys a commonwealth (πόλις).

32. Gr. 47.

A. 1. Βραχὺς μὲν ὁ βίος, ἡ δὲ τέχνη μακρά. 2. Ἀρχὴ ἥμισυ παντός. 3. Κέρδη αἰσχρὰ βαρέα κτήματα. 4. Τῆς παιδείας ἡ μὲν ἀρχὴ πικρά, τὸ δὲ τέλος γλυκύ. 5. Ὁ οἶνος ἰσχὺν παρέξει ταῖς ψυχαῖς καὶ τοῖς σώμασιν. 6. Ἐν Εὐβοίᾳ καὶ Νάξῳ ταῖς νήσοις οἱ πλούσιοι παχεῖς ὠνομάζοντο. 7. Ἰσχύϊ τῶν στρατιῶν οἱ τύραννοι ἄρχουσι τῶν πολιτῶν. 8. Ὁ Νεῖλος ποταμὸς παντοῖα γένη ἰχθύων τρέφει. 9. Μάτην⁷ οἱ φίλοι τὸν Σωκράτη φεύγειν ἐκ τοῦ ἄστεως ἐκέλευσαν. 10. Θάσος ἡ νῆσος Ἀμφιπόλεως ἀπέχει ἡμισείας ἡμέρας πλοῦν. 11. Ποιηταὶ τὴν τῆς ἀρετῆς ὁδὸν στενὴν καὶ τραχεῖαν εἶναι λέγουσιν. 12. Οἱ Σύριοι πολλοὺς ἰχθῦς ἐνόμιζον θεούς. 13. Ἡ τοῦ ἀνθρώπου ψυχὴ καὶ ἐν ἀτυχίαις μεστή ἐστιν ἐλπίδων.

14. Γαστὴρ παχεῖα λεπτὸν οὐ φύσει νόον.⁸

---

¹ ξύλινος, 3, wooden. ² not. ³ gen. absol. — pres. part. ⁴ μύριοι, 3. ⁵ fut. part. of κωλύω. ⁶ pres. inf. or ind. ⁷ to no purpose, in vain. ⁸ poet. for νοῦν.

B. 1. God assists[1] the bold (*sg*). 2. We wear heavy[2] clothing in winter. 3. The eye of envy is keen. 4. The swords of the Romans were short. 5. Short nights follow long days and[3] long days follow short nights. 6. The deep snow hindered the march of the army. 7. There are all kinds of fishes in seas and rivers. 8. By their sweet strains the Sirens[4] caused[5] the ruin of sailors (*a*). 9. The useful is often incompatible[6] with the agreeable. 10. The servants brought a bowl of sweet wine. 11. Sweet waters do not flow[7] from bitter springs. 12. The Spartans ordered the Athenians to raze[8] the walls of their city. 13. The Athenians called the Erinyes, the daughters of Night, also Eumenides.[9] 14. Short and swift are the pleasant days of youth. 15. A keen mind sometimes dwells (=is) in a sluggish body.

33. Gr. 48.

A. 1. Βούλεσθε ἀεὶ τοὺς γονέας ἐν τιμαῖς ἔχειν. 2. Ἐν τῇ μάχῃ οἱ ἱππεῖς ἐν τῷ ἀριστερῷ κέρατι ἦσαν. 3. Ἀλέξανδρος τὸν Ἀχιλλέα ἐμακάριζεν[10] ἔχοντα θαυμάσιον κήρυκα τῆς ἀρετῆς. 4. Ἀθηνᾶ τῷ Ὀδυσσεῖ ἐν πᾶσι τοῖς ἀγῶσι καὶ κινδύνοις σύμμαχος καὶ σύμβουλος ἦν. 5. Ἡ τῶν Πλαταιῶν συμμαχία τοῖς Ἀθηναίοις πολλάκις ὠφέλιμος ἦν. 6. Τὸ τῶν βοῶν γένος πάγχρηστόν[11] ἐστι τοῖς ἀνθρώποις. 7. Οὐ γιγνώσκετε τὴν ἔριν Αἴαντος καὶ Ὀδυσσέως περὶ[12] τῶν ὅπλων Ἀχιλλέως; 8. Ὁ Πειραιεὺς καὶ τὰ μακρὰ τείχη τὰ ἐκ τοῦ ἄστεως εἰς τὸν Πειραιᾶ ἔργα ἦν Θεμιστοκλέους. 9. Εὐρυσθεὺς τὰς Γηρυόνου βοῦς Ἥρᾳ λέγεται θῦσαι. 10. Τῶν γονέων ἀληθευόντων ἀληθεύσει καὶ τὰ τέκνα. 11. Ἐν τῇ Αἰγύπτῳ τάξεις τῶν πολιτῶν ἦσαν ἕξ,[13] τῶν τε βασιλέων καὶ τῶν ἱερέων καὶ τῶν μαχίμων καὶ τῶν νομέων καὶ τῶν γεωργῶν καὶ τῶν τεχνιτῶν.

12. Κοινὸς ὁ χῶρος ἅπασι, πένησί τε καὶ βασιλεῦσιν.

B. 1. The horse carries the rider. 2. In spring the cows and goats are driven to[14] the mountains. 3. In ancient times the kings were also[15] priests. 4. The Erinyes hounded Orestes, the murderer of his mother, through every land. 5. The Athenians built in the city a sanctuary, the Theseum,[16] in honor[17] of Theseus. 6. Plato calls the poets interpreters of the gods. 7. The signal of the general was

---

[1] συλ-λαμβάνει w. dat. [2] δασύς. [3] μέν—δέ. [4] αἱ Σειρῆνες. [5] *cause the ruin of* διαφθείρω. [6] *opposed to.* [7] ἔρχομαι. [8] κατασκάπτω. [9] αἱ Εὐμενίδες. [10] μακαρίζω *regard as fortunate, pronounce happy.* [11] πάγχρηστος, 2. *very useful.* [12] *for.* [13] *six.* [14] ἀνά w. acc. [15] ἅμα. [16] τὸ Θησεῖον. [17] *for.*

not visible to the cavalry on the right wing. 8. While Odysseus was asleep,[1] his companions killed the cattle of Helios. 9. There were always priests and prophets in the Greek armies. 10. Of all the Euboeans, the Eretrians alone were allied with the Athenians. 11. Chiron[2] is said to have brought up Achilles and Heracles. 12. God is the Lord of lords and the King of kings. 13. By night[3] lions lie in wait for cattle. 14. Warfare often wins[4] indeed fame for kings, but brings upon nations (a) evils of every sort. 15. Hector was pursued by swift-footed[5] Achilles.

34. Gr. 49 and 36, 7.

A. 1. Τοὺς ἥρωας ἐνόμιζον οἱ Ἕλληνες θεῶν παῖδας εἶναι. 2. Λητὼ ταῖς τῶν παίδων τιμαῖς ἔχαιρεν. 3. Οἱ θεοὶ Ἑρμῆν ἔπεμψαν πρὸς Καλυψὼ κελεύσοντα ἀποπέμψαι Ὀδυσσέα εἰς Ἰθάκην. 4. Ἐν οἴνῳ καὶ ἐν παισὶν ἀλήθεια. 5. Λυσίας ὁ ῥήτωρ ἐπὶ[6] πειθοῖ καὶ χάριτι θαυμάζεται. 6. Εὐριπίδης τὴν ἠχὼ παῖδα τῆς ὀρεινῆς[7] πέτρας λέγει. 7. Χρηστοὶ πατέρες τοὺς παῖδας ἀπὸ πονηρῶν ἀνθρώπων κωλύουσιν. 8. Ἐν Ἀθήναις καὶ ἐν Σικυῶνι ἦν ἱερὰ Πειθοῦς. 9. Εὐτυχεῖς εἰσιν οἱ γονεῖς εὐτυχῶν παίδων. 10. "Μὴ παιδὶ μάχαιραν."

B. 1. A boy (a) likes[8] to be[8] with boys, an old man (a) with the aged. 2. We trust our eyes more[9] than our ears. 3. O child, love God and avoid sin[10]! 4. Children (a) are best[11] educated by the example of good parents. 5. Bequeath to your children a sense of honor, rather[9] than gold. 6. Pericles surpassed all Athenians in the gift of persuasion. 7. Do not lend an ear (a, pl) to the words of untruthful boys! 8. All admire Sappho for her songs.[12] 9. Boys (a) delight in the echo of rocks and woods. 10. Beautiful clothes please children (a). 11. The Lacedaemonians had their boys instructed in gymnastics.[13]

Irregular Nouns.
35. Gr. 50, I-8.

A. 1. Ἐν τοῖς Λίβυσιν ἀνὴρ μὲν βασιλεύει ἀνδρῶν, γυνὴ δὲ γυναικῶν. 2. Τοὺς πρέσβεις πᾶν ἔθνος θεραπεύει. 3. Τὰ ὀνείρατα

---

[1] gen. abs. [2] Χίρων, ωνος. [3] gen. [4] brings (upon: dat.). [5] with swift feet. [6] for, on account of. [7] ὀρεινός, 3. hilly. We should say: of rocky mountains. [8] is pleased. [9] μᾶλλον—ἤ. [10] what is bad. Rule 6. [11] ἄριστα. [12] the songs (τὸ μέλος) of Sappho (a). [13] exercebant (γυμνάζω) corpora puerorum.

ἐκ Διός ἐστιν. 4. Οἱ Ἕλληνες ἐν τῇ Θρᾴκῃ πυροῖς ἐρήμοις ἐνετύγχανον. 5. Ἐν τοῖς Διὸς γόνασι τὰ τῶν θνητῶν ἀνθρώπων πράγματά ἐστιν. 6. Αἱ ταχεῖαι νῆες τῶν Φαιάκων τὸν Ὀδυσσέα εἰς τὴν πατρίδα ἔφερον. 7. Οἱ ποιηταὶ τὰς Ἐρινῦς κύνας θεῶν ὠνόμαζον. 8. Νυκτὸς ἠκούσης οἱ πρέσβεις ᾤχοντο πρὸς βασιλέα. 9. Παρὰ Σαλαμῖνι τὸ πλῆθος τῶν Περσικῶν νεῶν οὐδὲν[1] ἴσχυσε πρὸς τὰς ὀλίγας τῶν Ἑλλήνων ναῦς. 10. Πέρσαι τοὺς νεκροὺς οὐκ ἔκαιον· θεὸν γὰρ ἐνόμιζον εἶναι τὸ πῦρ, καὶ ἔθυον μάλιστα[2] τῷ πυρὶ καὶ τῷ ὕδατι. 11. Ἐσθλῆς γυναικός ἐστι τὴν οἰκίαν σῴζειν. 12. Καλὸν μὲν ἔχων σῶμα, ψυχὴν δὲ κακήν, κακὸν ἔχεις κυβερνήτην ἐν νηὶ καλῇ. 13. Γύναι, γυναιξὶ κόσμον ἡ σιγὴ φέρει.

B. 1. Do not believe in your dreams, for dreams are lies.[3] 2. Honest men act in the absence[4] of witnesses as if[5] the witnesses were present.[4] 3. The brazen age of man (*pl*) was destroyed by Zeus. 4. The Erinyes persecute the wicked with fire and scourges. 5. Ships (*a*) remain in harbor (*a, pl*) during winter. 6. The Amazons[6] were warlike women. 7. Apollo and Artemis were children of Zeus and Leto. 8. The Greeks offered libations at their symposia to the Olympian gods, (*καὶ*) to the heroes and to Zeus, the Savior. 9. Wolves (*a*) look like dogs (*a*). 10. The enemies lit many watch-fires on the mountains. 11. Demosthenes was among the Athenian ambassadors sent (*o*) to[7] Philip. 12. Athens[8] accomplished (*ἰσχύω*) most[2] by her navy. 13. A city without magistrates is like a ship without a pilot.

36. Gr. 50, 9-12 and 55.

A. 1. Μεγάλαι εὐτυχίαι μέγαν τίκτουσι φόβον. 2. Μέγα κέρδος ἐν πᾶσίν ἐστιν ἡ ἀλήθεια. 3. Ἡ τῶν υἱέων καὶ θυγατέρων παιδεία τοῖς γονεῦσι μεγάλην παρέχει φροντίδα. 4. Τὰ μακρὰ τείχη τὰ ἐκ τοῦ ἄστεως εἰς τὸν Πειραιᾶ τεττaράκοντα[9] σταδίων ἦν. 5. Πάντες οἱ Πέρσαι δοῦλοι τοῦ μεγάλου βασιλέως ἦσαν. 6. Πλοῦτος πολὺς πολλοῖς αἴτιος μεγάλων συμφορῶν ἐστιν. 7. Ὁ Χάλος ποταμὸς πλήρης ἐστὶ μεγάλων ἰχθύων. 8. Ἀδικίας ἀρχούσης ἡ πόλις οὐ πολὺν χρόνον μένει. 9. Καὶ ἐν τοῖς ὠσὶν καὶ ἐπὶ τῇ γλώττῃ μεγάλοι εἰσὶ κίνδυνοι τοῖς ἀνθρώποις.

---

[1] *nihil.* [2] *μάλιστα = most of all.* [3] *ἐπισφαλής,* 2. [4] gen. abs. — *ἀπών, παρών.* [5] *as if ὥσπερ.* [6] *ἡ Ἀμαζών, όνος.* [7] *πρός w. acc.* [8] *the Athenians.* [9] *forty.*

10. Τὰ μεγάλα δῶρα τῆς τύχης ἔχει[1] φόβον,
οὐδ᾽[2] ἀσφαλὲς πᾶν ὕψος ἐν θνητῷ γένει.

B. 1. The Greeks called the king of Persia[3] Great King.
2. The destinies of men are in the hands of the gods. 3. The
Priests sacrificed with[4] their hands raised heavenward. 4. The brave
trust to their hands, the timid to their feet. 5. The Romans were
for (acc) a long time masters of the whole earth. 6. Great were
the feats of Heracles and his descendants.[5] 7. With our hands we
feed the stomach; the stomach in turn[6] feeds the whole body.
8. The naval expedition[7] to Sicily was attended[1] with many, (καὶ)
great disasters for the Athenians. 9. In Egypt the men carried
great burdens (a) on their heads, whilst the women carried (o)
them (o) on their shoulders. 10. Great[8] wealth has on[9] all mortals
a powerful[8] influence.

37. Iphigenia at Aulis.

Ἐπεὶ Πάρις ὁ τοῦ Πριάμου υἱὸς τὴν Ἑλένην τὴν τοῦ Μενελάου
γυναῖκα ἥρπασεν, πάντες οἱ τῶν Ἑλλήνων βασιλεῖς Ἀγαμέμνονος
κελεύσαντος πρὸς Τροίαν στρατεύσασθαι ἐβουλεύσαντο, ὡς κατά-
ξοντες[10] τὴν τῶν Σπαρτιατῶν βασίλειαν. Συλλεγομένου δὲ εἰς τὴν
5 Αὐλίδα παντὸς τοῦ τῶν Ἑλλήνων ναυτικοῦ Ἀγαμέμνων θηρεύων
ἔλαφον ἀπέκτεινεν ἱερὰν τῆς Ἀρτέμιδος καὶ οὕτως[11] τὴν θεὰν
ὤργιζεν. Πέμψασα οὖν[12] ἐναντίους[13] ἀνέμους τὸν τῶν Ἑλλήνων
πλοῦν ἐκώλυσεν Ἄρτεμις· τοῖς δὲ ἡγεμόσιν ἐν ἀπορίᾳ οὖσι Κάλχας
ὁ μάντις ἐμαντεύσατο, ὅτι ἡ νηνεμία[14] οὐ παύσεται, εἰ μὴ[15] ὁ
10 στρατηγὸς Ἰφιγένειαν τὴν θυγατέρα θύσει.

Τότε δ᾽ Ἀγαμέμνων ἠναγκάζετο τὴν παῖδα ἐκ Μυκηνῶν εἰς
Αὐλίδα μεταπέμψασθαι. Λεξάντων δὲ τῶν πρέσβεων, ὅτι Ἀχιλλεὺς
ὁ τοῦ Πηλέως,[16] τῶν Μυρμιδόνων βασιλεύς, αὐτὴν[17] πρὸς γάμον
ἄξει, ἑκοῦσα σὺν τοῖς κήρυξιν εἰς τὸ στρατόπεδον ἧκεν. Ἐνταῦθα
15 δὲ οἱ βασιλεῖς τὴν ἀτυχῆ παρθένον πρὸς τὸν βωμὸν ἄγουσι, καὶ
μελλόντων ἤδη τῶν ἱερέων, κατὰ[18] τὸν τοῦ μάντεως λόγον, τὴν παῖδα
θύσειν, αὐτίκα ἡ θεὰ ἀντὶ[19] μὲν Ἰφιγενείας ἔλαφον πρὸς τὸν βωμὸν

---

[1] ἔχω (like habeo) is often = bring along, am followed (accompanied) by, cause,
inspire, etc. [2] and — not. [3] of the Persians. [4] raising (αἴρω) ... towards heaven.
[5] οἱ Ἡρακλεῖδαι. [6] μέν — δέ. [7] voyage. [8] much. [9] παρά w. dat. [10] Rule 30.
[11] thus. [12] therefore. [13] contrary. [14] calm. [15] nisi. [16] υἱός is frequently omitted
after the gen. of the father's name, Gr. 143. [17] her. [18] according to. [19] instead of.

28

ἄγει, τὴν δὲ παρθένον ἐν νεφέλῃ εἰς τὴν Ταυρικὴν χερρόνησον ἀπάγει πρὸς Θόαντα, τὸν τῶν Ταύρων βασιλέα. Μετὰ ταῦτα,[1] ἐπεὶ οἱ Ἕλληνες χαίροντες τὴν ἔλαφον ἔθυσαν, Ἄρτεμις καλοὺς ἀνέμους ἔπεμψε, καὶ καλῷ πλῷ ἐν ὀλίγαις ἡμέραις εἰς Τροίαν ἧκον.
5 Ἡ δὲ Ἰφιγένεια ἐν Ταύροις ἔμενεν, ἱέρεια οὖσα τῆς Ἀρτέμιδος, μέχρι[2] πολλοῖς ἔτεσιν ὕστερον[3] Ὀρέστης τὴν ἀδελφὴν εἰς τὴν πατρίδα κατῆγεν.

COMPARISON.
38. Gr. 56, l. 2. Rules 15 and 16.

A. 1. Ἔργα λόγων χαλεπώτερα. 2. Πάντων ἀπιστότατον[4] ἡ τύχη. 3. Οἱ πένητες πολλάκις εὐτυχέστεροι τῶν πλουσίων εἰσίν. 4. Οἱ Αἰθίοπες μελάντατοι πάντων τῶν ἀνθρώπων εἰσίν. 5. Τῶν Πεισιστράτου υἱέων οὐχ Ἵππαρχος πρεσβύτατος ἦν, ἀλλ' Ἱππίας. 6. Σύμβουλος ἀγαθὸς χρησιμώτατον ἀπάντων τῶν κτημάτων. 7. Πρᾳότατος φίλοις ὢν ὁ Ἀγησίλαος ἐχθροῖς φοβερώτατος ἦν. 8. Ἀδελφῶν ὁμόνοια παντὸς τείχους ἰσχυροτέρα ἐστίν. 9. Ἡ γῆ μικροτέρα ἢ πολλὰ τῶν λοιπῶν ἄστρων ἐστίν. 10. Ξίφους πληγὴ κουφοτέρα ἐστὶν ἢ γλώττης· τὸ μὲν γὰρ σῶμα, ἡ δὲ ψυχὴν τιτρώσκει. 11. Τὰ κάτωθεν[5] ἰσχυρότατ' εἶναι δεῖ. 12. Ἡ Πυθία Χαιρεφῶντι ἐμαντεύσατο, τὸν Σωκράτη σοφώτατον πάντων τῶν Ἑλλήνων εἶναι.

13. Πασῶν Ἀθῆναι τιμιωτάτη πόλις.
14. Νόμιζε μηδὲν[6] μητρὸς εὐμενέστερον.

B. 1. The poor are more ready to encounter dangers than the rich. 2. Socrates was of all Athenians the wisest and most just. 3. In summer[7] the nights are shorter than in winter.[7] 4. Nothing[6] is more valuable than virtue and wisdom. 5. The deepest rivers are also the most sluggish. 6. Women are weaker than men. 7. The city of Athens[8] was very old and more beautiful[9] and renowned than the other cities of Greece. 8. Let your parents be your best friends.[10] 9. Aeacus[11] was the most pious of men[12] in ancient times.[12] 10. Our eyes are more reliable witnesses than our ears. 11. Parents (a) are the most faithful friends of their children. 12. On his march[13] to India, Alexander passed[14] through many very

---

[1] *thereupon.* [2] *until.* [3] *multis annis post.* [4] *see Gr. 114, 4.* [5] *what is from below, foundation.* [6] οὐδέν, μηδέν *nothing.* [7] gen. without art. [8] *of the Athenians.* [9] λαμπρός. [10] *have the closest friendship with (to) your parents.* [11] Αἰακός. [12] *of the ancients* (παλαιός). [13] *marching* (ἄγω) *to India* (ἡ Ἰνδική, sc. χώρα). [14] *travelled.*

warlike and savage tribes. **13.** "The truest and surest sceptre of[1] kings are their faithful friends." **14.** The tongue of man is often a sharper weapon than the sword. **15.** God's wisdom (*a*) is deeper than the deepest streams and loftier than the loftiest mountains.

39. Gr. 56, 3. 4.

A. 1. Ὁ δίκαιος εὐδαιμονέστερός ἐστι τοῦ ἀδίκου. 2. Τὰ τῶν παλαιοτέρων ἤθη ἁπλούστατα ἦν. 3. Οἱ ἄνθρωποι πολλάκις ἀφρονέστεροι τῶν θηρῶν εἰσιν. 4. Ταῖς ἀτυχίαις οἱ ἄνθρωποι σωφρονέστεροι γίγνονται. 5. Εὐδαιμονέστατός ἐστιν ὁ μὴ ἔχων κακίαν ἐν τῇ ψυχῇ. 6. Βαρεῖαι νόσοι ταῖς ἐρρωμενεστάταις φύσεσι πολλάκις ἐπικινδυνόταται. 7. Ταῦροι μέν, Σκυθικὸν ἔθνος, τοῖς βασιλεῦσι τοὺς εὐνουστάτους φίλους συγκατέθαπτον,[2] οἱ δὲ Ἰνδοὶ τὰς φιλτάτας γυναῖκας. 8. Εὐνούστατοι καὶ πιστότατοι τοῖς Ἀθηναίοις ἦσαν οἱ Πλαταιεῖς.

9. Νέος ὢν ἀκούειν τῶν γεραιτέρων θέλε.

B. 1. The sincerest friends are also the most well-minded. 2. The simplest food is also the most wholesome.[3] 3. Nations are more prosperous in peace than in war. 4. Sicily is the happiest of all the isles under[4] the sun. 5. The speech of truth is the simplest. 6. Older men (*a*) are not always more sensible than younger men (*a*). 7. The earliest poets of the Greeks were Homer and Hesiod.[5] 8. Alexander destroyed by fire Persepolis,[6] the wealthiest and most thriving city of Persia.[7] 9. The weakest are not always the most unreasonable, nor[8] the strongest always the most sensible. 10. Hatred and enmity often spring[9] from the most trifling causes, even among the best friends.[10]

40. Gr. 57 and 40, 3.

A. 1. Αἴσχιστος τῶν εἰς Τροίαν στρατευσάντων Ἑλλήνων ἦν Θερσίτης· ἦν δὲ καὶ ἔχθιστος Ἀχιλλεῖ καὶ Ὀδυσσεῖ. 2. Τοῖς ἄνοις τὰ ψευδῆ τῶν ἀληθῶν ἡδίω ἐστίν. 3. Ταχεῖς μὲν οἱ πόδες, θάττους δὲ οἱ ἄνεμοι, τάχιστος δὲ ὁ νοῦς. 4. Αἱ θάττους βουλαὶ οὐκ ἀεὶ ἀσφαλέστεραί εἰσιν. 5. Φίλιππος ὁ τῶν Μακεδόνων βασιλεὺς τοῖς Ἕλλησιν ἔχθιστος ἦν. 6. Οἱ Μασσαγέται τῷ ἡλίῳ ἵππους ἔθυον· τῷ γὰρ τῶν θεῶν ταχίστῳ τὸ τάχιστον τῶν ζῴων

---

[1] dat. [2] συγ-κατα-θάπτω *bury together with.* [3] ὑγιεινός. [4] ὑπό w. dat. [5] Ἡσίοδος. [6] ἡ Περσέπολις, εως. [7] *of the Persians.* [8] οὐδέ. [9] *are born.* [10] superl. of φίλος.

προσέφερον. 7. Ἡ πόλις τῶν Ἀθηναίων τοῖς ἐκ τῶν ἄλλων τῆς Ἑλλάδος πόλεων φεύγουσιν¹ ἡδίστας διατριβὰς καὶ ἀσφαλεστάτην καταφυγὴν² παρέχει. 8. Ὁ ἐν καλλίοσι χώραις βίος ἡδίων ἐστίν. 9. Οὐδέν ἐστιν ἔχθιον κακῆς βουλῆς. 10. Ὁ βαθύτατος ὕπνος οὐκ ἀεὶ ἥδιστός ἐστιν. 11. Προδόται πᾶσι τοῖς ἀνθρώποις ἔχθιστοί εἰσιν. 12. Φθόνος κάκιστος κἀδικώτατος θεός. 13. Ἐσθλῶν κακίους ἐνίοτ᾽³ εὐτυχέστεροι.

B. 1. Light (*a*) is quicker than sound,⁴ but thought⁵ (*a*) is quickest of all. 2. The truth is often very odious⁶ to the evil-minded. 3. A brave soldier (*a*) considers flight more disgraceful than death. 4. The most wicked are sometimes,⁷ as⁸ they imagine, the happiest. 5. Of all the Greeks before Troy Achilles and Ajax were the quickest. 6. Death (*a*) for one's (*a*) country is very honorable and the most beautiful of all. 7. The Lacedaemonians inflicted more disgraceful punishments upon⁹ the cowardly than upon evil-doers (*a*). 8. The immortal chargers of Achilles were swifter than the swiftest mortal steeds. 9. Spring (*a*) is the most delightful season for man (*pl*) and beast (*pl*). 10. Traitors are more hateful to everybody than enemies. 11. The works of nature (*a*) are more beautiful than all the works of man (*a, pl*).

41. Gr. 58.

A. 1. Μέτρον ἐν πᾶσιν ἄριστον. 2. Ἀναρχίας οὐκ ἔστι¹⁰ μεῖζον κακόν. 3. Σύμβουλος οὐδείς ἐστι βελτίων χρόνου. 4. Γνώμη κρείττων ἢ ῥώμη χειρῶν. 5. Μείζους ἡδονὰς οὐκ ἔχουσιν οἱ γονεῖς ἢ σώφρονας καὶ ὑγιεῖς παῖδας. 6. Ὁ σώφρων ἀνὴρ τοῖς πολίταις οὐ τὰ ἥδιστα, ἀλλὰ τὰ βέλτιστα βουλεύσει. 7. Οὐδὲν θᾶττον ἐτῶν. 8. Μυρίων¹¹ ὁπλιτῶν οὐκ ἐλάττους ἦσαν οἱ Ἀθηναῖοι. 9. Ἐν ταῖς ἀνάγκαις χρημάτων κρείττων φίλος. 10. Τὸ τῶν Ἰνδῶν ἔθνος μέγιστόν ἐστι καὶ πλείστην τε καὶ καλλίστην χώραν νέμεται.¹² 11. Ὁ θάνατος κοινός ἐστι καὶ τοῖς κακίστοις καὶ τοῖς βελτίστοις. 12. Ἔμφυτός¹³ ἐστι τοῖς ἀνθρώποις ἡ τοῦ πλέονος ἐπιθυμία. 13. Ἀνθρώπῳ πάντων τῶν ζῴων ἄρχειν ῥᾷόν ἐστιν ἢ ἀνθρώπων ἄρχειν. 14. Ἡ μνήμη τῶν προτέρων παθῶν κουφίζει τὰ ὕστερα. 15. Μείζους παῖδες, μείζους μέριμναι.

---

¹ φεύγω am exiled. ² retreat, refuge, shelter. ³ sometimes. ⁴ ἡ φωνή. ⁵ ὁ νοῦς. ⁶ hateful. ⁷ ἐνίοτε. ⁸ ὡς. ⁹ punished — with. ¹⁰ ἔστι for ἐστί. Gr. 104, 3, n. 2. ¹¹ μύριοι ten thousand. ¹² νέμομαι incolo. ¹³ ἔμφυτος, 2. implanted, inborn.

16. Κακοῖς τὸ κέρδος τῆς δίκης ὑπέρτερον.

17. Ἀεὶ κράτιστόν ἐστι τἀληθῆ λέγειν.

B. 1. Health[1] is more valuable than riches. 2. Let[2] not the strongest, but the best be king ! 3. No teacher is more efficient than necessity (a). 4. Nothing causes greater and more numerous evils than war. 5. In Libya the elephants are both fewer and smaller than in India.[3] 6. Issos[4] was the farthest of the cities of Cilicia.[5] 7. Lying is one (o) of the greatest evils in both young and old. 8. Poor people are often held (o) in greater esteem (pl) than very rich men. 9. The majority of men[6] are solicitous for wealth and honor, but very few (a) for knowledge[7] and truth, or for their soul. 10. The moon is smaller, the sun, however, larger than the earth. 11. Discretion is the best physician. 12. The easiest way for an army is the shortest. 13. The Athenians were not less in[8] number than the Boeotians. 14. Of all the Greeks, the Athenians encountered most dangers (a) in the wars against the Persians. 15. There were more votive offerings in the sanctuary at Delphi than in all the other shrines of Greece. 16. Astyages was the last king of the Medes, Cyrus the Elder[9] the first king of Persia. 17. Life (a) is not the greatest blessing, but guilt[10] (a) is the greatest of evils (a).

ADVERBS. THEIR COMPARISON.
42. Gr. 59.

A. 1. Κροῖσος Σόλωνα τὸν Ἀθηναῖον εὐμενέστατα ἐδέξατο. 2. Πάντες ἄνθρωποι ὄντες βουλόμεθα εὖ πράττειν. 3. Σπεῦδε βραδέως· βραδύτερον γὰρ πορευόμενος θᾶττον πορεύῃ. 4. Ἀσφαλῶς πλέουσιν[11] οἱ τοὺς θεοὺς ἔχοντες κυβερνήτας. 5. Οἱ ἄριστα θεραπεύσαντες τὴν γῆν πλεῖστα ἀγαθὰ ἀντιλαμβάνουσιν.[12] 6. Ἰσχυρότατα κολάζουσιν οἱ Πέρσαι τοὺς ἀχαρίστους. 7. Ἀριστοτέλης λέγει τὴν χάριν γηράσκειν ταχύ. 8. Ῥᾷστα καὶ ἥδιστα καὶ ἀλυπότατα διάγουσιν οἱ ἐγκρατεῖς. 9. Ταῖς τῶν εὐσεβεστάτων θυσίαις μάλιστα χαίρουσιν οἱ θεοί. 10. Ἡ πόλις ἡ προθυμότατα τοῖς ἄρχουσι πειθομένη ἥκιστα ἀναγκάζεται τῶν πολεμίων ὑπακούειν. 11. Μὴ φεύγετε, ὦ στρατιῶται, ἀλλ᾽ ἀνδρείως μένετε, πάντα κίνδυνον εὐκλεῶς κινδυνεύοντες ὑπὲρ τῆς πατρίδος. 12. Τὰ

---

[1] ὑγιαίνω valeo, inf.   [2] let be ἔστω.   [3] ἡ Ἰνδική.   [4] οἱ Ἰσσοί.   [5] ἡ Κιλικία.
[6] the most men.   [7] γνώμη, φρόνησις.   [8] acc. Gr. 139.   [9] πρότερος.   [10] τὸ ἁμάρτημα.
[11] πλέω sail.   [12] ἀντι-λαμβάνω receive in return.

ἀλλότρια ἁμαρτήματα ῥᾷον ἐν ὀφθαλμοῖς ἔχομεν ἢ τὰ ἴδια.
13. Οὐχ ἧττον φροντίζω τῆς ὑμετέρας δόξης ἢ τῶν ἐμῶν κινδύνων.
14. Καλῶς ἀεὶ πίπτουσιν οἱ Διὸς κύβοι.

B. 1. Educate your children in the best and most careful manner!
2. The Greeks were formerly more powerful than nowadays. 3. Apply[1] yourself more earnestly to literary pursuits (a) than to the
acquisition of wealth (a). 4. A noble man's anger soon dies out.
5. The godly and righteous man (o) walks fearlessly[2] even by[3]
night. 6. The gods severely[4] punish the insolence of the haughty.[5]
7. What is lofty is in the greatest danger of falling.[6] 8. Of all the
Greeks, the Spartans fought most bravely. 9. Time often changes[7]
things (a) very quickly. 10. Pericles bore the death of his children
very bravely. 11. Children alone live free from care.[8] 12. People
generally perceive another's faults more easily and more clearly than
their own. 13. Do not wish to do everything as quickly as possible,
but as well as possible. 14. Battles (a) are decided by bravery
rather than by the great number of soldiers (a). 15. Life (a) is
short for those that fare well.

THE MOST IMPORTANT PREPOSITIONS.
43. Rule 17.

A. 1. Σὺν τοῖς θεοῖς παντὸς ἄρχεσθε ἔργου. 2. Νῦν ὑπὲρ
πάντων ἀγών ἐστι πρὸς τοὺς πολεμίους. 3. Κῦρος ἔχων τὸ στρά-
τευμα ἐπορεύετο διὰ τῆς Συρίας. 4. Φρόνιμοι ἄνδρες πρὸ τῶν
πράξεων βουλεύσονται. 5. Ἄξουσιν οἱ μὲν καλοὶ ἐπὶ τὰ καλά,
οἱ δὲ πονηροὶ ἐπὶ τὰ πονηρά. 6. Οἱ ῥήτορες μετὰ τῶν πρέσβεων
περὶ τῆς εἰρήνης ἐβουλεύσαντο. 7. Ἀναρίθμους πόνους παρέχει
τὸ σῶμα διὰ τὴν ἀναγκαίαν τροφήν. 8. Χρὴ κατὰ δύναμιν θερα-
πεύειν τοὺς θεούς. 9. Γιγνώσκομεν διὰ τῶν μάντεων τὰ παρὰ
τῶν θεῶν συμβουλευόμενα. 10. Οἱ Πελοποννήσιοι τοὺς συμ-
μάχους κατὰ[9] πόλεις ἀπέπεμψαν ἀπὸ τοῦ Ἰσθμοῦ. 11. Ἦσαν
κῶμαι πολλαὶ παρὰ τὸν ποταμόν. 12. Ἀπὸ γενεᾶς μέχρι θανάτου
ἀναρίθμους εὐεργεσίας λαμβάνομεν παρὰ τοῦ θεοῦ. 13. Οἱ Πλα-
ταιεῖς ἐν Μαραθῶνι μόνοι τῶν Ἑλλήνων μετὰ τῶν Ἀθηναίων
τοῖς Πέρσαις (σὺν τοῖς Ἀθηναίοις πρὸς τοὺς Πέρσας) ἐμάχοντο.

---

[1] φροντίζω apply myself. [2] ἀδεής, 2. [3] gen. [4] terribly. [5] ὑπέρφρων, 2. [6] is
most in danger, w. inf. [7] ἀλλάττω. [8] grieflessly. [9] by (distributively).

14. Ἅμα τῇ ἡμέρᾳ αὐτόμολοι ἥκοντες παρὰ βασιλέως ἀπήγγελλον Κύρῳ περὶ τῆς βασιλείας στρατιᾶς. 15. Οὐδεὶς μετ' ὀργῆς ἀσφαλῶς βουλεύεται. 16. Ἐπεὶ Κῦρος, πορευόμενος πρὸς Ἀρταξέρξην τὸν ἀδελφόν, ἧκεν εἰς Ἰσσούς, τῆς Κιλικίας πόλιν ἐσχάτην ἐπὶ τῇ θαλάττῃ κειμένην,[1] ἔμενεν ἐνταῦθα ἐνίας ἡμέρας· καὶ Κύρῳ παρῆσαν[2] αἱ ἐκ Πελοποννήσου νῆες καὶ ἐπ' αὐταῖς[3] ναύαρχος Πυθαγόρας Λακεδαιμόνιος. Παρῆν δὲ καὶ Χειρίσοφος Λακεδαιμόνιος ἐπὶ τῶν νεῶν ἔχων πολλοὺς ὁπλίτας, ὧν[4] ἡγεμὼν ἦν παρὰ Κύρῳ. Αἱ δὲ νῆες ὥρμουν[5] παρὰ τὴν Κύρου σκηνήν. Ἐνταῦθα καὶ οἱ παρὰ Ἀβροκόμα[6] αὐτόμολοι ἧκον παρὰ Κῦρον καὶ συνεστρατεύοντο ἐπὶ βασιλέα.

B. 1. You are doing evil instead of good. 2. The Greeks marched for (*acc*) a long time through the plain along the river Euphrates.[7] 3. There was a broad ditch before the gates of the city. 4. Philip took very many cities with the help of (διά) traitors. 5. The persecuted cast themselves headlong[8] from the heights. 6. Socrates was pious and just throughout his whole life. 7. The Plataeans fought in alliance with the Athenians. 8. All admired Heracles for[9] his bravery. 9. When will you deliberate on the rescue of the allies? 10. Near the village was a hill whence[10] some of the light infantry saw what[11] was going on[11] in the plain, and, through couriers, informed our commander-in-chief of the departure of the enemy.

FORMATION OF TENSES OF UNCONTRACTED PURE VERBS.

44. PRESENT TENSE.

Gr. 78, 79, l. — Rules 18. 21. 22. 24.

A. 1. Εὐχώμεθα ἀγαθά. 2. Ἀνδρῶν ἀγορευόντων οἱ νεανίαι σιγὴν ἐχόντων. 3. Ἐκ τῶν κοινῶν ἐπιμελειῶν ἀπαλλάττου[12] μὴ πλουσιώτερος, ἀλλ' ἐντιμότερος. 4. Ἀποτρέποιτε, ὦ θεοί, τὸν κίνδυνον τῆς ἡμετέρας πατρίδος. 5. Πᾶσα δύναμις καὶ πᾶς πλοῦτος ἀρετῇ ὑπεικέτω.[13] 6. Ἐὰν νῦν τὰ ἡμέτερα φυλάττωμεν καὶ σῴζωμεν ἐν τῷ πολέμῳ, ἐν πολλῇ εἰρήνῃ βιοτεύσομεν. 7. Ἐν

---

[1] *situated.* [2] πάρ-ειμι *am come, adsum.* [3] *in command of them.* [4] *quorum.* [5] *for* ὥρμεον of ὁρμέω *lie at anchor, am moored.* [6] Gr. 29, 3. [7] Gr. 119, note 5. [8] *cast* mys. headl. φέρομαι. [9] ἐπί τινι or διά τι. [10] *there.* [11] part. pl. nt. of γίγνομαι. Rule 14. [12] ἀπ-αλλάττομαι *depart, retire.* [13] ὑπ-είκω *give way, yield.*

πάσῃ πόλει νόμοι πλέον ἰσχυόντων ἀνθρώπων. 8. Φεύγωμεν ἀεὶ τὴν ἀδικίαν. 9. Μήποτε μέλλοιτε τὰ ἀγαθὰ πράττειν καὶ τὰ κακὰ κωλύειν. 10. Οἱ Ἀρεοπαγῖται[1] ἐν νυκτὶ καὶ σκότει ἐδίκαζον, ὅπως μὴ[2] εἰς τοὺς λέγοντας βλέποιεν, ἀλλ' εἰς τὰ λεγόμενα. 11. Ἀνὴρ ἀχάριστος μὴ νομιζέσθω φίλος, μηδ'[3] ὁ πονηρὸς τὸν τοῦ χρηστοῦ τόπον κατεχέτω. 12. Μαινόμεθα πάντες, ὁπόταν ὀργιζώμεθα.

13. Πῶς οὖν[4] μάχωμαι θνητὸς ὢν θείᾳ τύχῃ ;

14. Φειδώμεθ' ἀνδρῶν εὐγενῶν, φειδώμεθα.

B. 1. Let us be merry[5] with the merry[5] and weep[6] with those that weep ! 2. May you ever trust God ! 3. Many fancy themselves[7] wise though[8] they are not. 4. The younger should let themselves be taught[9] by the experience of older men (a). 5. March on[10] and you will come to a country full of grain and wine. 6. The soul should rule in the body, and[11] the body serve ! 7. The nation will be strong, if[12] the good and just deliberate on state affairs.[13] 8. May you pass your old age in quiet and peace ! 9. Be ye angry and sin[14] not. Let not the sun go down[15] upon your anger. 10. The Greeks wondered why[16] Cyrus neither sent[17] a messenger nor made his own appearance.[17]

45. FUTURE AND AORIST, ACTIVE AND MIDDLE.

Gr. 78. 79, 2. 3. — Rules 19. 20. 23-26.

A. 1. Πιστεύσαιτε. Ἱδρύσωμεν. Θεραπεύσατε. Οὐκ ἂν κελεύσαιμεν. Βούλευσαι. Μὴ θηρεύσητε. Στρατευσώμεθα. Κώλυσον. Μηδὲν φυτεύσῃς. Βουλεύσειας ἄν. Μηνυσάντων. Περίβλεψον. Ἀκουσάτω. Οὐκ ἂν πιστεύσαιεν (πιστεύσειαν).

2. Μὴ παύσησθε τῶν καλῶν ὀρεγόμενοι. 3. Ἄξω τοὺς συμμάχους, ὅποι ἂν[18] βούλησθε. 4. Τῇ νῦν[19] εἰρήνῃ μὴ πιστεύσωμεν· οὐ γὰρ ἀσφαλής ἐστιν. 5. Εἰ μὴ τῇ τύχῃ πιστεύσαις, ἀλλὰ τῇ ἰδίᾳ ἀρετῇ, ἄριστ' ἂν βιοτεύσειας. 6. Κικέρων ἔλεξεν, ὅτι ἡδέως καταλύσοι τὸν βίον, εἰ παύσειε τὸν Ἀντώνιον τῆς ὕβρεως. 7. Σὺν ἄφροσιν οὐκ ἂν ἀσφαλῶς βουλευσαίμεθα. 8. Ἀκούοντες δια-

---

[1] the Athenian supreme court of justice. See page 12, 9. [2] in order that not. [3] μηδέ neve. [4] how then ? [5] χαίρω. [6] κλαίω. [7] fancy (οἴομαι) to be. [8] οὐ. Gr. 203, 3, e. [9] educated, imper. mid. [10] εἰς τὸ πρόσω. [11] μέν — δέ. [12] ἐάν w. subj. [13] state affairs τὰ τῆς πόλεως. Gr. 124, note. [14] ἁμαρτάνω. [15] δύομαι ἐπί τινι. [16] ὅτι. [17] pres. opt. — make my appearance φαίνομαι. [18] quocunque. [19] present. Gr. 124

βολὰς τὰ ὦτα κλείσατε (κλείετε). 9. Ἐν πάσαις ταῖς πόλεσι νόμοι εἰσὶ κωλύσοντες τοὺς κακούργους. 10. Τοῖς ψεύσταις οὐκ ἂν πιστεύσαιμεν, οὐδ'[1] εἴ τι λέξειαν ἀληθές. 11. Τισσαφέρνης διέβαλλε τὸν Κῦρον πρὸς Ἀρταξέρξην τὸν ἀδελφόν, ὡς[2] ἐπιβουλεύσειε τῇ βασιλείᾳ δυνάμει. 12. Ἄνθρωποι ὄντες οὔποτ' ἂν παυσαίμεθ' ἐλπίζοντες καὶ δειμαίνοντες. 13. Κροῖσος τῷ Ἀπόλλωνι συνεβουλεύσατο, εἰ[3] πρὸς Κῦρον στρατεύσαιτο · ἡ δὲ Ἀπόλλωνος μαντεία ἦν ·

Κροῖσος Ἅλυν διαβὰς[4] μεγάλην ἀρχὴν καταλύσει.

B. 1. I may possibly believe. Let us plant! Do not hinder! O that you would speak the truth! Ask advice! We could not trust. Would you perhaps report? Loose! Do not loose! Believe! May we never cease hoping! 2. Boy, stop your insolence! 3. O that you would never ask advice of the foolish! 4. Be quiet,[5] that[6] all the soldiers may hear the words of the general! 5. Be not a slave to your passions! 6. Your messenger reported to our general, that the enemy would[7] waylay our army. 7. After the battle of Mantinea,[8] Epaminondas advised the Thebans to make peace.[9]

46. PERFECT AND PLUPERFECT ACTIVE.

Gr. 74 seqq., 78. 79, 4. — Compare 168, 4.

A. 1. Ἴδρυκεν. Πεπιστεύκαμεν. Μεμηνυκέναι. Ἐκεκελεύκεσαν. Ἐπεφυτεύκετε; Πεφονεύκασιν. Οἱ τεθηρευκότες. Τοὺς τεθεραπευκότας. Τοῖς πεπαυκόσιν. Τὴν πεφυτευκυῖαν μητέρα. 2. Νέοι μὲν ὄντες πεφυτεύκατε, νῦν δὲ ἤδεσθε τοῖς καρποῖς. 3. Μὴ πείθεσθε, ὦ Ἀθηναῖοι, τοῖς πεπιστευκόσι Φιλίππῳ. 4. Κεκωλύκασιν οἱ Θετταλοὶ Φίλιππον τὴν Μαγνησίαν τειχίζειν. 5. Πάντα πεπρέσβευκεν[10] Αἰσχίνης ἐναντία τοῖς δικαίοις. 6. Μέλλειν οὐκ ἔστιν,[11] ὦ δικασταί, οἱ γὰρ νόμοι εἰσὶ κεκελευκότες τὴν δίκην λαμβάνειν παρὰ[12] τοῦ βιαίου ἀνδρός. 7. Ἀεὶ θεραπεύετε τὰς μητέρας τὰς τοὺς παῖδας πρὸς[13] ἀρετὴν πεπαιδευκυίας. 8. Ὤιοντο οἱ ἡμέτεροι πατέρες Κόνωνα τὴν Λακεδαιμονίων ἀρχὴν καταλύσαντα οὐ μικρὰν τυραννίδα πεπαυκέναι. 9. Μηνύσω τοὺς πρέσβεις συμβε-

---

[1] ne — quidem. [2] saying that. [3] whether he should. [4] having crossed. [5] am quiet σιγὴν ἄγω. [6] ἵνα w. subj. [7] fut. opt. of ἐπιβουλεύω. [8] ἡ Μαντίνεια. [9] to put an end (aor. mid.) to the war. [10] πρεσβεύω act as ambassador, negotiate. [11] it is (you are) not allowed. [12] δίκην λαμβάνω παρά τινος receive satisfaction from, i.e. inflict punishment upon. [13] in; εἰς or πρός τι.

36

βουλευκότας οὐ τὰ χρήσιμα τῇ πόλει καὶ τὴν εἰρήνην κεκωλυκότας.
10. Φωκίων γέρων ὢν ἔλεξε· "Πολλὰ συμβεβούλευκα τοῖς Ἀθη
ναίοις καὶ προσήκοντα, ἀλλ' οὐ πεπιστεύκασι τοῖς ἐμοῖς λόγοις."
11. Νέος πεφυκὼς[1] πολλὰ χρηστὰ μάνθανε.

B. 1. We have taken the field. 2. They have banished. 3. To
have been king. 4. To those that[2] have advised. 5. We have
trusted. 6. We had trusted. 7. The Greeks say that Homer has
educated Greece. 8. O that you may have educated your sons well!
9. God has implanted in our souls many (καὶ) noble (nt, pl) qualities (o). 10. Parents, be grateful to the teachers who[2] have educated
your children to virtue and justice. 11. For (acc) many years
we have encountered in the field[4] dangers of every sort, and now we
shall spend our old age quietly[5] at home (a).

47. PERFECT AND PLUPERFECT, MIDDLE AND PASSIVE.
Gr. 79, 6. Subjunctive and Optative of εἰμί. Gr. 104, 3.

A. 1. Βουλεύου μὲν βραδέως, διάπραττε δὲ ταχέως τὰ βεβου
λευμένα. 2. Ἐν τῇ Σπάρτῃ οἱ νεανίαι μάλιστα εἰς ἀρετὴν ἐπεπαί
δευντο. 3. Οὐ βίᾳ ἀλλὰ διδασκαλίᾳ κεκωλύμεθα ταῖς ἡδοναῖς
δουλεῦσαι. 4. Ὑπὸ[6] τῇ ἀκροπόλει Πανὸς ἦν ἱερόν· ἵδρυτο δὲ μετὰ
τὰ Μηδικά.[7] 5. Οὐ βουλεύεσθαι νῦν καιρός, ἀλλὰ βεβουλεῦ
σθαι. 6. Ἀντώνιος πολλοὺς πεφυγαδευμένους κατῆγεν. 7. Πᾶσαν
τὴν ἡμέραν τοὺς πολεμίους διώξαντες εἰς[8] τὴν ἑσπέραν ἐπέπαυντο.
8. Τῇ τῶν ἐπιτηδείων ἀπορίᾳ ὁ στρατὸς ἐκεκώλυτο εἰς τὴν πολε
μίαν χώραν πορεύεσθαι. 9. Οἱ Ἕλληνες ἤκουσαν, ὅτι οἱ βάρβα
ροι πέραν τοῦ ποταμοῦ ἐστρατοπεδευμένοι εἶεν. 10. Οἱ ὑπὸ τοῦ
τυράννου πεφυγαδευμένοι πάντες σὺν τῇ ἡμετέρᾳ στρατιᾷ στρατεύ
σονται. 11. Πέπαυσο.

12. Βλέπων πεπαίδευμ' εἰς τὰ τῶν πολλῶν κακά.

B. 1. To have been well educated is a very great blessing.
2. When Xerxes was marching with his army upon[9] Athens, Aristides lived an exile[10] on Aegina. 3. You have been instructed always
to speak the truth. 4. Polydamidas and all the heavy infantry were
encamped on a high hill outside the city. 5. The conspirators[11] be-

---

[1] πέφῡκα intr. *I have been born* i.e. am (*by nature*). [2] Rule 14. [3] εἴς τι or
πρός τι. [4] pres. part. of στρατεύομαι. [5] adj. [6] *under.* [7] τὰ Μηδικά *the Persian
Wars.* [8] Gr. 163, 7. [9] ἐπί w. acc. Rule 17, 4. [10] *had been exiled.* Gr. 168, 4.
[11] ὁ συνωμότης.

lieved that everything had been betrayed to the tyrants. 6. At Athens no one is excluded[1] from office (*pl*) or honor (*pl*) because[2] of his poverty or parentage. 7. The trees planted by the father will bear[3] abundant and excellent fruit for his children. 8. Advising others well, you have yourself[4] been ill-advised. 9. You had not been hindered from remaining neutral.[5] 10. Be well-advised and your plans will succeed[6] well! 11. Art (*a*, *pl*) has spared[7] us many a trouble.

48. AORIST AND FUTURE PASSIVE. VERBAL ADJECTIVES.

Gr. 79, 8. 9.—Compare Gr. 205.

A. 1. Μετὰ τὴν ἐν Κνίδῳ ναυμαχίαν ἡ τῶν ἁρμοστῶν ἀρχὴ ἐπαύθη. 2. Εἴθε πάντες οἱ νεανίαι καλῶς παιδευθεῖεν. 3. Τῶν καλῶς βουλευθέντων καλὸν τὸ τέλος. 4. Τοῖς μὴ παιδευθεῖσι πρὸς ἀρετὴν οὐ προσήκει ἄλλων ἄρχειν. 5. Πολλῶν φονευθέντων οἱ Θηβαῖοι ἐπαύσαντο τῆς μάχης. 6. Ἀγησίλαος Ξενοφῶντα ἐκέλευσε τοὺς παῖδας ἐν Λακεδαίμονι τρέφειν,[8] λέγων, ὅτι ἐκεῖ τὸ κάλλιστον τῶν μαθημάτων παιδευθήσοιντο,[9] ἄρχειν τε καὶ ἄρχεσθαι. 7. Παυσανίας τῇ τῶν Λακεδαιμονίων πολιτείᾳ ἐπιβουλεύσας τοῖς ἐφόροις ἐμηνύθη. 8. Οὐκ ἀπειρίᾳ, ἀλλ' ἐμπειρίᾳ παιδευθήσῃ τοὺς τοῦ βίου κινδύνους ὑπομένειν. 9. Ἐκ παίδων[10] οἱ πολῖται παιδευθέντων πρὸς τὰ ἄριστα. 10. Θεμιστοκλῆς φυγαδευθεὶς ἐξ Ἀθηνῶν διέτριψεν ἐν Ἄργει. 11. Ἄνευ ὁμονοίας τῶν πολιτῶν οὐκ ἂν πόλις εὖ πολιτευθείη.[11] 12. Πάντα τὰ ἄδικα καὶ παράνομα κωλυτέα ἐστὶν ἀγαθοῖς.[12] 13. Εἰ γῆν βούλει ἀφθόνους καρποὺς φέρειν, τὴν γῆν θεραπευτέον.[12] 14. Τῷ ἁπάντων τῶν ἀγαθῶν κωλυθήσῃ κακῶν ἔργων. 15. Οἱ Δράκοντος νόμοι πάντες κατελύθησαν πλὴν τῶν φονικῶν.[13]

B. 1. Cyrus was educated in the customs of the Persians. 2. By the bravery of the inhabitants the enemy will be kept from the city. 3. Children (*a*) cannot be brought up well without punishment (*pl*). 4. We heard that Alcibiades was[14] instructed by Pericles. 5. Boys (*a*) should[15] be kept away from bad company. 6. Many[16] young Romans were educated at Athens. 7. The barbarians,[17] when prevented by

---

[1] κωλύω τινός; perf. [2] Rule 7. [3] φύω. [4] αὐτός. [5] ἡσυχίαν ἄγω; inf. [6] pres. of ἀποβαίνω. [7] pass. constr. by means of παύω τινός. [8] *to educate.* [9] παιδεύομαί τι *am instructed in, learn.* Gr. 136, note. [10] *a pueris, pueritia.* [11] πολιτεύω *administer, govern.* [12] (*by the good*). Gr. 205, 2. [13] φονικός, 3, *respecting homicide.* [14] inf. or ὅτι w. opt. [15] aor. imp. or verb. adj. [16] *many of the y. R.* [17] *to the barbarians, when they were pr., the path was shown* (μηνύω).

Leonidas at Thermopylae from marching[1] into Greece, were shown
the path across the mountains by Ephialtes. 8. Traitors (*a*) of the
country should[2] be banished. 9. Many of the best Athenians were
exiled or put to death by the Thirty.[3] 10. Our sons will be educated
by your teachers. 11. If the city is expected[4] to be governed well,[5]
the wicked must[2] be checked, the good honored.

FORMATION OF TENSES OF CONTRACT VERBS. Gr. 80.
EXCLUDING THE PRESENT AND IMPERFECT TENSES.
49. VERBS IN -άω.

Α. 1. Δίκαια δρᾶσον. 2. Ἅπαντα τὰ τῶν Περσῶν ἱερὰ καὶ
οἱ Μῆδοι τετιμήκασιν. 3. Ὀδυσσεὺς πολλὰ ἐμηχανήσατο πάσῃ
τῇ στρατιᾷ ὠφελιμώτατα. 4. Ἐν Ἀθήναις οἱ ὑπὲρ τῆς πατρίδος
τελευτήσαντες ταφῇ δημοσίᾳ[6] ἐτιμήθησαν. 5. Ἰνδοὶ συγκατακά-
ουσι[7] τοῖς ἀνδράσιν, ὅταν τελευτήσωσι, τῶν γυναικῶν τὴν φιλτάτην.
6. Ἡρακλέα λέγουσιν ὑπὸ Διὸς γεννηθῆναι. 7. Πολλοὶ βουλαῖς,
ἀλλ᾽ οὐ τῇ τῶν πολεμίων ἀρετῇ νενίκηνται. 8. Κατὰ Πλάτωνα τοῖς
τελευτήσασι καὶ μετὰ θάνατον αἴσθησίς ἐστιν. 9. Χρηστοὶ ἄρχον-
τες οὐκ ἐάσουσι τοὺς ἀρχομένους ἄδικα πάσχειν. 10. Παρὰ τοῖς
Ἀθηναίοις πρῶτον Ἡρακλῆς ὡς θεὸς ἐτετίμητο. 11. Πολλοὶ ἄλ-
λους ἀπατήσοντες αὐτοὶ[8] ἠπάτηνται. 12. Πύρρος ἤλπιζεν, ὥσπερ
Ἀλέξανδρος μεγάλην ἀρχὴν ἐν τῇ Ἀσίᾳ ἐκτήσατο, ἐν τῇ Ἰταλίᾳ
μεγάλην βασιλείαν κτήσεσθαι. 13. Θηρατέον τὰς ἡδονὰς τὰς
μετὰ δόξης. 14. Ἐπαμεινώνδας ἐν Λεύκτροις νενικηκὼς ὑπό τε τῶν
Θηβαίων καὶ τῆς πάσης σχεδὸν[9] Ἑλλάδος μάλιστα ἐτιμήθη.
15. Οὐδεὶς ἔπαινον ἡδοναῖς ἐκτήσατο.

B. 1. Machaon healed the wounds of Philoctetes. 2. The vic-
tors[10] in the contests wore garlands on their heads. 3. The Scythians
had[11] the custom of[12] sacrificing to brave men who[10] had fallen.
4. May our general risk the battle immediately and quickly conquer
the enemy! 5. You will win praise and glory not by pleasure (*pl*),
but by virtue (*pl*). 6. When the Spartans arrived,[13] the Persians
had already been conquered by the Athenians. 7. Leonidas and the
three hundred[14] Spartans, who[10] ended their life at Thermopylae,

---

[1] *marching* ἡ εἴσοδος. [2] aor. imp. or verb. adj. [3] οἱ Τριάκοντα, indecl. [4] μέλλω
w. fut. inf. [5] πολιτεύω. [6] δημόσιος, 3, *public (at public expense).* [7] *burn (cre-
mate) together with.* [8] *ipsi.* [9] *nearly.* [10] aor. part. [11] by means of εἶναι. [12] inf.
[13] ἥκω. [14] τριακόσιοι.

won immortal fame.   8. Solon ordered the sons of those that[1] had fallen in war to be educated at public expense.[2]   9. There was a prophecy, that Erechtheus would conquer his enemies, if[3] he sacrificed the eldest of his daughters.   10. From the beach Xerxes watched the naval engagement off Salamis.   11. Do not admire riches (a) which[4] are often acquired even by the most wicked.   12. He[5] who does not[5] dare, will not conquer!

50.   VERBS IN -έω.

A.   1. Ἀριστείδης πλεῖστα ἀγαθὰ τὴν πόλιν πεποιηκὼς[6] ἐν μεγίστῃ πενίᾳ ἐτελεύτησεν.   2. Ἄδραστος σὺν ἡγεμόσιν ἐξ[7] ἐπολέμησε Θήβαις.   3. Τὰ ἄστρα οὐδείς πω[8] τῶν ἀνθρώπων ἠρίθμηκεν οὐδὲ[9] ἀριθμήσει.   4. Οἱ Πέρσαι πρέσβεις εἰς Ἀθήνας καὶ Σπάρτην ἔπεμψαν ὕδωρ καὶ γῆν αἰτήσοντας.   5. Ἀλέξανδρος τὴν τῶν Θηβαίων πόλιν ἐκπολιορκήσας ἐποιήσατο δούλους τοὺς ἐλευθέρους πάντας πλὴν τῶν ἱερέων.   6. Φίλιππος τοὺς Θηβαίους μείζους ἢ προσῆκε πεποίηκεν.   7. Ἀδυνάτοις μὴ ἐπιχειρήσητε.   8. Οἱ βάρβαροι ἐν πολλαῖς μάχαις νενικημένοι ὑπὸ τῶν Ἑλλήνων κατεφρονήθησαν.[10]   9. Μηδέποτε ἀνακεχωρηκέναι τῷ στρατιώτῃ μεγάλην φέρει δόξαν.   10. Σοφοῦ ἀνδρός ἐστι κρατῆσαι τῆς ὀργῆς. 11. Ἡ τῶν Συρακοσίων πόλις λιμέσιν ἐκεκόσμητο μεγίστοις. 12. Οὐδέποτε ξένον ἀδικήσομεν, ἀλλὰ τιμήσομεν καὶ ὠφελήσομεν.   13. Ὁ ἐσθλὸς ἀνὴρ ὑπὸ πάντων πεφιλήσθω.   14. Οὐδεὶς οὔτε Ἑλλήνων οὔτε βαρβάρων ὑπὸ πλειόνων ἐπεφίλητο ἢ Κῦρος. 15. Ἰθώμη ὑπὸ τῶν Λακεδαιμονίων πολλὰ ἔτη ἐπολιορκήθη.   16. Οἱ Ἀθηναῖοι τοὺς ἐν πολέμῳ τελευτήσαντας ἔθαπτον ἐν τῷ Κεραμεικῷ[11] · τῶν δ' ἐν Μαραθῶνι τετελευτηκότων ὡς[12] ἀνδρειοτάτων καὶ αὐτοῦ[13] τὸν τάφον ἐποίησαν.

17. Φίλου τρόπους γίγνωσκε,[14] μισήσῃς δὲ μή.

18. Τέρας[15] ἐστίν, εἴ τις ηὐτύχηκε διὰ βίου.

B.   1. The market-places of the Greeks were[16] adorned with temples (καὶ), altars (καὶ), votive offerings and all kinds of images. 2. Their liberty had made the Greeks brave.   3. The temples and cities of Greece had been destroyed by the Persians with fire and

---

[1] aor. part.   [2] δημοσίᾳ.   [3] ἐάν w. aor. subj.   Rule 25, a.   [4] aor. part. pass. [5] Rule 14; aor. part.   [6] ποιέω τινὰ ἀγαθόν render one a service.   [7] six.   [8] πώ, encl. as yet.   [9] neque.   [10] Gr. 166, 1.   [11] the Ceramicus, the finest suburb of Athens. [12] Gr. 203, 3, a.   [13] then and there.   [14] try to . . .   [15] τὸ τέρας wonder, marvel.   [16] plupf.

sword.[1] 4. The long walls from the city to the Piraeus have been built by Pericles. 5. Their treasures did not benefit the dead. 6. Alexander, having fallen seriously[2] ill[3] at Tarsus, was cured by the Acarnanian Philip by means of a potion. 7. The sanctuary at Delphi was[4] adorned with many, (καὶ) handsome votive offerings. 8. It is everybody's duty (ο) to have pity[5] on the poor. 9. One[6] noble-minded man will not hate another.[6] 10. Do not make a bad man your friend !

51. VERBS IN -όω. Rule 30.

A. 1. Ἀλεξάνδρου τὸν τοῦ Ἀχιλλέως τάφον στεφανώσαντος Ἡφαιστίων τὸν τοῦ Πατρόκλου ἐστεφάνωσεν. 2. Τεταπείνωται τῷ Πελοποννησιακῷ πολέμῳ ἡ τῶν Ἀθηναίων δόξα πρὸς πάντας ἀνθρώπους. 3. Κόνων τοὺς Ἕλληνας ἠλευθέρωσε καὶ τὰ τείχη τὰ τῆς πατρίδος ἀνώρθωσεν. 4. Λεωνίδας καὶ οἱ Σπαρτιᾶται ἐν ταῖς Θερμοπύλαις λελουμένοι καὶ ἐστεφανωμένοι ἤρξαντο τῆς μάχης. 5. Ὑπὸ Κροίσου μεμισθωμένοι ἦσαν Θρᾷκες πολλοί. 6. Οἱ Μασσαγέται, Σκυθικὸν ἔθνος, ἐδηλώσαντο τὴν ἀρετὴν ἐν τῷ πρὸς Κῦρον πολέμῳ. 7. Κῦρος ὁ παλαιός, τοὺς Πέρσας ἐλευθερώσας, καὶ τοὺς δεσπότας Μήδους ἐδουλώσατο καὶ τῆς λοιπῆς Ἀσίας μέχρι τῆς Αἰγύπτου ἐκράτησεν. 8. Κῦρος ὁ νεώτερος στρατευσόμενος πρὸς τὸν ἀδελφὸν ἐμισθώσατο Ἑλληνικοὺς ξένους. 9. Πλάτων πρὸς παῖδα[7] ἀδικήσαντα ἔλεξεν· "Ἐμεμαστίγωσο ἄν,[8] εἰ μὴ ὠργιζόμην." 10. Οὐκ ἠκούσατε τοὺς ὑμετέρους φίλους ὡς εὐεργέτας τῆς πόλεως Ἀθήνησιν[9] ἐν τῷ θεάτρῳ ἐστεφανῶσθαι; 11. Δαρεῖος ἐξεστράτευσεν ὡς δουλωσόμενος τὴν Εὐρώπην. 12. Οἱ Ἀθηναῖοι οὐ πρότερον ἐπαύσαντο ὀργιζόμενοι Περικλεῖ, πρὶν[10] ἐζημίωσαν χρήμασιν.

B. 1. God humbles[11] the proud.[12] 2. As a benefactor of mankind, the Greeks deemed Heracles worthy of great honors. 3. Many of the cities subjugated by the Great King were freed by Cimon. 4. The traitors will be punished by the general according to the law. 5. The weaker are[11] often enslaved by the stronger. 6. Hired soldiers often fought very bravely. 7. If[13] you do wrong, you will be punished. 8. The whole of Thessaly[14] is surrounded[15] by high mountains. 9. The murder of Ibicus was made known by cranes.[16] 10. The enthralled

---

[1] *iron.* [2] χαλεπῶς. [3] perf. part. of νοσέω. [4] plupf. [5] ἐλεέω w. acc. [6] imitate the Latin : *manus manum lavat.* [7] here: *slave.* [8] *you would have been . . .* [9] *at Athens.* Gr. 51. [10] *until.* [11] Gnomic aor. Gr. 168, 2, b. [12] ὑβρίζω. [13] aor. subj. Rule 25, a. [14] ἡ Θετταλία — ὁ Θετταλός. [15] περι-στεφανόω, perf. [16] ἡ γέρανος.

Thessalians[1] wish to be liberated.[2] 11. Do not punish[2] those who have wronged your friends, for they will be punished by the gods. 12. It is better to be adorned (*pf*) with good morals than with a golden crown.

52. FOR REPETITION. PASSIVE DEPONENTS. MIDDLE-PASSIVES.

Gr. 72, 3, note.— Compare 95, 2. 3.

A. 1. Μὴ πεφόβησθε. 2. Κύρου τελευτήσαντος βασιλεὺς ἐπὶ τῇ νίκῃ μέγα φρονήσας τοὺς Ἕλληνας τὰ ὅπλα ᾔτησεν. 3. Ἐπορεύθησαν οἱ Ἕλληνες τὸν ἥλιον ἐν δεξιᾷ ἔχοντες. 4. Οἱ Σάμιοι τῆς πόλεως ἐλευθερωθείσης πολλοὺς τῶν Μεγαρέων πολίτας ἐποιήσαντο. 5. Ἐὰν μηδὲν δράσῃς ἄδικον, μηδὲν φοβηθῇς, ἐὰν δὲ κακὰ ποιήσῃς, τὸν δικαστὴν φοβήθητι. 6. Οἱ μετὰ Ξενοφῶντος στρατιῶται ἐβουλεύσαντο, ποτέραν ὁδὸν πορευθεῖεν.[3] 7. Φυγαδευθέντες ἐκ τοῦ ἄστεως οἱ προδόται ἐν ταῖς ὕλαις καὶ τοῖς ὄρεσιν ἐπλανήθησαν. 8. Χρησμός τις Φιλίππῳ συμβουλεῦσαι λέγεται· " Ἀργυραῖς λόγχαις μάχεσθαι πειράθητι, καὶ πάντα κρατήσεις." 9. Ὁ ἡμέτερος στρατηγὸς τὰ τῆς στρατιᾶς ἁμαρτήματα μᾶλλον πεφόβηται ἢ τὰς τῶν ἐναντίων βουλάς. 10. Ἐπεὶ Μιλτιάδης, τοὺς πολεμίους νικήσας, στέφανον ᾔτησε παρὰ τοῦ δήμου, τῶν Ἀθηναίων τις ἔλεξεν· " Ἐὰν μόνος, ὦ Μιλτιάδη, νικήσῃς τοὺς βαρβάρους, τότε καὶ τιμηθῆναι μόνος ἀξίωσον."

11. Ξέρξης μεγάλῃ δυνάμει ἐκ Σάρδεων ὁρμηθεὶς δι' Ἀσίας καὶ Εὐρώπης ἐπορεύθη ὡς δουλωσόμενος τὴν Ἑλλάδα. Ἐπεὶ δὲ ἐγγὺς ἦν τῆς ἐν Θερμοπύλαις εἰσόδου, οἱ ἐκεῖ Ἕλληνες φοβηθέντες ἐβουλεύοντο περὶ ἀπαλλαγῆς.[4] Οἱ μὲν οὖν ἄλλοι Πελοποννήσιοι ἐβούλοντο, ἀναχωρήσαντες εἰς τὴν Πελοπόννησον, τὸν Ἰσθμὸν ἔχειν ἐν φυλακῇ, Λεωνίδας δέ, Φωκέων καὶ Λοκρῶν θυμωθέντων τῇ γνώμῃ, αὐτοῦ[5] μένειν ἐβουλεύσατο, καὶ ἀνδρειότατα μαχόμενος οὐκ ἂν ἡττήθη,[6] εἰ μὴ ἐκυκλώθη. Ὕστερον δὲ Ξέρξης, πειραθεὶς τοῦ ἐν Σαλαμῖνι ναυτικοῦ τῶν Ἑλλήνων, ἡττήθη, καὶ φοβηθεὶς ὡς τάχιστ' ἀνεχώρησεν εἰς τὰ Σοῦσα.

B. 1. After[7] putting an end to the empire of the Lydians, Cyrus marched upon Babylon.[8] 2. People who have become rich[9] in a

---

[1] See foot-note 14 on facing page. [2] aor. [3] *by which way they should . . .* [4] ἡ ἀπαλλαγή *retreat.* [5] *ibi.* [6] *would not have been beaten.* [7] aor. part. [8] *against the Babylonians.* [9] aor. of πλουτέω.

42

short time often despise[1] the poor. 3. We have not acquired wealth, but friends. 4. At daybreak the enemy sallied forth from the camp. 5. May you never stray from truth and justice ! 6. Try[1] to adorn[1] the body with purity,[2] the soul with learning. 7. The Lacedaemonians and their allies dreaded the strength[3] of the Athenian navy. 8. Xerxes was most angry with Leonidas. 9. Whoever[4] should attempt to overthrow the Constitution,[5] let him be severely[6] punished. 10. On the death of Philip,[7] Demosthenes came to the market-place, clothed[8] in a splendid robe and full of joy[9] at the death of the king, although[10] his own (o) daughter had died shortly[11] before.

53. Arion.

Learn Gr. 61: αὐτοῦ etc.; 66, I: ὅς, ἥ, ὅ. Note: τοῦτο *hoc*, ταῦτα *haec*. (65, 3.)

Ἀρίων ὁ Μηθυμναῖος κιθαρῳδὸς[12] πολὺν χρόνον διατρίψας παρὰ Περιάνδρῳ,[13] τῷ Κορίνθου τυράννῳ, ἀπεδήμησεν εἰς τὴν Ἰταλίαν καὶ τὴν Σικελίαν. Κτησάμενος δ᾽ ἐκεῖ πολλὰ χρήματα ἐπεθύμησεν εἰς Κόρινθον ἀναχωρῆσαι, ἄλλως τε καὶ[14] Περιάνδρου δι᾽ ἐπιστολῆς αὐτὸν πείσαντος πάλιν διατρίβειν παρ᾽ αὐτῷ. Σπεύδων οὖν οἴκαδε ἐν Τάραντι[15] τῆς Ἰταλίας ἐμισθώσατο πλοῖον Κορινθίων ναυτῶν, οἷς μᾶλλον ἢ ἄλλοις ἐπίστευεν. Ἤδη δ᾽ ἐν μέσῃ[16] τῇ θαλάττῃ οὔσης τῆς νεώς, οἱ ναῦται ἐπιθυμήσαντες τῶν τοῦ ἀνδρὸς χρημάτων, ἐβουλεύσαντο φονεῦσαι αὐτόν. Ὁ δὲ τοῦτο μηχανησαμένους αὐτοὺς θεασάμενος ἐλιπάρησε[17] τὰ μὲν χρήματα πάντα δέξασθαι, τοῦ δὲ βίου φείσασθαι. Οἱ δὲ οὔτε θεοὺς οὔτ᾽ ἀνθρώπους σεβόμενοι οὐκ ἐπείθοντο, ἀλλ᾽ ἢ ἐπὶ τῆς νεὼς αὐτὸν ἑαυτὸν[18] ἀποκτείνειν ἠξίωσαν, ἵνα[19] ταφὴν αὐτῷ ὕστερον ἐπὶ τῆς ἠπείρου ποιήσειαν, ἢ ἐκπηδῆσαι εἰς τὴν θάλατταν.

Ἐνταῦθα Ἀρίων ᾐτήσατο τοὺς ναύτας ἐπιτρέψαι αὐτῷ τὸ ὕστατον[20] ᾆσαι, ᾄσας δὲ ἐκπηδήσεσθαι[21] ἔλεξεν. Τοῦτο δ᾽ αὐτῷ ἐπέτρεψαν οἱ ναῦται, ὀρεγόμενοι καὶ αὐτοὶ[22] ἀκοῦσαι τοῦ ἀρίστου ἀνθρώπων ἀοιδοῦ. Καὶ κοσμησάμενος καλοῖς ἱματίοις Ἀρίων ᾖσε καλλίστην ᾠδήν· ᾄσας δὲ καὶ εὐξάμενος τοῖς θεοῖς σὺν τῇ σκευῇ

---
[1] aor. [2] ἡ καθαριότης, ητος. [3] *multitude.* [4] Rule 25, b. [5] *the laws of the state.* [6] ἀφειδής, 2. [7] *when Ph. had died.* [8] *adorned with.* [9] περιχαρής τινι. [10] *καίπερ* w. part; gen. abs. [11] ὀλίγῳ or ὀλίγον. [12] Arion, a lyric poet and minstrel (ἡ κιθάρα *cithara* and ἀοιδός) of Methymna in Lesbos, flourished about B.C. 600. [13] Periander reigned from B.C. 625–585. [14] (*both on other grounds and*=) *especially.* [15] Τάρας, αντος *Tarentum.* [16] Gr. 122, 2. [17] λιπαρέω *beg.* [18] *se ipsum.* [19] *in order that.* [20] *for the last time.* [21] fut. mid. with act. meaning. [22] καὶ αὐτοί *ipsi quoque.*

πάσῃ κατεπήδησεν εἰς τὴν θάλατταν. Οἱ δὲ ναῦται ἔσπευσαν ἥκειν εἰς Κόρινθον, τὸ ἔργον μὴ δηλωθήσεσθαι ἐλπίζοντες, ἀλλ᾽ ἠπάτηντο. Ἀρίονα γάρ, ὡς λέγουσι, δελφὶς ἐπὶ τὸ νῶτον ἐδέξατο, καὶ ἀσφαλῶς μετ᾽ αὐτοῦ τὴν θάλατταν ἐπέρασε μέχρι Ταινάρου τῆς 5 Λακωνικῆς. Ἐντεῦθεν εἰς Κόρινθον πορευθεὶς ὁ Ἀρίων Περιάνδρῳ διηγήσατο[1] πάντα. Ὁ δὲ ἀπιστήσας τῷ λόγῳ τοὺς ναύτας, ἐπεὶ ἧκον εἰς τὸν λιμένα, μετεπέμψατο καὶ ἠρώτησεν, εἴ τι περὶ Ἀρίονος ἔχοιεν λέγειν. Καὶ πρῶτον μὲν ἐψεύσαντο, λέγοντες ὡς σῶς[2] εἴη ἐν τῇ Ἰταλίᾳ. Εἶτα δὲ θεασάμενοι Ἀρίονα κεκοσμημένον, ὥσπερ 10 ἔχων ἐκ τῆς νεὼς ἐξεπήδησεν, ἀρνηθῆναι[3] τὸ ἔργον ἠδυνάτησαν[4] καὶ ὑπὸ Περιάνδρου θανάτῳ ἐζημιώθησαν. Ἀρίονος δὲ ἦν ἀνάθημα χαλκοῦν οὐ μέγα ἐπὶ Ταινάρῳ, ἐπὶ δελφῖνος ἐπὼν[5] ἄνθρωπος.

NUMERALS. Gr. 71.

54.

Α. 1. Ἐξ οὐδενὸς γίγνεται οὐδέν. 2. Ἐξ Ἀβύδου εἰς Σηστὸν ἑπτὰ ἢ ὀκτὼ στάδιοί εἰσιν. 3. Σεμίραμις ἐτελεύτησε βασιλεύσασα ἔτη δύο καὶ τετταράκοντα. 4. Δι᾽ Ἑλένην χίλιαι νῆες ἐπληρώθησαν ἐξ ἁπάσης τῆς Ἑλλάδος. 5. Οἱ Ἀθηναῖοι πέντε καὶ τετταράκοντα ἔτη ἦρξαν τῶν Ἑλλήνων. 6. Κατὰ Ἐρατοσθένη τῆς γῆς ὁ ἥλιος ἀπέχει σταδίων ὀκτὼ καὶ ἑβδομήκοντα μυριάδας. 7. Ὀρφεὺς ἦν υἱὸς Καλλιόπης, μιᾶς τῶν ἐννέα Μουσῶν. 8. Ἀμφοῖν ἀκούσατε, ὦ δικασταί, πρὶν[6] ἂν δικάζητε. 9. Ὁ Ἀρμενίας σατράπης τῷ βασιλεῖ κατ᾽ ἔτος[7] δισμυρίους πώλους ἔπεμψε δασμόν. 10. Ἐλέγετο ἡ σὺν Δαρείῳ στρατιὰ εἰς[8] ἑξήκοντα μυριάδας εἶναι.

11. Τὸ ἔτος δώδεκα μηνῶν ἢ τριακοσίων ἑξήκοντα πέντε ἡμερῶν ἐστιν. 12. Ἀμφικτύονες ἐμίσθωσαν[9] τὸ ἐν Δελφοῖς ἱερόν, τὸ νῦν ὄν, τριακοσίων ταλάντων[10] οἰκοδομῆσαι. 13. Λυσιμάχῳ ἦν ἑκατὸν πλέθρα γῆς πεφυτευμένης ἐν Εὐβοίᾳ καὶ δένδρα πεφυτευμένα πολλά. 14. Οἱ Περσῶν παῖδες ἀπὸ πέντε ἐτῶν μέχρι τεττάρων καὶ εἴκοσι τρία μόνα ἐπαιδεύοντο,[11] τοξεύειν καὶ ἀκοντίζειν καὶ ἀληθεύειν. 15. Τρεῖς ἡμέρας πορευθέντες ἧκον οἱ Ἕλληνες ἐπὶ τὸ Μηδίας λεγόμενον τεῖχος·[12] ἦν δὲ ᾠκοδομημένον πλίνθοις ὀπταῖς,[13] εὖρος[14]

---

[1] δι-ηγέομαι narrate in detail. [2] σῶς Gr. 60. [3] ἀρνέομαι pass. dep., deny. [4] ἀδυνατέω am unable. [5] i.e. ἐπ-ών. [6] before. [7] singulis annis. [8] about. [9] = locare, give out on contract. [10] a talent = $1080. Gr. 215, 3. [11] Gr. 136, n. [12] the so-called Median Wall. [13] ἡ πλίνθος ὀπτή baked brick. [14] Greek acc. Gr. 139.

μὲν εἴκοσι ποδῶν, ὕψος δὲ ἑκατόν, μῆκος δ' ἐλέγετο εἶναι εἴκοσι παρασαγγῶν.

16. Καππάδοκες, Κᾶρες, Κίλικες, τρία κάππα κάκιστα.

B. 1. A plethron is a hundred feet long,[1] a stadium five hundred feet or five plethra, a parasang thirty stadia, a day's march five, (ἤ) six or seven parasangs. 2. The death of Leonidas and the three hundred Spartans was very honorable. 3. Pyrrhus spent two years and four months in Italy. 4. There were eleven thousand heavy infantry and two thousand light infantry in the army. 5. There were always many ships in the three harbors of Athens. 6. Hiero was king of Syracuse[2] for (acc) forty-five years. 7. Plataeae[3] is[4] seventy stadia from Thebes. 8. Thirteen kings ruled over Persia,[5] seven over Rome.[5] 9. You will be prevented by no one from speaking the truth. 10. We have two ears, but only (o) one mouth, in order[6] to hear more and[7] to speak less. 11. Four eyes see[8] more than two. 12. In the naval engagement off Salamis the Greeks had[9] 378 ships. 13. All Persians were slaves, save one, the king. 14. The most esteemed magistrates at Athens were the nine archons and the ten generals. 15. One father feeds ten children more easily than ten children one father.

55.

A. 1. Μάριος πρῶτος τῶν Ῥωμαίων ἑπτάκις ἦν ὕπατος.[10] 2. Τὸ στράτευμα, ἀναπεπαυμένον ἐκ μακρᾶς ὁδοῦ, ἡμέρα πέμπτῃ ὡρμήθη. 3. Σωκράτης ἐτελεύτησε δευτέρῳ ἔτει τῆς ἐνενηκοστῆς πέμπτης ὀλυμπιάδος. 4. Τὰ ἑξάκις ἓξ ἐστὶν ἓξ καὶ τριάκοντα. 5. Ὁ μὴν δωδέκατον μέρος ἔτους ἐστίν. 6. Οἱ Ἕλληνες δὶς μιᾷ ἡμέρᾳ ἐνίκησαν, κατὰ γῆν μὲν ἐν Πλαταιαῖς, κατὰ θάλατταν δὲ ἐν Μυκάλῃ. 7. Τρεῖς τρὶς πόσοι[11] εἰσὶ πόδες ; 8. Τῷ ἀδελφῷ συγγίγνωσκε[12] οὐχ ἑπτάκις, ὦ υἱέ, ἀλλὰ ἑβδομηκοντάκις ἑπτάκις. 9. Δεκάτῳ ἔτει πρὸ τῆς ἐν Σαλαμῖνι μάχης ἦν ὁ ἐν Μαραθῶνι ἀγών· ἦν δὲ τρίτῳ ἔτει τῆς ἑβδομηκοστῆς δευτέρας ὀλυμπιάδος. 10. Ξέρξης πρώτῳ τῆς πέμπτης καὶ ἑβδομηκοστῆς ὀλυμπιάδος ἔτει πολλῷ στρατεύματι ἐπὶ τὴν Ἑλλάδα ἐστράτευσεν · τοῦ μὲν γὰρ πεζοῦ πλῆθος ἦν ἑβδομήκοντα καὶ ἑκατὸν μυριάδες, τῶν δὲ ἱππέων ὀκτὼ μυριάδες, τῶν δὲ τριήρων ἀριθμὸς ἑπτὰ καὶ διακόσιαι καὶ χίλιαι.

11. "Δὶς παῖδες οἱ γέροντες," ἡ παροιμία.[13]

---

[1] See foot-note 14, page 43. [2] ὁ Συρακόσιος. [3] αἱ Πλαταιαί. [4] sc. *distant.* [5] *the Persians — Romans.* [6] ἵνα w. subj. [7] μὲν — δέ. [8] *know.* [9] by means of εἶναι. [10] *consul.* [11] *quot ?* [12] *pardon.* [13] *proverb.*

B. 1. A year is the fourth part of an Olympiad. 2. Some called Sappho the tenth Muse. 3. A mina[1] is the sixtieth part of a talent, a drachma[1] the hundredth part of a mina, an obol[1] the sixth part of a drachma. 4. Critias was the most violent of the Thirty. 5. Not once, but often have I met your sons. 6. Seven times forty-nine are three hundred and forty-three. 7. Odysseus and Diomedes killed thirteen Thracians in one night. 8. There were temples of Theseus on four of the islands[2] of Greece, on Scyros, Delos, Naxos, and (o) Crete. 9. The Ancients made funeral libations[3] to the dead on[4] the third, ninth, and (o) thirtieth day after their death. 10. Alexander, the Macedonian, died in the first year of the 114th Olympiad, after a reign[5] of twelve years.

N.B.—No. 86 may be read here.

FORMATION OF TENSES OF MUTE VERBS.

Gr. 77.—82. 83.

56. DENTAL STEMS.—Compare Gr. 97, 6-12.

A. 1. Θεμιστοκλέους πείσαντος οἱ Ἀθηναῖοι τὴν πόλιν ἐτεί-χισαν ἐν ὀλίγῳ χρόνῳ. 2. Μὴ πιστεύσητε τοῖς πολλάκις ἐψευ-σμένοις. 3. Ζεὺς δεινότατα ἐκόλασε Προμηθέα διὰ τὸ ἁρπάσαι[6] τὸ πῦρ καὶ κομίσαι[6] εἰς τοὺς ἀνθρώπους. 4. Οἱ τῶν θεῶν μὴ πεφροντικότες ἀτυχήσουσιν. 5. Πείσας λάμβανε, μὴ βιασάμενος. 6. Σπείσαντες οἱ στρατηγοὶ τοὺς στρατιώτας ἐκέλευσαν συσκευά-σασθαι. 7. Θῆβαι αἱ ὑπὸ Κάδμου ἐκτισμέναι ὑπ᾽ Ἀλεξάνδρου πεπόρθηνται. 8. Οὐ χαλεπόν ἐστι γιγνώσκειν λογισαμένῳ, ὡς ἐπιμελῶς ὁ θεὸς πάντα ἐν τῷ κόσμῳ κατεσκεύακεν. 9. Ὁ φρόνι-μος τοῖς μὲν ἀγαθοῖς ἡδέως πείσεται,[7] ὑπὸ δὲ τῶν πονηρῶν οὐδέ-ποτε πεισθήσεται. 10. Ἀμφίπολις ἡ ἐπὶ Στρυμόνι ὑπὸ τῶν Ἀθη-ναίων ἔκτιστο καὶ ᾤκιστο. 11. Οἱ Ἕλληνες ἐν Σαλαμῖνι ὑπὸ Θεμιστοκλέους ἠναγκάσθησαν νικῆσαι. 12. Νόμοις πειστέον. 13. Πέπεισο μηδὲν αἴσχιον εἶναι τῆς ἀδικίας. 14. Λυκοῦργος τὴν Σπάρτην μὴ τείχεσιν, ἀλλὰ τῇ τῶν πολιτῶν ἀνδρείᾳ τετειχίσθαι ἐβούλετο. 15. Μηδενὶ συμφορὰν ὀνειδίσῃς· κοινὴ γὰρ ἡ τύχη. 16. Οἱ Σπαρτιᾶται ἐν τοῖς ὅπλοις εὖ γεγυμνασμένοι ἦσαν.

17. Ἔλεγόν τινες, ὡς Ξενοφῶν βούλοιτο, πεπεικὼς τοὺς ἄλλους στρατηγούς, ἄγειν τοὺς στρατιώτας πάλιν εἰς Φᾶσιν. 18. Τὰς

---

[1] ἡ μνᾶ (gen. μνᾶς), ἡ δραχμή, ὁ ὀβολός. Gr. 215, 3. [2] on four islands. [3] make fun. lib. φέρω τὰς χοάς. [4] dat. [5] aor. part. of βασιλεύω. [6] Rule 29. [7] Gr. 97, 8. 9.

τῶν θεῶν βουλὰς οὐδεὶς ἂν φράσειεν. 19. Εἴθε τῶν πραγμάτων ἄμεινον πεφροντίκοιτε. 20. Γανυμήδης ὑπὸ Διὸς ἁρπασθῆναι λέγεται. 21. Οὐκ ἐψηφίσασθε τάς τε ναῦς παρασκευάσασθαι καὶ τὴν στρατιὰν ὁπλίσασθαι; 22. Ἐν τοῖς Δράκοντος νόμοις μία ἅπασι τοῖς ἁμαρτάνουσιν¹ ὥριστο ζημία, θάνατος. 23. Φίλιππος ὁ Μακεδὼν τῶν πολεμίων τοὺς μὲν ἐνίκησε βιασάμενος, τοὺς δὲ ψευσάμενος, τοὺς δὲ πείσας. 24. Νίκησον ὀργὴν τῷ λογίζεσθαι² καλῶς. 25. Οὐκ ἐάν τις πολλὰ λέγῃ, θαυμασθήσεται, ἀλλ᾿ ἐὰν χρήσιμα. 26. *Η αὐτὸς καλῶς συμβούλευσαι, ἢ πείσθητι τῷ καλῶς συμβουλεύσαντι. 27. Ἐπύαξα ἡ Κίλισσα³ βλέψασα τὴν λαμπρότητα⁴ καὶ τὴν τάξιν τοῦ τῶν Ἑλλήνων στρατεύματος ἐθαύμασεν· Κῦρος δὲ ἥσθη τὸν τῶν βαρβάρων φόβον βλέψας.

28. Γύμναζε παῖδας, ἄνδρας οὐ γὰρ γυμνάσεις.

B. 1. Reflect before you act[5]! 2. Never punish in anger[6]! 3. You have not convinced us[7]; we shall, however, follow[8] your advice. 4. The Lacedaemonians drilled their sons in the use[9] of arms better than the other Greeks. 5. Tartarus (a) was fortified with walls of brass. 6. Semiramis founded Babylon and many other cities. 7. Datis, the general of Darius, spared the island of (o) Delos. 8. By no people were more settlements founded than by the Greeks. 9. Make no one your[10] friend, before[11] you have tried[12] him. 10. Fire (a) was considered a deity by the Persians.

11. The Amphictyons exterminated the Crisaeans[13] on the ground[14] that they had sinned against the god at Delphi.[15] 12. A large army had been collected by Clearchus for Cyrus the Younger. 13. Apollo and Poseidon are said to have fortified Troy. 14. Flatterers[16] will easily persuade the foolish, but not deceive the wise. 15. Everything necessary for man has been very carefully prepared by the gods. 16. Homer has been and always will be admired. 17. Agamemnon was compelled by the other kings to sacrifice his daughter.

57. GUTTURAL STEMS. Gr. 97, 13-16.

A. 1. Λόγισαι πρὸ τοῦ ἔργου, τοῦ δ᾿ ἔργου ἄρξαι ἀπὸ τοῦ θεοῦ. 2. Ἐπιτάξαι ῥᾷόν ἐστι τοῦ πρᾶξαι. 3. Οἱ Ἀθηναῖοι ἐνόμιζον

---

¹ ἁμαρτάνω do wrong. ² Rule 29. ³ the queen of Cilicia. ⁴ brilliancy, splendor. ⁵ before the deed, or: Rule 29. ⁶ perf. (or aor.) part. ⁷ ἡμᾶς. ⁸ obey. ⁹ in the arms. ¹⁰ transl. by the middle of make. Gr. 165, 1, b. ¹¹ πρὶν ἄν w. aor. subj. ¹² ἐξετάζω. ¹³ οἱ Κρισαῖοι. ¹⁴ ὅτι w. aor. opt. of: ὑβρίζω εἴς τινα. ¹⁵ ὁ ἐν Δελφοῖς θεός. ¹⁶ ὁ κόλαξ, κος.

ἅπαντα ὑπὸ 'Αλκιβιάδου ἐπὶ[1] τυραννίδι πεπρᾶχθαι. 4. 'Εὰν πλοῦτον κτήσησθε, οὔπω πάντων τῶν κακῶν ἀπήλλαχθε. 5. Ἡ φύσις τοῖς ἀνθρώποις μέτρον ἔταξεν. 6. Πολλάκις τὸ κτήσασθαι ῥᾷόν ἐστιν τοῦ φυλάξαι. 7. Ὑπὸ χρηστοῦ παιδὸς ἀεὶ τἀληθῆ λεχθήσεται. 8. Τοῖς τῆς πατρίδος πολεμίοις πάντες ἀνδρείως ἀντιταξόμεθα. 9. Μὴ ἐπιτάξῃς μηδενὶ[2] μηδὲν[2] κακόν. 10. 'Ορέστης τὴν μητέρα φονεύσας ὑπὸ τῶν 'Ερινύων ἐδιώχθη. 11. Οἱ Ἕλληνες οἱ ὑπὸ Κύρου εἰς τὴν 'Ασίαν ἀναχθέντες ὑπὸ Ξενοφῶντος ἐπὶ τὴν θάλατταν κατήχθησαν.

12. Πεφύλαξο πρᾶξαι τὰ ἀποκεκηρυγμένα. 13. Ἄνευ ὁμονοίας καὶ σωφροσύνης οὐδὲν ἂν καλὸν καὶ ἀγαθὸν πραχθείη οὔτ' ἐν τοῖς οἴκοις οὔτ' ἐν ταῖς πόλεσιν. 14. Ποιητέα ἐστίν, ἃ ἂν ἐπιτάξωσιν οἱ ἄρχοντες κατὰ τοὺς νόμους. 15. 'Επέταξε Ζεὺς Αἰνείᾳ ἐν τῇ 'Ιταλίᾳ νέαν ἀρχὴν κτίσαι. 16. 'Ιφικράτης τὸ στράτευμα οὕτως ἔλεγε δεῖν[3] συντετάχθαι, ὡς ἓν σῶμα, θώρακα μὲν ἔχον τὴν φάλαγγα, χεῖρας δὲ τοὺς γυμνῆτας, πόδας δὲ τοὺς ἱππέας, κεφαλὴν δὲ τὸν στρατηγόν. 17. Πύρρος νικήσας ἐν 'Ηρακλείᾳ τοὺς 'Ρωμαίους ἕτοιμος ἦν σπείσασθαι αὐτοῖς· οἱ δὲ ἔλεξαν, ὅτι σπείσοιντο μέν, εἰ ἀποχωρήσειε τῆς 'Ιταλίας, εἰ δὲ μή,[4] πολεμήσοιεν.

18. Πολλοὺς κακῶς πράξαντας ὤρθωσεν τύχη.

B. 1. Everything which you enjoined has been done. 2. May the gates of the city be[5] well guarded! 3. All men wish to do[6] well. 4. The Athenians alone opposed the barbarians at Marathon. 5. The dead are free[5] from illness, (καὶ) grief, and the other miseries of life (a). 6. The Phoenicians were arrayed against the Athenians, the Ionians against the Lacedaemonians. 7. Xerxes was not on his guard against the cunning of Themistocles. 8. The enemy's cavalry was thrown into disorder by our archers. 9. Persuaded by your father, we carried out his injunctions.[7]

10. If[8] you do not carry out the orders[9] of your father, you will be despised[10] by all good boys. 11. The commandments[9] of God have often been despised by men. 12. Cave canem! 13. Let no one be too much troubled by mishaps. 14. Begin no work, before[11] you have considered how[12] it will end. But having once (o) begun,

---

[1] for the sake of (establishing)   [2] anyone — anything. Gr. 206, 5.   [3] inf. of δεῖ.
[1] if not = otherwise.   [5] perf.   [6] fut.   [7] we did — that which had been enjoined by him.
[8] ἐάν w. aor. subj. Rule 25, a.   [9] a:cdg. to note 7.   [10] Gr. 166, 1.   [11] πρὶν ἄν
w. aor. subj. Rules 24. 25, a.   [12] of what kind (ὁποῖος, 3.) the end will be (ἔσται).

do not stop, before[1] you have carried it through.   15. Often not one (οὐδὲ εἷς) will do what has been enjoined upon many.

58. LABIAL STEMS. Gr. 97, 17-25.

A. 1. Ὑπὸ Διὸς Ἑρμῆς πρὸς Καλυψὼ ἐπέμφθη κελεύσων ἀποπέμψαι Ὀδυσσέα εἰς τὴν πατρίδα. 2. Φαρνάβαζος ὑπὸ Τισσαφέρνους μάλιστα βεβλάφθαι ἐνόμισεν. 3. Πάντα τὰ κεκρυμμένα ἐκκαλυφθήσεται. 4. Ἐν Μαραθῶνι οἱ Ἀθηναῖοι ὑπὸ πάντων πλὴν Πλαταιέων καταλελειμμένοι ἦσαν. 5. Ἀντιγόνη τὸν τοῦ ἀδελφοῦ νεκρὸν ἔθαψεν, καίπερ[2] Κρέοντος ἀποκηρύξαντος μὴ[3] θάψαι. 6. Οἱ τοῦ Δράκοντος νόμοι αἵματι γεγράφθαι ἐλέγοντο. 7. Κῦρος ὑπὸ τοῦ πατρὸς σατράπης Λυδίας τε καὶ Φρυγίας καὶ Καππαδοκίας κατεπέμφθη. 8. Ἀντίγονος τὸ Εὐμένους σῶμα τοῖς συγγενέσιν ἐπέτρεψε θάψαι. 9. Θεραπεύετε τοὺς θεοὺς καὶ τοὺς θρέψαντας γονέας. 10. Κροῖσος, καταστρεψάμενος τοὺς ἐν τῇ Ἀσίᾳ Ἕλληνας, ἐβούλετο ναῦς ποιησάμενος ἐπιχειρῆσαι τοῖς νησιώταις. 11. Σικελίας τὸ πρὸς Λιβύην τετραμμένον[4] μέρος κατέχουσι Σελινούντιοι. 12. Πολλοὶ τῶν Ἀθηναίων στρατηγοὶ φυγαδευθέντες ἐπὶ ξένης[5] τεθαμμένοι εἰσίν. 13. Πλεῖστον χρόνον ἐν ἐλευθερίᾳ ὁ τῶν Ἀθηναίων δῆμος τέθραπται. 14. Οἰδίποδος λύσαντος[6] τὸ αἴνιγμα[7] ἡ Σφὶγξ ἐρρίψατο ἀπὸ τῆς ἀκροπόλεως· Οἰδίπους δὲ ἦρξε τῶν Θηβαίων. 15. Ἐρρίφθω ὁ κύβος.

B. 1. Neither time nor success will hide a shameful deed.[8] 2. Grecian women (a) had[9] their heads veiled.[10] 3. All that was done on the inland expedition, as well as on the retreat, has been recorded by Xenophon. 4. Time will reveal all that is hidden.[10] 5. Let the shield be uncovered in battle. 6. The future has been wisely hidden by God. 7. Delicate[11] hands are unfit[12] for tilling the ground.[13] 8. After the battle, the soldiers buried the dead[14] with great honors. 9. God's commandments[15] should be engraved[16] on the hearts[17] of men. 10. Most people trust documents[18] more[19] than words.[18] 11. Man's (pl) sentiments (a) are[20] often revealed in[21] anger. 12. The poet Euripides was buried in Macedonia. 13. The Persians were trained to[22] simpler habits than the Medes.

---

[1] πρὶν ἄν w. aor. subj. R. 24. 25, a.   [2] Rule 31.   [3] Gr. 206, 4 note 2.   [4] being turned, looking.   [5] sc. γῆς.   [6] λύω solve.   [7] τὸ αἴν. riddle.   [8] passive constr.   [9] carried.   [10] perf. part.   [11] well fed.   [12] κακός.   [13] aor. inf. of γεωργέω.   [14] perf. part.   [15] νόμοι, or as on page 47.   [16] ἐγγράφω εἴς τι.   [17] ἡ διάνοια.   [18] scriptis — dictis.   [19] μᾶλλον.   [20] gnomic aor. Gr. 168, 2, b.   [21] by.   [22] fied in.

59. The Ring of Polycrates.

"Εφη = *inquit, said he.*   Learn Rule 27.

Πολυκράτης ὁ Αἰάκους τὸ μὲν πρῶτον μετὰ Πανταγνώτου καὶ Συλοσῶντος τῶν ἀδελφῶν τῆς Σάμου ἦρχεν, ὕστερον δὲ τὸν μὲν πρεσβύτερον φονεύσας, τὸν δὲ νεώτερον φυγαδεύσας, πάσης τῆς νήσου ἐκράτησεν· ἔχων δ᾽ αὐτὴν πρὸς Ἄμασιν τὸν Αἰγύπτου
5 βασιλέα ξενίαν ἐποιήσατο. Ἐν χρόνῳ δὲ ὀλίγῳ τὰ τοῦ Πολυκράτους πράγματα ηὐξάνετο, καὶ ἧκεν ὁ λόγος περὶ αὐτοῦ εἰς τήν τε Ἰωνίαν καὶ τὴν ἄλλην Ἑλλάδα· ὅτε¹ γὰρ στρατεύσαιτο, πάντα αὐτῷ ἀπέβαινεν² εὐτυχῶς. Ἐκέκτητο δὲ πεντηκοντόρους³ τε ἑκατὸν καὶ χιλίους τοξότας, καὶ πολλῶν μὲν νήσων ἐκράτησε, πολλῶν
10 δὲ καὶ τῆς ἠπείρου ἄστεων.

Μεγάλως δὲ εὐτυχήσας Ἄμασιν οὐκ ἐλάνθανεν,⁴ ὃς γράψας ἐπιστολὴν εἰς Σάμον ἔπεμψε τάδε⁵ λέγουσαν· Ἄμασις Πολυκράτει ὧδε λέγει· Ἡδὺ μὲν ἀκοῦσαι, ἄνδρα φίλον καὶ ξένον εὖ πράττειν· ἐμοὶ⁶ δὲ αἱ σαὶ μεγάλαι εὐτυχίαι οὐκ ἀρέσκουσι λογισαμένῳ, ὡς οἱ
15 θεοί εἰσι φθονεροί. Οὐ γάρ ἐστιν, ὡς ἀκούω καὶ βλέπω, οὐδεὶς⁷ ἀνθρώπων, ὃς εὐτυχήσας τὰ πάντα⁸ οὐ κακῶς ἐτελεύτησεν. Πείσθητι οὖν ἐμοὶ καὶ ποίησον τάδε⁵· φρόντισον, ὅτι σοι⁹ τῶν κτημάτων πλείστου ἄξιόν ἐστι, καὶ οὗ στερηθεὶς μάλιστ᾽ ἂν λυπηθείης. Τοῦτο, μὴ φθονήσωσι μηδὲ¹⁰ ὀργισθῶσί σοι οἱ θεοί, ἀπόρριψον·
20 μηκέτι εἰς ἀνθρώπους ἡκέτω.

Ἐνθυμηθεὶς ταῦτα ὁ Πολυκράτης ἐνόμισε τιμιώτατον εἶναι κτῆμα σφραγῖδα,¹¹ ἣν ἔφερε, χρυσόδετον¹² σμαράγδου λίθου¹³ οὖσαν. Καὶ πεντηκόντορον πληρώσας ἀνδρῶν ἀνήχθη¹⁴ εἰς τὴν θάλατταν. Ὡς δὲ μακρὰν¹⁵ ἀπὸ τῆς νήσου ἀπεχώρησε, πάντων
25 βλεπόντων τὴν σφραγῖδα ἀπορρίψας εἰς τὸ βάθος οἴκαδε ἐπανέρχεται.¹⁶

Μετὰ δὲ ταῦτα πέμπτῃ ἢ ἕκτῃ ἡμέρᾳ ἧκεν ἀνὴρ ἁλιεὺς¹⁷ εἰς τὰ βασίλεια, ἰχθὺν μέγαν τε καὶ καλὸν βουλόμενος δωρήσασθαι τῷ βασιλεῖ. Εἰσαχθεὶς οὖν πρὸς αὐτόν· "Ὦ βασιλεῦ," ἔφη, "μέ-

---

¹ ὅτε w. opt.: *as often as, whenever.*   ² ἀπο-βαίνω *come off, succeed.*   ³ ἡ πεντηκόντορος (sc. ναῦς) *ship with fifty oars, penteconter.*   ⁴ λανθάνω w. acc. *am hidden from, escape the notice of.*   ⁵ haec.   ⁶ mihi.   ⁷ οὐ — οὐδείς = nemo. Gr. 206, 5.   ⁸ *in every respect.* Gr. 141.   ⁹ σοί encl. *tibi.*   ¹⁰ neve.   ¹¹ ἡ σφραγίς, ῖδος *signet-ring.* ¹² (*bound =*) *set in gold.*   ¹³ *of smaragd.* Gr. 149.   ¹⁴ ἀν-άγομαι, M.P., *sail out.* ¹⁵ *a long way.*   ¹⁶ *returns.*   ¹⁷ ἀνὴρ ἁλιεύς *fisherman.*

γιστον ἰχθὺν σαγηνεύσας[1] οὐκ ἠξίωσα φέρειν εἰς τὴν ἀγοράν, καίπερ τὸν βίον ἀπὸ τῶν χειρῶν ποριζόμενος,[2] ἀλλ' ἐνόμισα σοῦ[3] τε μόνου ἄξιον εἶναι καὶ τῆς σῆς ἀρχῆς· σοὶ οὖν αὐτὸν φέρω." Ὁ δὲ ἡσθεὶς τοῖς λόγοις· "Εὖ ἐποίησας," ἔφη, "καὶ χάριν διπλῆν 5 ἔχοις ἂν τῶν τε λόγων καὶ τοῦ δώρου." Καὶ ὁ μὲν ἁλιεὺς μετὰ τοῦ βασιλέως ἐπὶ δεῖπνον εἰσήχθη, τὸν δὲ ἰχθὺν τέμνοντες εὑρίσκουσιν οἱ θεράποντες ἐν τῇ γαστρὶ αὐτοῦ τὴν Πολυκράτους σφραγῖδα. Καὶ θαυμάσαντες αὐτίκα ἐκόμισαν τῷ βασιλεῖ, ὁ δὲ θεῖον εἶναι νομίσας τὸ πρᾶγμα πάντα τῷ Ἀμάσιδι ἔγραψεν.

10 Ὁ δὲ Ἄμασις, δεξάμενος τὴν ἐπιστολήν, ἐπέπειστο, ὅτι ἀδύνατον εἴη ἀνθρώπῳ ἄνθρωπον ἐκκομίσαι ἐκ τῆς μελλούσης συμφορᾶς, καὶ ὅτι οὐκ εὖ τελευτήσειν μέλλοι Πολυκράτης εὐτυχὴς ὢν τὰ πάντα, ὃς καὶ ἃ ἀπορρίψειεν εὑρίσκοι. Πέμψας δ' αὐτῷ κήρυκα εἰς Σάμον διαλύσασθαι ἔλεξε τὴν ξενίαν, ἵνα μή, ἐάν ποτε δεινῇ 15 καὶ μεγάλῃ συμφορᾷ Πολυκράτης περιπίπτῃ,[4] αὐτὸς τὴν ψυχὴν[5] λυπηθείη ὡς περὶ ξένου ἀνδρός.

Οὐ πολλοῖς δ' ἔτεσιν ὕστερον αἱ μεγάλαι Πολυκράτους εὐτυχίαι ἐτελεύτησαν, ὅπῃ[6] Ἄμασις ἐμαντεύσατο.

CONTRACT VERBS IN THE PRESENT AND IMPERFECT.
Gr. 81.
60. VERBS IN -άω.

A. 1. Αἱ τῶν Σπαρτιατῶν μητέρες ἐκέλευον τοὺς υἱοὺς τοὺς εἰς πόλεμον πορευσομένους ἢ νικᾶν ἐν ταῖς μάχαις ἢ τελευτᾶν. 2. Ὁ θάνατος μόνος δώρων οὐκ ἐρᾷ. 3. Οἱ Ἀθηναῖοι μάλιστα ἐτίμων Ἀθηνᾶν καὶ Ποσειδῶνα. 4. Μὴ γέλα ἐπὶ τοῖς δυστυχέσιν. 5. Τὸ ἀγαθὸν ἀεὶ νικώῃ. 6. Σίγα, ἢ κρείττονα σιγῆς λέγε. 7. Ἡδύ γε[7] δικαίους ἄνδρας εὐτυχεῖς ὁρᾶν. 8. Μὴ ταῦτα[8] πρᾶττε, ἃ τοῖς ἄλλοις πράττουσιν ἂν ἐπιτιμῴης. 9. Πᾶσα ἡ στρατιὰ μεγάλῃ φωνῇ ἐβόα· "Ζεὺς σωτὴρ καὶ νίκη." 10. Βίας ἀσεβοῦς ἀνθρώπου ἐρωτῶντος, τί ποτέ[9] ἐστιν εὐσέβεια, ἐσίγα· ἐκείνου[10] δὲ τὴν αἰτίαν τῆς σιγῆς ἐρωτῶντος· "Σιωπῶ," ἔφη, "ὅτι ἐρωτᾷς περὶ τῶν οὐδέν σοι[11] προσηκόντων."

11. Νίκα λογισμῷ τὴν παροῦσαν συμφοράν.

12. Νικᾷ ὁ μείων τὸν μέγαν δίκαιος ὤν.

---

[1] σαγηνεύω catch. [2] earning my bread. [3] tui. [4] περι-πίπτω τινί meet with. [5] Greek acc. See page 49, 8. [6] as. [7] γέ (encl.) certainly. [8] ea. [9] quid tandem. [10] ἐκεῖνος ille. [11] tibi.

13. Οἱ μὲν ξένοι ἐν ταῖς ὁδοῖς, οἱ δὲ ἀπαίδευτοι ἐν τοῖς πράγμασι πλανῶνται. 14. Ἐν Λακεδαίμονι μάλιστα ἐτιμῶντο οἱ γέροντες. 15. Μὴ κακοῖς ἰῶ κακά. 16. Πένητας οὐδεὶς βούλεται κτᾶσθαι φίλους. 17. Τὰ τῶν ἡττωμένων χρήματα τῶν νικώντων ἐστίν. 18. Οἱ τοὺς παῖδας πρὸς ἀρετὴν πεπαιδευκότες δικαίως ἂν τιμῷντο. 19. Φίλους μὴ πάντας κτᾶσθε, ἀλλὰ τοὺς ἀρίστους. 20. Ἐὰν τὸν μὲν σοφὸν ἐρωτᾷς, πολλὰ μανθάνεις· ἐὰν δὲ τὸν ἄφρονα ἐρωτᾷς, ἀπατᾷ. 21. Οἱ τῶν ἀρίστων Περσῶν παῖδες ἐπὶ ταῖς βασιλέως θύραις[1] παιδευόμενοι ἤκουον καὶ ἐθεῶντο καὶ τοὺς τιμωμένους ὑπὸ βασιλέως καὶ τοὺς ἀτιμαζομένους. 22. Οἱ Ἀθηναῖοι Ἀναξαγόραν τὸν Περικλέους φίλον ᾐτιῶντο ἀσεβείας. 23. Οἱ Ὀλύμπια[2] νενικηκότες ὑπὸ πάντων τῶν Ἑλλήνων ἐτιμῶντο.

24. Ὀργὴν ἑταίρου καὶ φίλου πειρῶ φέρειν.

25. Ὦ παῖ, σιώπα· πόλλ᾽ ἔχει σιγὴ καλά. 26. Θεμιστοκλῆς, νέος ἔτι ὤν, ἔλεξεν, ὅτι αὐτὸν τὸ τοῦ Μιλτιάδου τρόπαιον τοῦ ἐν Μαραθῶνι νικήσαντος οὐκ ἐῴη καθεύδειν. 27. Μὴ νικῶ ὑπὸ τοῦ κακοῦ, ἀλλὰ νίκα τῷ ἀγαθῷ τὸ κακόν. 28. Θεμιστοκλῆς ἐρωτώμενος, πότερον μᾶλλον ἂν Ἀχιλλεὺς ἢ Ὅμηρος βούλοιτο εἶναι "Σὺ δ᾽ αὐτός,"[3] ἔφη, "μᾶλλον ἂν ἐθέλοις ὁ νικῶν[4] ἐν Ὀλυμπίᾳ ἢ ὁ κηρύττων[4] τοὺς νικῶντας εἶναι;"

29. Οὐκ ἔστι τοῖς μὴ δρῶσι σύμμαχος θεός.

B. 1. One man does not see everything. 2. Never laugh at[5] the misfortune of others. 3. You may indeed deceive men, but you cannot[6] deceive God. 4. It is becoming to be kind[7] to all, but to honor and love the good alone. 5. God's eye (*a*) looks down upon[8] the impious, as well as upon the pious. 6. When the aged speak, let us be silent; for silence becomes the young. 7. Children should honor and love their parents. 8. The Athenians esteemed their legislator Solon very much on account[5] of his wisdom. 9. The bold are victorious.

10. Men acquire everything that is good by labor. 11. It is not disgraceful to be surpassed by one's[9] betters. 12. Poets (*a*) were honored by the Ancients as heralds and interpreters of the gods. 13. You can[6] acquire noble friends especially by nobleness of mind.[10] 14. Odysseus roamed about on the sea for (*acc*) ten years on account

---

[1] see Lesson 13, B. 5.   [2] *in the Olympian games.*   [3] *tu ipse.*   [4] Gr. 119, note 1
[5] ἐπί w. dat.   [6] Rule 23.   [7] acc.   [8] ἐπί w. acc. — omit *down.*   [9] article.   [10] ἡ γενναιότης, ητος *nobleness of m.*

of the wrath of Poseidon. 15. It is impossible[1] even for the best physician to cure all diseases. 16. Why[2] were you silent, when you were asked by your father? 17. Without the gods' help (*o*), the army of the enemy can[3] not be defeated. 18. The barbarians were defeated by the Greeks in very many battles. 19. If we acquire faithful friends, we acquire treasures. 20. O that right (*a*) would always prevail and injustice (*a*) always succumb!

61. VERBS IN -έω.

A. 1. Ἀνὴρ χρηστὸς χρηστὸν οὐ μισεῖ. 2. Ὤικουν οἱ Φοίνικες ἐν πάσῃ τῇ Σικελίᾳ. 3. Χρὴ ἕκαστον ἄνδρα τάξαι, ὅπου[4] μάλιστ' ἂν ὠφελοίη. 4. Ὁ ἄκων[5] ἀδικῶν συγγνώμης ἄξιός ἐστιν. 5. Τὰς πόλεις δεῖ κοσμεῖν οὐκ ἀναθήμασιν, ἀλλὰ ταῖς τῶν ἐνοικούντων ἀρεταῖς. 6. Μάλιστ' ἂν εὐδοκιμοίης,[6] εἰ ταῦτα μὴ ποιοίης, ἃ ἄλλοις ποιοῦσιν ἂν ἐπιτιμῴης. 7. Τῶν καλῶν ἔργων ἐπιθυμοῦσι μὲν πολλοί, ὀλίγοι δὲ τολμῶσι ψαύειν. 8. Εἴθε πάντες οἱ πολῖται τὴν πατρίδα φιλοῖεν. 9. Ἀνὴρ πονηρὸς δυστυχεῖ, κἂν[7] εὐτυχῇ. 10. Ἅπανθ' ὁ τοῦ ζητοῦντος εὑρίσκει πόνος.

11. Ψυχῆς νοσούσης εἰσὶν ἰατροὶ λόγοι.

12. Μὴ φθόνει τοῖς εὐτυχοῦσι, μὴ δοκῇς εἶναι κακός.

13. Μὴ ἐπὶ παντὶ λυποῦ. 14. Ἃ φοβῇ, θᾶττον ἂν γίγνοιτο ἢ ἃ ἐλπίζεις. 15. Οἱ βάρβαροι ὑπὸ τῶν Ἑλλήνων κατεφρονοῦντο. 16. Οἱ ἀγαθοὶ ἄγαν ἐπαινούμενοι μισοῦσι τοὺς ἐπαινοῦντας. 17. Τίμα θεόν, γονέας αἰδοῦ,[8] κακοῖς μὴ ὁμίλει. 18. Τὸν ἀγαθὸν δεῖ πρᾶον εἶναι, ἵνα οἱ ὁμιλοῦντες αἰδῶνται[8] μᾶλλον ἢ φοβῶνται. 19. Μιμοῦ τὰ σεμνά, μὴ μιμοῦ κακοὺς τρόπους. 20. Μέγιστος ἔπαινός ἐστιν ἐπαινεῖσθαι ὑπ' ἀνδρὸς πολλάκις ἐπαινουμένου. 21. Μηδεὶς φοβείσθω θάνατον, ἀπόλυσιν[9] κακῶν. 22. Τὸ κέρδος ἡγοῦ κέρδος, ἐὰν δίκαιον ᾖ. 23. Τοῖς μὲν ἀδικουμένοις ἀεὶ βοηθεῖτε, τοὺς δ' ἀδικοῦντας τιμωρεῖσθε. 24. Τοὺς προδότας πάντες οἱ ἄνθροποι μισοῦσι καὶ τιμωροῦνται.

25. Πονηρὸν ἄνδρα μηδέποτε ποιοῦ φίλον.

26. Τῶν εὐτυχούντων πάντες εἰσὶ συγγενεῖς. 27. Φιλοῦντες μὲν φιλούμεθα, μισοῦντες δὲ μισούμεθα. 28. Ὁμιλίας (δὲ) τὰς

---

[1] by means of ἀδύνατος, or: Rule 23.   [2] τί; (not τὶ. Gr. 67, 1).   [3] Rule 23.
[4] *where*.   [5] *unintentionally*.   [6] εὐδοκιμέω am *esteemed*. Rule 23.   [7] = καὶ ἐάν.
[8] αἰδέομαι *respect, honor*.   [9] ἀπό-λυσις, εως *deliverance*.

γεραιτέρας φίλει. 29. Πιστοὺς ἡγοῦ μὴ τοὺς πάντα, ἃ ἂν λέξῃς [1]
ἐπαινοῦντας, ἀλλὰ τοὺς ἐπιτιμῶντας ἁμαρτήμασιν. 30. Οἱ τῶν
ἀδελφῶν ἀμελοῦντες καὶ ἄλλους φίλους ζητοῦντες παραπλήσιοί εἰ-
σιν τοῖς τῆς μὲν ἰδίας γῆς ἀμελοῦσι, τὴν δὲ ἀλλοτρίαν γεωργοῦσιν.[2]
31. Πολλοὶ τὰ καλῶς λεχθέντα ἢ πραχθέντα διὰ φθόνον οὐκ ἐπαι-
νοῦσιν. 32. Γλώττης μάλιστα πανταχοῦ[3] πειρῶ κρατεῖν.

B. 1. Distrust your riches. 2. Orpheus moved rocks and trees
by his song. 3. The truth loves, but falsehood (*a*) hates the light.
4. The missiles of the barbarians went through our shields. 5. Let
us love our country more than our wives and children! 6. Riches
alone can[4] make no one happy. 7. The happiest people often dwell
in the poorest[5] houses. 8. The city of Athens[6] ruled over many
nations, (καὶ) cities and islands. 9. The fortunate[7] should help the
unfortunate.[7]

10. In spring the earth adorns herself with a variety of flowers.
11. Let every citizen consider, how[8] he can[4] be most useful to his
country. 12. Sons, dread disgrace more than death! 13. He who
wrongs is unhappier than he who is wronged. 14. Adorn[9] your souls
rather than your bodies and desire wisdom rather than silver and
gold! 15. At Plataeae Pausanias led the Spartans, Aristides the
Athenians. 16. Brave soldiers are not afraid of death. 17. How,[8]
do you think,[4] can[4] people (*a*) do and suffer the least[10] wrong?
18. If a blind man leads, all are in danger. 19. Cyrus was loved by
his mother Parysatis more than his brother.

20. By love[7] you will make[9] friends, by hatred[7] enemies. 21. He
who does not assist his friend in misfortune,[7] is faithless. 22. Do
not associate with such[7] as do wrong! 23. He who spares the rod,[11]
hates his child. 24. Try to win[12] your enemies by kindness[7]! 25. God
can[4] easily make the great and rich small and poor. 26. Let us trust
in God, the Most High,[13] and not dread the power of man (*pl*).

62. VERBS IN -όω.

A. 1. Ὁ χρόνος πάντα τὰ ἄδηλα δηλοῖ. 2. Ὧν τὰς δόξας
ζηλοῖς, τὰς πράξεις μιμοῦ. 3. Ὃν ἂν θεὸς φιλῇ, ζημιοῖ. 4. Ἀλέ-
ξανδρος θεὸς νομισθῆναι ἠξίου. 5. Τοὺς νόμους τῆς πόλεως μά-

---

[1] Rule 25, b. [2] γεωργέω *till, cultivate.* [3] *everywhere.* [4] Rule 23. [5] *smallest.*
[6] *of the Athenians.* [7] part. [8] πῶς. [9] middle voice. [10] *wrong and be wronged the*
least. [11] *stripes.* [12] *conquer.* [13] *the Greatest.*

λιστ' ἂν ψυχῇ ἀνθρώπου ὁμοιοίης. 6. Παρὰ τοῖς Ἕλλησι θέμις[1] ἦν τοὺς δούλους μαστιγοῦν. 7. Μὴ δήλου μηδὲ[2] οἰκειοτάτῳ, ἃ ἂν βούλῃ κρύπτεσθαι. 8. Αἴσωπος ἐρωτηθείς, τί[3] δρᾷ Ζεύς· "Τὰ μὲν ὑψηλά," ἔφη, "ταπεινοῖ, τὰ δὲ ταπεινὰ ὑψηλοῖ."[4] 9. Μὴ τῶν ἴσων ἀξιοῦτε τόν τε κακὸν καὶ τὸν ἀγαθόν.

10. Ζήλου τὸν ἐσθλὸν ἄνδρα καὶ τὸν σώφρονα.

11. Μὴ ζημίου θυμούμενος. 12. Μὴ θυμοῦ δικαίως ζημιού- μενος. 13. Ἡ Ἀττικὴ ὑπὸ τῶν Πελοποννησίων πολλάκις ἐδηοῦτο. 14. Οἱ Ἕλληνες ἐστεφανοῦντο μέλλοντες θύσειν. 15. Ὃς ἂν ἄνθρωπον φονεύσῃ, θανάτῳ ζημιούσθω. 16. Οὐκ ἂν δικαίως τῶν ἴσων ἀξιοῦντο ὅ τε ἀγαθὸς καὶ ὁ κακός. 17. Μὴ ὑποχώρει τοῖς πάθεσιν, ἀλλ' ἐναντιοῦ. 18. Ἡ τῶν Ἑλλήνων ἀνδρεία ἐβεβαιοῦτο ἐν τοῖς πρὸς τοὺς Πέρσας πολέμοις. 19. Μὴ πίστευε ἀνθρώποις, ἀλλὰ μόνῳ τῷ θεῷ, ἵνα μήτε[5] μέγα φρονῇς εὐτυχῶν μήτε ταπεινοῖ δυστυχῶν. 20. Ὑπὸ τῆς ἀνάγκης πάντα δουλοῦται ταχύ.

21. Μετὰ τὴν Τισσαφέρνους προδοσίαν[6] Ξενοφῶν ἔλεξε πρὸς τοὺς στρατιώτας· "Πολλαὶ καὶ καλαί εἰσιν ἡμῖν[7] ἐλπίδες σωτη- ρίας· ἡμεῖς[8] μὲν γὰρ ἐμπεδοῦμεν[9] τοὺς τῶν θεῶν ὅρκους, οἱ δὲ πο- λέμιοι ἐπιωρκήκασί τε καὶ τὰς σπονδὰς λελύκασιν· οὕτως εἰκός[10] ἐστι τοῖς μὲν πολεμίοις ἐναντιοῦσθαι τοὺς θεούς, ἡμῖν[7] δὲ βοηθεῖν, οἳ καὶ τοὺς μεγάλους μικροὺς ἂν ποιοῖεν καὶ τοὺς μικρούς, καὶ ἐὰν ἐν κινδύνοις ὦσιν, ῥᾳδίως ἂν σῴζοιεν, ὅταν βούλωνται."

B. 1. Kindness strengthens confidence. 2. He who loves his children should chastise them (o). 3. The troops were quartered in the villages of Parysatis. 4. Always vie with the best and most just! 5. The Laws not only punish the wicked, but also help the good. 6. A single[11] word has[12] often consoled the afflicted. 7. The sun brings everything to light.[13] 8. Poets compared the human race to the leaves of trees (a).

9. Peace is often established only by war. 10. The Spartans placed wreaths[14] on their heads before the battle. 11. I believe[15] the heart[16] of man is enslaved most of all by gold. 12. With[17] the Ancients, those that were defeated in war were generally reduced to

---

[1] θέμις ἐστίν *fas est*. [2] μή . . . μηδέ *not even*. Gr. 206, 5. [3] *quid?* [4] ὑψηλόω *exalt*, ταπεινός, 3. *low, humble.* [5] Rule 27. [6] ἡ προδοσία *treason.* [7] *nobis.* [8] *nos.* [9] ἐμπεδόω *hold sacred, stand by.* [10] *likely, natural.* [11] *small.* [12] gnomic aor. Gr. 168, 2. b. [13] *makes known.* [14] *crowned their h.* [15] to be rendered by ἄν w. opt. of *enslaved.* [16] ὁ νοῦς. [17] παρά w. dat.

slavery by the conquerors.[1] 13. The boys of the Lacedaemonians were whipped at the altars of Artemis. 14. At Sparta, he who possessed silver or gold was punished. 15. The wrong-doer [1] should be punished according to the law. 16. When the proud [1] are humbled, the justice of the gods is made manifest.

PRONOUNS.

63. PERSONAL PRONOUNS. Αὐτός, ἄλλος, ἀλλήλων. Gr. 61. 63.

A. 1. Θεὸς ἡμῶν πάντων πατήρ. 2. Ἡμᾶς οὐ πείσετε ὑμεῖς. 3. Ἐγὼ μὲν σοῦ μείζων εἰμί, σὺ δ' ἐμοῦ ἰσχυρότερος εἶ.[2] 4. Τὰ δάκρυα ἡμῖν φάρμακά ἐστι λύπης καὶ κακῶν. 5. Ἄλλοις ἄλλα[3] φίλα ἐστίν· ἡμᾶς μὲν τὰ ἡμέτερα εὐφραίνει, ὑμᾶς δὲ τὰ ὑμέτερα. 6. Ὁ τοῖς ἄφροσι πιστεύσας αὐτὸς ἄφρων νομισθήσεται. 7. Ὀλίγοι τῶν ἀνθρώπων ἐν εὐτυχίᾳ καὶ ἀτυχίᾳ οἱ αὐτοί εἰσιν. 8. Ἀλεξάνδρου τετελευτηκότος οἱ στρατηγοὶ ἀλλήλοις ἐπολέμησαν. 9. Τοῖς τῶν αὐτῶν γονέων παισὶ πολλάκις οὐχ οἱ αὐτοὶ τρόποι εἰσίν. 10. Οὐδεὶς κόσμος οὔτε ἡμῖν οὔτε ἄλλοις ἀνθρώποις καλλίων τῆς ἀρετῆς ἐστιν.

11. Σώζει ὁ θεὸς σὲ καὶ ἐμὲ καὶ ἡμᾶς πάντας ἐν κινδύνοις. 12. Τῆς αὐτῆς ἡμέρας περὶ τῶν αὐτῶν ἐνίοτε οὐ ταὐτὰ ἐψηφίσαντο οἱ Ἀθηναῖοι. 13. Ἐν ἐμοὶ καὶ σοὶ καὶ ἡμῖν πᾶσιν ἀθάνατος ψυχή ἐστιν. 14. Θεμιστοκλῆς ἔλεξεν αὐτοὺς τοὺς θεοὺς κωλῦσαι τὸν Ξέρξην τοῦ βασιλεῦσαι[4] καὶ τῆς Ἀσίας καὶ τῆς Εὐρώπης. 15. Ἰσοκράτης πρὸς Ἁρμόδιον, τὸν τοῦ παλαιοῦ Ἁρμοδίου ἔκγονον, δυσγένειαν[5] αὐτῷ ὀνειδίσαντα· "Τὸ μὲν ἐμόν," ἔφη, "γένος ἀπ' ἐμοῦ ἄρχεται, τὸ δὲ σὸν ἐν σοὶ παύσεται." 16. Κέρδος μή σε νικῴη.

17. Πολλοὶ κακῶς πράττουσιν, οὐ σὺ δὴ[6] μόνος. 18. Τῶν πόνων[7] πωλοῦσιν ἡμῖν πάντα τἀγάθ' οἱ θεοί.

B. 1. We must all die. 2. With you, young men, rests[8] the hope of the country. 3. Animals (a) are always fighting with one another. 4. My life is as[9] dear to me as yours to you. 5. All men are related to one another. 6. Your friend is very grateful[10] to me, because I trusted him. 7. An upright judge always assigns[11] the same punishments for the same offences. 8. Our country is the

---

[1] part. [2] es. [3] aliis alia. [4] Rule 29. [5] low birth. [6] therefore. [7] gen. of price. Gr. 151. [8] is in you. [9] οὕτως — ὡς. [10] has much gratitude. Less. 18. [11] ζημίαν ὁρίζω περί τινος.

common mother of us all. 9. When will men (*a*) cease deceiving one another? 10. In the same year Athens[1] was freed from her tyrants and Rome[1] from her kings. 11. Not all nations have the same laws, and the same people have not always the same customs. 12. God sends[2] crosses[3] to all men, to some in this way, to others in that.[4]

64. REFLEXIVE PRONOUNS. Gr. 62.

A. 1. Κράτησον σεαυτοῦ. 2. Ὁ ἀγαθὸς ἀνὴρ δίκαιον παρέχει ἑαυτὸν ἑκάστῳ. 3. Οὐδὲν οὕτως ἡμέτερόν ἐστιν ὡς ἡμεῖς ἡμῶν αὐτῶν. 4. Ἡ τύχη ἀεὶ βέλτιον ἡμῶν ἐπιμέλεται ἢ ἡμεῖς ἡμῶν αὐτῶν. 5. Οὐκ ἐλάχιστόν ἐστι σοφίας μέρος τὸ ἑαυτὸν γιγνώσκειν. 6. Ἡ ἀρετὴ αὐτὴ ἑαυτῇ κάλλιστος μισθός ἐστιν. 7. Μηδέποτε δοῦλον ἡδονῆς σαυτὸν ποίει. 8. Σύμπραττε σαυτῷ καὶ συμπράττει σοι θεός. 9. Ἑαυτὸν μὲν νικῆσαι καλλίστη νίκη ἐστίν, ἑαυτοῦ δὲ ἡττηθῆναι αἴσχιστον. 10. Ἐὰν λέγωμεν, ὅτι ἁμάρτημα οὐκ ἔχομεν, πλανῶμεν ἡμᾶς αὐτούς, καὶ ἡ ἀλήθεια οὐκ ἔστιν[5] ἐν ἡμῖν. 11. Ἀστυάγης ἑαυτὸν τῶν ἐν Μήδοις πάντων δεσπότην πεποίηκεν. 12. Τοῖς νόμοις δουλεύσατε, ἵνα μὴ[6] τραχυτέροις δεσπόταις ὑμᾶς αὐτοὺς μισθῶτε.

13. Ὁ σοφὸς ἐν αὐτῷ περιφέρει τὴν οὐσίαν.

B. 1. Love your neighbor[7] as yourself. 2. Do not trust too much in yourself! 3. We see faults in others better than in ourselves. 4. Many people deny[8] themselves a lawful pleasure. 5. We all know ourselves the least. 6. The Lycians called themselves after[9] their mothers, not, as we, after their fathers. 7. Cleopatra called herself the queen of kings. 8. Athenians, you encountered many dangers by[10] land and sea, not merely for your own interest,[11] but also for the freedom of all Greece. 9. The greatest is he who conquers himself.

65. DEMONSTRATIVE AND RELATIVE PRONOUNS. Gr. 65 and 66, I. 2.

A. 1. Ἃ ἔχεις, παρὰ θεοῦ ἔχεις. 2. Τοῦτο μὲν σὺ λέγεις, παρ᾽ ἡμῶν δὲ ἄγγελλε τάδε. 3. Ἥδε ἡ ἡμέρα μεγάλων κακῶν ἐστιν αἰτία πᾶσι τοῖς Ἕλλησιν. 4. Οἳ ἂν τῶν τιμῶν μετέχειν βούλωνται,[12] τούτους καὶ τοὺς κινδύνους δεῖ ὑπομένειν. 5. Τούτων

---

[1] *the Athenians — Romans.*   [2] ἐπιτάττω, aor. ind.   [3] ὁ πόνος.   [4] *aliis alios.*
[5] Gr. 104, 3, 2.   [6] Rule 27.   [7] ὁ πέλας, indecl. (πέλας = *prope*).   [8] *do not give* (παρέχω); *lawful* = ἀβλαβής, 2.   [9] ἀπό.   [10] κατά w. acc.   [11] *for* (ὑπέρ w. gen.) *yourselves.*   [12] Rule 25, b.

αἴτιος Χαιρεφῶν ὅδε.[1] 6. Ζηλωτοί εἰσιν οὗτοι, ὧν ὁ βίος ἐλεύθερός
ἐστι μεγάλων συμφορῶν. 7. Ἐὰν ταύτην τὴν μάχην νικῶμεν, πάνθ᾽
ἡμῖν[2] πεποίηται. 8. Οὐδεὶς ἐν τῷ γήρᾳ ὁ αὐτός ἐστιν, ὅσπερ ἦν
ἐν τῇ νεότητι. 9. Οὐκ ἂν φιληθείης ὑπὸ τούτων, οὓς ἐδούλωσας.
10. Εὐτυχοίης καὶ τυγχάνοις,[3] ὧν ἐπιθυμεῖς. 11. Οὓς αὐτοὶ πονη-
ροτάτους νομίζετε πάντων, τούτοις πεπιστεύκατε. 12. Ἐν παντὶ
πράγματι τούτοις μάλιστα πεισόμεθα, οὓς ἂν βελτίστους νομίσω-
μεν. 13. Ὃς ἂν μὴ ἐναντιῶται[4] ταῖς τῶν πονηρῶν ἐπιβουλαῖς,
τοῦτον ὀρθῶς ἂν αἰτιώμεθα ἢ κακίας ἢ δειλίας.

14. Ἃ ψέγομεν ἡμεῖς, ταῦτα μὴ μιμώμεθα.

B. 1. Do not consider those rich who possess great wealth, but
those who are content with what[5] they have! 2. In this city the
same laws bind[6] us all. 3. I trust my eyes more than the words of
those men. 4. Those cities are to us the dearest of all. 5. Associate
with such as will make you better! 6. Hector said to his wife:
" These hands of mine protect Ilion." 7. Never shall we trust those
who accept bribes. 8. Citizens, obey the laws willingly; for your
freedom rests in them[7]! 9. The words of those have most weight,
whose words are followed by deeds.[8] 10. Never trust those whose
words and deeds do not agree.[9] 11. Our death will free us all from
all the miseries of this life. 12. He who loveth not his brother whom
he seeth, how[10] can he love God whom he seeth not?

66. INTERROGATIVE AND INDEFINITE PRONOUNS. Gr. 66, 3. 4. and 67.

A. 1. Τί ἐστι πολεμιώτατον ἀνθρώποις; " Αὐτοὶ ἑαυτοῖς."
2. Ἐθέλω παρὰ σοῦ ἀκοῦσαι, ἥντινα γνώμην ἔχεις περὶ τοῦ γήρως.
3. Διὰ τί ἐπαύσω τούτῳ τῷ ἀνθρώπῳ πιστεύων; 4. Οὕστινας ἂν
ἔπαινος μὴ προτρέπῃ πρὸς ἀρετήν, τούτους οὐδὲ[11] φόβος ἀποτρέψει
τῶν αἰσχίστων ἔργων. 5. Τί ἐστι σωφροσύνη; " Ἡδονῶν τινων
καὶ ἐπιθυμιῶν ἐγκράτεια." 6. Ὅτῳ ἂν ἀρέσκῃ ἄλλους βλάψαι,
βλάψει ἑαυτόν. 7. Τίνι ἂν μᾶλλον πιστεύοιμεν ἢ πατρὶ καὶ μητρί;
8. Πονηρὸν νόμιζε τοῦτον, ὅτου ἂν ἡ ψυχὴ ταχὺ πείθηται διαβο-
λαῖς. 9. Ἄττα χαλεπὰ ἦν πάσχειν, ταῦτα ἡδέα ἐστὶ τῇ μνήμῃ.
10. Οἵτινες ἂν τῶν ἄλλων ἄρχειν βούλωνται, τούτους πρῶτον δεῖ

---

[1] Gr. 128, 2. [2] *by us.* [3] τυγχάνω *obtain.* [4] See foot-note 12 on facing page.
[5] *with that which.* [6] *are for.* [7] *for in these is.* [8] act. constr. [9] *agree* ἁρμόττω τινί,
add : *with one another.* [10] πῶς. Rule 23. [11] οὐδέ *ne — quidem:* 1) *not even ;*
2) *likewise not.*

αὐτοὺς ἑαυτῶν ἄρχειν. 11. Κεκώλυκάς τινα τῶν πράξεων, ὦ Αἰσχίνη, αἷς ἐκεῖνοι τὴν πόλιν ἔβλαπτον; 12. Περίανδρος ἐρωτηθείς, τί μέγιστον εἴη ἐν ἐλαχίστῳ· "Φρένες[1] ἀγαθαί," ἔφη, "ἐν σώματι ἀνθρώπου." 13. Ξενοφῶν πολλάκις ἐτεθαυμάκει, τίσι ποτὲ λόγοις[2] Ἀθηναίους ἐπεπείκεσαν οἱ τοῦ Σωκράτους κατήγοροι, ὅτι ἄξιος εἴη θανάτου.

14. Μακάριος, ὅστις νοῦν ἔχων τιμᾷ θεούς.

15. Τί γὰρ πατρῴας ἀνδρὶ φίλτερον χθονός;

B. 1. If God is with us, who can[3] be against[4] us? 2. Whoever[5] believes in things divine, must also believe in divinities. 3. It is easy to obey a reasonable command.[6] 4. Which mountains were sacred to the Muses? 5. Who is thy greatest enemy? The evil desires of thy heart. 6. Which of the Greek poets have you admired most? 7. Caesar[7] wished to be first in any small village rather than second at Rome. 8. For some people the success of others is a cause of envy. 9. To whom do we owe greater thanks under[8] God than to our parents and teachers? 10. The hope of any unlawful gain is disgraceful.

67. CORRELATIVES. Gr. 68. 69.

(τίς, ποῖος, πόσος — ποῦ, πότε, πῶς.)

A. 1. Πῶς ταῦτα παύσεται; 2. Ἦν ποτε χρόνος, ὅτε θεοὶ μὲν ἦσαν, θνητὰ δὲ γένη οὐκ ἦν. 3. Τὰ ἄστρα ὥσπερ ὀφθαλμοί εἰσι τοῦ οὐρανοῦ. 4. Πότε, ὦ ἄνδρες Ἀθηναῖοι, πότε τὰ δέοντα[9] ποιήσετε; 5. Ἧκεν Αἰσχίνης λέγων, ὅτι πεπεικὼς εἴη Φίλιππον πάνθ', ὅσα συμφέρει τῇ πόλει. 6. Ὁπόταν προσήκῃ πρᾶξαι, φείδου λόγων. 7. Οἱ πολῖται φροντιζόντων, ὁποῖα τῇ πόλει συμφέρει. 8. Οὗτός ἐστιν ἄριστος οἶκος, ἐν ᾧ τοιοῦτός ἐστιν ὁ δεσπότης δι' ἑαυτόν, οἷος ἔξω διὰ τὸν νόμον. 9. Οὐ λογίζεσθε, τίνων καὶ οἵων καὶ ὅσων εὐεργεσιῶν θεοὶ ἡμῖν αἴτιοί εἰσιν; 10. Ἆγις ὁ βασιλεὺς ἔλεγε, τοὺς Λακεδαιμονίους οὐ τοῦτ' ἐρωτᾶν, ὁπόσοι εἰσὶν οἱ πολέμιοι, ἀλλ' ὅπου εἰσίν. 11. Πρῶτος ἡμῖν τετάχθω ὁ τοιοῦτος ἀνήρ. 12. Ὅσῳ δυνατώτερός τίς ἐστι, τοσούτῳ ῥᾷον εἰς ὕβριν πίπτει. 13. Ὅπου ἄν τις ἑαυτὸν τάξῃ, ἡγησάμενος βέλτιστον εἶναι, ἢ ὑπ' ἄρχοντος ταχθῇ, ἐνταῦθα δεῖ κινδυνεύειν τοὺς ἐσχάτους κινδύνους.

[1] αἱ φρένες (φρήν) intellect.   [2] here: reasons.   [3] Rule 23.   [4] κατά w. gen.
[5] ὃς ἄν. Rule 25, b.   [6] if a person commands something reasonable (σώφρων).
[7] Καῖσαρ, αρος.   [8] μετά τινα.   [9] what is necessary, your duty.

14. Τὸ θεῖον τοσοῦτον καὶ τοιοῦτόν ἐστιν, ὥστε[1] ἅμα πάντα ὁρᾶν καὶ πάντ' ἀκούειν καὶ πανταχοῦ[2] παρεῖναι.[1]

B. 1. As the master, so the slave. 2. The end is not always in keeping with[3] the beginning. 3. Qualis quisque[4] est, talia cupit atque sperat. 4. Many say: "Wherever[5] you do well, there is your country." 5. That[6] orator is the best who in a very few words speaks very much[7] to the point.[7] 6. The fewer the amusements are, the more they are enjoyed.[8] 7. As you are[9] towards others, so others will be[9] towards you. 8. We shall not dare to encounter[10] so many enemies. 9. As Socrates judged, so he also spoke. 10. Our doctor is thinking day and night, how he can[11] cure your friend. 11. The greater the prosperity, the more insecure[12] it is.

N.B.—Number 87 may be read here.

68. POSSESSIVE PRONOUNS. Gr. 64.

A. 1. Νόμιζε τὰ ἐμὰ σὰ εἶναι. 2. Ἡ πόλις ἡμῶν ἀξία δόξης ἐστίν. 3. Τὴν σαυτοῦ σωφροσύνην παράδειγμα τοῖς ἄλλοις πάρεχε. 4. Διὰ τὴν ὑμετέραν ῥᾳθυμίαν[13] ἔχουσιν οἱ πολέμιοι τὰ ἡμέτερα. 5. Μεγίστην σοὶ χάριν ὀφείλω, ὅτι μου τὴν μητέρα ἐθεράπευες. 6. Ἀστυάγης τὴν ἑαυτοῦ θυγατέρα μετεπέμψατο καὶ τὸν παῖδα αὐτῆς. 7. Μᾶλλον πιστεύετε τοῖς ὑμετέροις ὀφθαλμοῖς ἢ τοῖς τούτου λόγοις. 8. Ἧκον παρ' Ἀριαῖον καὶ τὴν ἐκείνου στρατιάν. 9. Ξέρξης πρὸς Ἀρτάβανον· "Σῷζε," ἔφη, "τὸν οἶκον τόν τε ἐμὸν καὶ τὴν ἐμὴν ἀρχήν· σοὶ γὰρ μόνῳ ἐκ πάντων τὰ σκῆπτρα τὰ ἐμαυτοῦ ἐπιτρέπω."
10. Ἄλλων ἔπαινον μᾶλλον ἢ σαυτοῦ λέγε.

B. 1. I admire my father — your father — his father. 2. He loves your (his, our, their) native country. 3. We behold your (his, our, her, their) house. 4. She praises our (her [suam, eius], their) city. 5. They educate our (their own) sons.
6. May God protect us and our country! 7. Among[14] our forefathers words (a) were more reliable than oaths (a) are now. 8. God cares for us as a father for his children. 9. Your memory, O mother, is always dear to me! 10. People (a) often are themselves to blame for their misfortune. 11. Everyone considers his own work

[1] Gr. 180, 2. b. [2] everywhere. [3] such as was. [4] τὶς. [5] ὅπου ἄν. Rule 25, b. [6] ὁ τοιοῦτος. Gr. 117. [7] in the best (καλός) manner. [8] they gladden. [9] εἰ — ἔσονται. [10] aor. of πολεμέω. [11] Rule 23. [12] ἐπισφαλής, 2. [13] easygoing ways. [14] παρά w. dat.

more difficult than that (*o*) of others. 12. Remain ever the same, retaining[1] your own nature, as gold retains its nature in fire.

N.B. — Each sentence should be rendered in every possible way.

69. Xerxes and Artabānus.

Ξέρξης εἰς τὴν Ἑλλάδα πορευόμενος, ἐπεὶ ἐν Ἀβύδῳ ἦν, πᾶν τὸ στράτευμα, τό τε πεζὸν καὶ τὸ ναυτικόν, ἐθεᾶτο,[2] θεώμενος δὲ ἐπεθύμησε τῶν νεῶν ἅμιλλαν[3] ὁρᾶν. Ἐπειδὴ δὲ ἡμιλλῶντο καὶ ἐνίκων Φοίνικες Σιδώνιοι,[4] ἥσθη τε τῇ ἁμίλλῃ καὶ τῇ στρατιᾷ. Ὡς
5 δὲ ἔβλεπε πάντα μὲν τὸν Ἑλλήσποντον ὑπὸ τῶν νεῶν κεκρυμμέ-
νον, πάσας δὲ τὰς ἀκτὰς καὶ τὰ Ἀβυδηνῶν πεδία πλήρη ἀνθρώ-
πων, ἐμακάρισεν ἑαυτόν, μετὰ δὲ τοῦτο ἐδάκρυσεν. Ὁρῶν δὲ αὐτὸν
Ἀρτάβανος ὁ τοῦ πατρὸς ἀδελφὸς δακρύοντα ἠρώτησε τάδε· "Ὦ
βασιλεῦ, ὡς πολὺ ἀλλήλων διαφέροντα ἐποίησας νῦν τε καὶ ὀλίγον
10 πρότερον; μακαρίσας γὰρ σεαυτὸν δακρύεις." Ὁ δὲ ἔλεξεν·
"Εἰσῆλθε[5] γάρ με κατοικτίρειν λογισάμενον, ὡς[5] βραχὺς εἴη ὁ
πᾶς ἀνθρώπινος βίος, εἰ τούτων γε ὄντων τοσούτων οὐδεὶς εἰς ἑκα-
τοστὸν ἔτος περιέσται."[6] Ὁ δὲ ἔλεξεν· "Ἕτερα ἐν τῷ βίῳ ἡμῖν
γίγνεται οἰκτρότερα· ἐν γὰρ οὕτω βραχεῖ βίῳ οὐδεὶς ἄνθρωπος
15 οὕτως εὐδαίμων πέφυκεν,[7] οὔτε τούτων οὔτε τῶν ἄλλων, ὅστις[8] οὐ
πολλάκις μᾶλλον αἱρήσεται[9] τετελευτηκέναι ἢ βιοτεύειν. Αἵ τε
γὰρ συμφοραὶ προσπίπτουσαι καὶ αἱ νόσοι ταράττουσαι τὸν βίον,
καίπερ βραχὺν ὄντα μακρὸν δοκεῖν εἶναι ποιοῦσιν. Οὕτως ὁ μὲν
θάνατος, ἐπεὶ μοχθηρά ἐστιν ἡ ζωή, καταφυγὴ γίγνεται αἱρετω-
20 τάτη[10] τῷ ἀνθρώπῳ, ὁ δὲ θεός, γλυκὺν γεύσας[11] τὸν αἰῶνα, φθονε-
ρὸς ἐν αὐτῷ φαίνεται[12] ὤν.

70. Croesus and Solon.

Ἐπειδὴ Κροῖσος, ὁ τῶν Λυδῶν βασιλεύς, πάντα τὰ ἔθνη τὰ
ἐντὸς Ἅλυος ποταμοῦ οἰκοῦντα κατεστρέψατο, ἧκον εἰς Σάρδεις
ἄλλοι τε τῆς Ἑλλάδος σοφοὶ ἄνδρες καὶ δὴ καὶ[13] Σόλων, ἀνὴρ
Ἀθηναῖος. Οὗτος Ἀθηναίοις κελεύσασι νόμους γράψας ἀπεδή-

[1] *preserving.* [2] *reviewed.* [3] ἡ ἅμιλλα *contest; sham fight;* ἁμιλλάομαι *contend, fight.* [4] *the Phoenicians of Sidon.* [5] *it came into my head to pity = I was filled with pity when I considered, how.* [6] *will live* (περί-ειμι). [7] p. 36 note 1. [8] Gr. 191, 3. b. [9] μᾶλλον αἱρέομαι *prefer.* [10] αἱρετός, 3. *desirable.* [11] γεύω *give a taste (of* τί). [12] φαίνομαι w. part. *show myself, am evidently.* Gr. 202, 2. note 5. [13] καὶ δὴ καί. Gr. 208, 19.

μησεν ἔτη δέκα, λόγῳ[1] μέν, τὰς τῶν ἄλλων ἀνθρώπων χώρας θεω-
ρήσων, ἔργῳ[1] δέ, ἵνα μή τινα τῶν νόμων ἀναγκασθείη λῦσαι, οὓς
ἔγραψεν· αὐτοὶ γὰρ οὐχ οἷοί τε ἦσαν τοῦτο ποιῆσαι οἱ Ἀθηναῖοι·
ὅρκοις γὰρ μεγάλοις ὑπεδέξαντο[2] δέκα ἔτη φυλάξειν τοὺς νόμους,
5 οὓς ἂν Σόλων ποιήσῃ. Τούτων οὖν ἕνεκα Σόλων ἀποδημήσας ἐπο-
ρεύθη εἰς Αἴγυπτόν τε παρ' Ἄμασιν καὶ δὴ καὶ[3] εἰς Σάρδεις παρὰ
Κροῖσον.

Ἥκων δὲ λαμπρῶς ἐξενίζετο ἐν τοῖς βασιλείοις ὑπὸ Κροίσου.
Μετὰ δὲ ταῦτα, ἡμέρᾳ τρίτῃ ἢ τετάρτῃ, κελεύσαντος Κροίσου
10 Σόλωνα θεράποντες περιῆγον κατὰ τοὺς θησαυρούς, ἵνα θεάσαιτο
πάντα μεγάλα ὄντα καὶ ὄλβια. Θεασάμενον δ' αὐτὸν πάντα ἠρώ-
τησε Κροῖσος τάδε· "Ὦ ξένε Ἀθηναῖε, ἠκούσαμέν σε πάντων τῶν
Ἑλλήνων διαφέροντα σοφίᾳ καὶ πορευόμενον διὰ πολλῶν χωρῶν
τε καὶ πόλεων, ἵνα θεωρῇς καὶ γιγνώσκῃς τοὺς τῶν ἀνθρώπων τρό-
15 πους. Νῦν οὖν ἐπιθυμῶ ἀκοῦσαι, ὅντινα πάντων ἀνθρώπων ὀλβιώ-
τατον εἶναι νομίζεις." Ὁ μέν, νομίζων αὐτὸς εἶναι ὀλβιώτατος
ἀνθρώπων, ἠρώτα ταῦτα, Σόλων δὲ λέγει· "Ὦ βασιλεῦ, Τέλλον
Ἀθηναῖον." "Τί δὴ[4] κρίνεις Τέλλον εἶναι ὀλβιώτατον;" Ὁ δὲ
ἔλεξε·

20 "Τέλλῳ πρῶτον μέν, τῆς πόλεως εὐτυχούσης, ἦσαν παῖδες
καλοὶ κἀγαθοί, καὶ τέκνα τῶν παίδων, καὶ πάντες εὐδαίμονες ὡς τὰ
παρ' ἡμῖν.[5] Ἔπειτα δέ, μετὰ βίον παντάπασιν εὐτυχῆ, καὶ ὁ θάνα-
τος λαμπρότατος ἦν· πολεμούντων γὰρ τῶν Ἀθηναίων πρὸς τοὺς
ἀστυγείτονας[6] ἐν Ἐλευσῖνι στρατευσάμενος καὶ νικήσας τοὺς
25 πολεμίους κάλλιστα ἐτελεύτησεν· τελευτήσαντα δ' αὐτὸν οἱ Ἀθη-
ναῖοι δημοσίᾳ[7] ἔθαψαν καὶ ἐτίμησαν μεγάλως."

Ὡς δὲ ταῦτα περὶ τοῦ Τέλλου ἐξηγήσατο[8] τῷ Κροίσῳ, οὗτος
ἐπηρώτησε, τίς δὴ δεύτερος μετ' ἐκεῖνον εἴη, ἐλπίζων δεύτερός γε
μετὰ τὸν Τέλλον εἶναι. Ὁ δὲ ἔλεξε·

30 "Κλέοβις καὶ Βίτων. Τούτοις γάρ," ἔφη, "Ἀργείοις[9] οὖσι
τὸ γένος βίος[10] ὑπῆρχεν ἱκανὸς καὶ πρὸς τούτῳ[11] ῥώμη σώματος
θαυμαστὴ καὶ καλὸς θάνατος. Οὔσης γὰρ ἑορτῆς τῇ Ἥρᾳ τοῖς
Ἀργείοις, ὅπου νόμος ἦν τὴν μητέρα αὐτῶν ἐφ' ἁμάξης κομισθῆ-

---

[1] λόγῳ μέν — ἔργῳ δέ pretending — in fact.   [2] ὑποδέχομαι take upon, pledge myself.
[3] See foot-note 13 on facing page.   [4] why then.   [5] according to our (i.e. Greek) ideas,
standard of happiness.   [6] = γείτονας.   [7] δημοσίᾳ publice.   [8] ἐξ-ηγέομαι tell (at length),
relate (in detail).   [9] ἀ Ἀργεῖος Argive.   [10] here: (means of) living.   [11] besides.

ναι εἰς τὸ ἱερόν, ὡς οἱ βόες ἐκ τοῦ ἀγροῦ οὐ παρεγίγνοντο ἐν καιρῷ,
οἱ νεανίαι αὐτοὶ τὴν ἄμαξαν ἦγον, ἐπὶ τὸ ἱερὸν ἀπέχον σταδίους
πέντε καὶ τετταράκοντα τῆς πόλεως τὴν μητέρα διακομίζοντες.¹
Ταῦτα δὲ αὐτοῖς ποιήσασι καὶ θαυμασθεῖσιν ὑπὸ πάντων Ἀργείων
5 εἶτα καὶ ἡ τελευτὴ τοῦ βίου ἦν ἀρίστη· καὶ ἐμήνυσεν ἐν τούτοις ὁ
θεός, ὅτι πολὺ ἀμείνων ἐστὶ τῷ ἀνθρώπῳ ὁ θάνατος τῆς ζωῆς. Οἱ
μὲν γὰρ Ἀργεῖοι παρόντες ἐμακάριζον τῶν νεανιῶν τὴν ῥώμην, αἱ
δ' Ἀργεῖαι τὴν μητέρα, οἵων² τέκνων ἐτύγχανεν. Ἡ δὲ μήτηρ,
ἡδομένη τῷ τε ἔργῳ καὶ τῇ φήμῃ, ἐν τῷ ἱερῷ ηὔξατο τῇ θεῷ, τοῖς
10 υἱέσι παρέχειν ὅ,τι ἀνθρώπῳ εἴη ἄριστον. Ὡς δὲ μετὰ ταύτην τὴν
εὐχὴν ἔθυσαν οἱ νεανίαι, κατακοιμηθέντες³ ἐν αὐτῷ τῷ ἱερῷ ἐτελεύ-
τησαν. Οἱ δὲ Ἀργεῖοι εἰκόνας⁴ αὐτῶν ποιησάμενοι ἐν Δελφοῖς
ἱδρύσαντο, ὡς ἀνδρῶν καλῶν καὶ ἀγαθῶν."

Σόλων μὲν δὴ τούτους δευτέρους μετὰ Τέλλον ὀλβιωτάτους ὠνό-
15 μασεν, ὁ δὲ Κροῖσος χαλεπαίνων, "Ὦ ξένε Ἀθηναῖε," ἔφη, "ἡ δ'
ἡμετέρα εὐδαιμονία⁵ οὕτω σοι⁶ ἀπέρριπται εἰς τὸ μηδέν,⁷ ὥστε
οὐδ'⁸ ἰδιωτῶν ἀνδρῶν ἡμᾶς ἀξίους ἐποίησας;" Ὁ δὲ ἔλεξεν·

" Οὐκ ἄπειρον ὄντα τοῦ τῶν θεῶν φθόνου καὶ τῶν τοῦ βίου ταρα-
χῶν⁹ ἠρώτησάς με περὶ ἀνθρωπίνων πραγμάτων. Ἐν γὰρ τῷ
20 μακρῷ τοῦ βίου χρόνῳ πολλὰ πέμπουσιν οἱ θεοί, ἃ οὐδεὶς ἂν προ-
γιγνώσκοι. Εἰς γὰρ ἑβδομήκοντα ἐνιαυτοὺς τὸν βίον ἀνθρώπου
λογισαίμην ἂν εἶναι· οὗτοι δ' οἱ ἑβδομήκοντ' ἐνιαυτοὶ παρέχοιντ'
ἂν ὡς¹⁰ πεντήκοντα καὶ πεντακοσίας καὶ πεντακισχιλίας καὶ δισμυ-
ρίας ἡμέρας. Τοσούτων δ' ἡμερῶν οὐσῶν ἡ ἑτέρα τῇ ἑτέρᾳ ἡμέρᾳ
25 οὐδὲν ὅμοιον προσάγει πρᾶγμα. Οὕτως οὖν, ὦ Κροῖσε, ἄνθρωπος
πάντως ἂν εἴη συμφορά.¹¹ Ἐμοὶ δὲ σὺ ἐν τῷ νῦν χρόνῳ καὶ μέγα
πλουτεῖν δοκεῖς καὶ βασιλεὺς πολλῶν εἶναι ἀνθρώπων. Ἐκεῖνο δέ,
ὃ ἠρώτας με, οὔπω σὲ ἐγὼ λέγω, πρὶν ἂν καλῶς σε τελευτήσαντα
ἀκούσω. Οὐ γὰρ ὁ μάλα πλούσιος ὀλβιώτερός ἐστι τοῦ ἐφ' ἡμέ-
30 ραν ἔχοντος,¹² εἰ μὴ καὶ καλῶς τελευτήσει τὸν βίον. Πολλοὶ γὰρ
πλουσιώτατοι ἄνθρωποι ἀνόλβιοί εἰσιν, πολλοὶ δὲ μετρίαν ἔχοντες
οὐσίαν εὐτυχεῖς. Εἰ γάρ τις ὑγιής ἐστι καὶ ἄπηρος¹³ καὶ ἀπαθὴς¹⁴

---

¹ δια-κομίζω bring (over, across) to (a place). ² = ὅτι τοιούτων. ³ κατακοιμάομαι,
M.P., fall asleep. ⁴ ἡ εἰκών, όνος (likeness) statue. ⁵ ἡ εὐδαιμονία prosperity, wealth.
⁶ = ὑπὸ σοῦ. Gr. 157, 2. ⁷ is so utterly despised. ⁸ οὐδέ not even. ⁹ perplexities,
difficulties. ¹⁰ circiter. ¹¹ a plaything of chance. ¹² τοῦ ... ἔχοντος than he who has
enough for ... ¹³ unmaimed. ¹⁴ not having suffered = free.

κακῶν καὶ εὔπαις[1] καὶ πρὸς τούτοις[2] ἔτι τὸν βίον τελευτήσει εὖ, οὗτος ἂν εἴη ἐκεῖνος, ὃν σὺ ζητεῖς, ὄλβιος ὠνομάσθαι ἄξιος· πρὶν δ' ἂν τελευτήσῃ, οὔπω ὄλβιος ὀνομαστέος ἐστίν, ἀλλ' εὐτυχής.[3] Τὰ πάντα μὲν οὖν ταῦτα οὐδεὶς ἂν ἄνθρωπος ὢν συλλαμβάνοι,[4] 5 ὥσπερ χώρα οὐδεμία πάντας φέρει καρπούς, ἀλλ' ἄλλους μὲν ἔχει, ἄλλων δὲ ἐστερημένη ἐστίν. Τῶν δ' ἀνθρώπων ὅστις ἂν πλεῖστα τῶν ἀγαθῶν ἔχῃ καὶ ἔπειτα τὸν βίον εὐχαρίστως[5] τελευτήσῃ, οὗτος παρ' ἐμοὶ ὄλβιος ὠνομάσθαι ἄξιός 'στιν. Σκοπεῖν δὲ χρὴ παντὸς χρήματος τὴν τελευτήν· πολλοῖς γὰρ εὐτυχίαν ὀλίγον χρόνον 10 πορίσας ὁ θεὸς ἔπειτα ἀτυχεστάτους ἐποίησεν."

Ταῦτα λέξαντα τὸν Σόλωνα ὁ Κροῖσος οὐδενὸς λόγου ἐποιήσατο[6] καὶ ἀποπέμπει ὡς μάλα ἀμαθῆ[7] ὄντα, ὃς τῶν παρόντων ἀγαθῶν καταφρονήσας τὴν τελευτὴν παντὸς χρήματος σκοπεῖν ἐκέλευεν.

Γνώμη.

Πολλοὶ μὲν πλουτοῦσι κακοί, ἀγαθοὶ δὲ πένονται·[8]
15 ἀλλ' ἡμεῖς αὐτοῖς οὐ διαμειψόμεθα[9]
τῆς ἀρετῆς τὸν πλοῦτον, ἐπεὶ τὸ μὲν ἔμπεδον[10] ἀεί,
χρήματα δ' ἀνθρώπων ἄλλοτε ἄλλος[11] ἔχει. — Σόλων.

FORMATION OF TENSES OF LIQUID VERBS.
71. FUTURE ACTIVE AND MIDDLE. Gr. 84, I. 3.

A. 1. Ὁμονοοῦντες ἰσχυροὶ μενοῦμεν. 2. Τίς ἄμεινον τοῦ σοφοῦ κρινεῖ τὰ δίκαια; 3. Ὀργῆς λήξας[12] κερδανεῖς ἀμείνω. 4. Πολέμου οὐκ ἀρξόμεθα, ἀρξαμένους δὲ ἀμυνούμεθα. 5. Τὴν πατρίδα ἐλπίζομεν εἰς τὸ μέλλον ἐλευθέραν νεμεῖσθαι. 6. Εὐφρανεῖ σε πλοῦτος πολλοὺς εὐεργετοῦντα. 7. Ἐθαύμαζον οἱ τῶν Ἑλλήνων στρατηγοί, ὅτι Κῦρος οὔτε ἄλλον πέμποι σημανοῦντα ὅ,τι χρὴ ποιεῖν, οὔτε αὐτὸς φαίνοιτο. 8. Εἰ μὴ φυλάξεις τὰ μικρά, ἀποβαλεῖς τὰ μείζονα. 9. Μετὰ τὴν νίκην Λύσανδρος εἰς Λακεδαίμονα τοὺς τὴν νίκην ἀγγελοῦντας ἔπεμψεν ἐπὶ τῆς κρατίστης νεώς.

10. Δοῦλον τὸν ἐσθλὸν τοὔνομ'[13] οὐ διαφθερεῖ,
πολλοὶ[14] δ' ἀμείνους εἰσὶ τῶν ἐλευθέρων.

11. Ἀεὶ λέγων τἀληθὲς οὐ σφαλῇ ποτε.

---

[1] blessed in his children. [2] in addition to this. [3] favored by fortune. [4] συλ-λαμβάνω receive at the same time, enjoy together. [5] happily. [6] λόγου ποιεῖσθαι make account of. [7] ignorant. [8] πένομαι am poor. [9] δι-αμείβομαί τινί τι exchange something with one, τινός for something. [10] βέβαιον. [11] aliás alius now this one, now another one. [12] λήγω = παύομαι. [13] = τὸ ὄνομα. Gr. 18, 2. [14] sc. δοῦλοι.

B. 1. Ask and I shall answer. 2. If the body is well, the soul will be well too. 3. Whoever is not ashamed of himself, will likewise [1] not be ashamed before others. 4. If you do not obey the laws, you will destroy your liberty. 5. Take care to [2] cleanse your souls. 6. We faced the enemy in order to defend ourselves. 7. We shall never be ashamed to speak the truth. 8. You will best defend yourself by [3] being honest. [3] 9. You will kill the body, but not [4] the soul. 10. With the aid [5] of the gods we shall ward off our assailants. [6]

72. AORIST ACTIVE AND MIDDLE. Gr. 84, 2. 3.

A. 1. Ἐπειδὰν ἅπαντα ἀκούσητε, κρίνατε. 2. Ἡ τύχη διένειμεν ἄλλοις ἄλλα δῶρα. 3. Νικίας πάντα τὸν χρόνον οὐδὲν [7] ἔσφηλε τὴν πόλιν. 4. Κρεῖττόν ἐστι μικρὰ εὖ ἢ μεγάλα κακῶς περᾶναι. 5. Παρμενίδης πρῶτος τὴν γῆν ἀπέφηνε σφαιροειδῆ. [8] 6. Εἴθε κακῶς διαφθείρειαν τοὺς κακοὺς οἱ θεοί. 7. Ἀθηνᾶ περιέστειλεν [9] Ἡρακλέα πέπλῳ, ὃν αὐτὴ ὑφήνατο. 8. Ὅτῳ δοκεῖ ταῦτα, ἀνατεινάτω τὴν χεῖρα. 9. Τοὺς Τρῶας δέκα ἔτη ἀνδρείως ἀμυναμένους οὐ βία, ἀλλὰ δόλος ἔσφηλεν. 10. Ἀλέξανδρος ἀποθνῄσκων οὐκ ἀπεφήνατο, τίνι καταλείποι τὴν ἀρχήν. 11. Θησεὺς τὴν ἐκ Τροιζῆνος [10] εἰς Ἀθήνας φέρουσαν ὁδὸν καθῆραι λέγεται κακούργων. 12. Οὐδένα χρὴ μακαρίζειν, ἕως ἂν βιοτεύῃ, ἀλλ᾽ ἀναμεῖναι, ἕως ἂν τὸν βίον περάνῃ. 13. Τίς οὐκ ἂν οἰκτίρειεν ἐσθλὸν ἄνδρα ἀτυχοῦντα; 14. Δημῶναξ ἐρωτήσαντός τινος, ποῖα νομίζοι εἶναι τὰ ἐν Ἅιδου· "Μεῖνον," ἔφη, "ἕως ἂν αὐτὸς θεάσωμαι, κἀκεῖθεν ἀγγελῶ σοι." 15. Κλεινὸν [11] τὸ ἀπόφθεγμα [12] Γοργοῦς, τῆς Κλεομένους θυγατρός· Διαφθερεῖ σε, ὦ πάτερ, ὁ ξένος, ἐὰν μὴ ὡς τάχιστα ἐκ τῆς οἰκίας ἀποστείλῃς. 16. Ἐπιτρέπω τῷ θεῷ κρῖναι περὶ ἐμοῦ, ὅπη [13] ἐμοὶ ἄριστα ἂν εἴη. 17. Πολλάκις μικροὶ λόγοι ἔσφηλαν ἤδη καὶ ἀνώρθωσαν βροτούς.

18. Τόλμα σύ, κἂν [14] τι τραχὺ νείμωσιν θεοί.

B. 1. To accomplish [15] is better than to promise. 2. Evil company corrupts [15] good manners. 3. Orestes stained his hands with his mother's blood. 4. My son, answer respectfully [16] when [17] older

---

[1] καί. [2] ὅπως w. fut. ind. mid. [3] *if you are just.* [4] οὔ. Gr. 8, 2, b. [5] *with the gods.* [6] ἐπέρχομαι, pres. part. [7] Gr. 141. [8] σφαιρο-ειδής, 2. *ball-like, spherical.* [9] περι-στέλλω *clothe.* [10] ἡ Τροιζήν, ῆνος the city of *Troizen* in Argolis. [11] *well-known, famous.* [12] *saying.* [13] *how, as.* [14] = καὶ ἐάν. [15] aor. [16] κοσμίως. [17] Rule 25, a.

persons (*o*) ask you.   5. Inexperience often causes¹ men to fail.
6. The Greeks never commenced a sacrifice before they had¹ purified
themselves.   7. When Cadmus had slain the dragon and sown its
teeth, armed men sprang up² from the ground.   8. Eteocles and
Polynices slew each other in their quarrel³ for the crown.   9. Apollo
ordered the Athenians to defend themselves by means of a wooden
wall.   10. When Xerxes had collected an immense army, he set out
on his campaign against Greece.   11. What can⁴ please your parents
more than the happiness of their children?   12. Hippias instigated⁵
Darius to make war upon the Athenians.   13. Pythagoras declared
that the human soul was⁶ immortal.

73. THE REMAINING TENSES. Gr. 85.
(Excluding the Second Tenses.)

A. 1. Ἠγγέλθη ὑπὸ Λυσάνδρου τὰ πεπραγμένα διὰ Θεοπόμ-
που τοῦ Μιλησίου εἰς Λακεδαίμονα. 2. Ὁ Νεῖλος ποταμὸς νήσους
ἔχει πολλὰς διεσπαρμένας. 3. Τοὺς στρατιώτας ἄριστα ἐσταλμέ-
νους εἰς τὸν πόλεμον στελοῦμεν. 4. Ἀπέσταλκά σοι, ὦ Δημόνικε,
τόνδε τὸν λόγον δῶρον. 5. Πολλάκις τῇ τύχῃ ἐσφάλμεθα. 6. Ξέρ-
ξης τὸ Λεωνίδου σῶμα λελυμασμένον ἀνασταυρῶσαι⁷ ἐπέταξεν.
7. Ὀρέστης, μεμιασμένος τῷ τῆς μητρὸς αἵματι, ἐν Δελφοῖς ἐκα-
θάρθη ὑπ' Ἀπόλλωνος. 8. Μὴ ἀναμείνωμεν, ἕως ἂν ἀγερθῶσιν
οἱ πολέμιοι, ἀλλ' ἔτι διεσπαρμένοις αὐτοῖς ἐπιχειρῶμεν. 9. Ὁ
τὴν ψυχὴν κεκαθαρμένος κάλλιστα κεκόσμηται. 10. Ὅστις τῶν
Ἀθηναίων φανθείη ἐλαίαν ἐξορύξας, διακοσίαις μναῖς ἐζημιοῦτο.
11. Φίλιππος πολλὰς ἐλάμβανε πόλεις, ὧν τοὺς προστάτας νομῇ⁸
χρημάτων ἦν διεφθαρκώς. 12. Τοῖς Ἕλλησιν ἔθος ἦν, εἴ τις τῶν
συγγενῶν τελευτήσειε, κεκάρθαι τὰς κόμας.⁹ 13. Πηνελόπη τρία
ἔτη ἐντάφιον¹⁰ ὑφαίνουσα τῷ Λαέρτῃ οὐκ ἐπέρανε τὸ ἔργον· νυκτὸς
γὰρ ἔλυε τὰ ἡμέρας ὑφασμένα. 14. Ἀγγελθείσης τῆς ἐν Σικελίᾳ
συμφορᾶς, οἱ Ἀθηναῖοι πολὺν μὲν χρόνον ἠπίστουν τοῖς ἀγγείλα-
σιν· ἔπειτα δὲ ὀργισθέντες ἐκάκιζον¹¹ τοὺς μάντεις, λέγοντες ἐσφάλ-
θαι ὑπ' αὐτῶν.

B. 1. Answer me: What news¹² has been announced?   2. We
have despatched the triremes to the Pontus.   3. Most (*a*) of the

---

¹ aor.   ² ἀνα-τέλλομαι.   ³ part. of ἐρίζω (περί τινος).   ⁴ Rule 23. *please = gladden.*
⁵ παρ-οξύνω.   ⁶ *is.*   ⁷ ἀνα-σταυρόω *crucify.*   ⁸ ἡ νομή *donation.*   ⁹ ἡ κόμη *hair;* Gr.
139. perf. *to wear it short.*   ¹⁰ τὸ ἐντάφιον *shroud, winding-sheet.*   ¹¹ κακίζω *abuse,
revile.*   ¹² comparative of *new.*

royal tombs in Egypt are now destroyed. 4. The life of Pausanias was sullied by disgraceful deeds. 5. Great things (*o*) will be accomplished by wisdom rather than by power. 6. When news arrived,[1] that sixty ships had been destroyed at Cyzicus, the Lacedaemonians sent ambassadors to make[2] peace. 7. Respect[3] yourself, lest you be put[3] to shame before others! 8. The soul should be cleansed from vices and adorned with virtues. 9. Envy and greediness[4] have corrupted the minds of many men.

SECOND TENSES.

74. SECOND AORIST ACTIVE AND MIDDLE. Gr. 86.

Learn the following II. aorists of irregular verbs (Gr. 108-112):

ἔλιπον *left*,   of λείπω.   ἔπεσον *fell*,   of πίπτω.

ἔφυγον *fled, escaped*, of φεύγω.   ἀπ-έθανον *died*, of ἀπο-θνήσκω.

ἔλαβον *took, received*, of λαμβάνω. ἦλθον *went, came*, of ἔρχομαι.

ἐγενόμην   *was born, became, was made*, of γίγνομαι.

ἀφ-ικόμην *came, arrived*,   of ἀφ-ικνέομαι.

A. 1. Αἴσχιστον ἦν Σπαρτιάτῃ τὴν τάξιν ἀπολιπεῖν καὶ ἐκ μάχης φυγεῖν. 2. Οἱ Ἕλληνες εἰσηγάγοντο θεοὺς ξένους[5] ἐξ ἀλλοτρίων ἐθνῶν. 3. Οὐκ ἂν γένοιτο χρηστὸς ἐκ κακοῦ πατρός. 4. Πέρσαις νόμος ἦν, ὁπότε βασιλεὺς ἀποθάνοι, ἀνομίαν εἶναι πέντε ἡμερῶν. 5. Μὴ σπεῦδε πλουτεῖν, μὴ γένῃ πένης ταχύ. 6. Δωριεὺς στρατευόμενος πρὸς τοὺς Συβαρίτας ἔπεσεν, ὅτι ταῦτα παρὰ τὰ μεμαντευμένα ἐποίησεν. 7. Μήτ᾽ εὐτυχῶν τράπῃ πρὸς ῥᾳθυμίαν[6] μήτ᾽ ἀτυχῶν πρὸς ἀθυμίαν. 8. Τίνα ἂν γῆν μᾶλλον φιλοῖμεν ἢ τὴν πατρίδα τεκοῦσαν ἡμᾶς καὶ θρέψασαν; 9. Μὴ ἀναμείνωμεν, ἕως ἂν ἐμβάλωσιν[7] οἱ ἡμέτεροι πολέμιοι εἰς τὴν ἡμετέραν χώραν, ἀλλὰ πορευθῶμεν ὡς τάχιστα εἰς τὴν πολεμίαν. 10. Μαχομένους δεῖ σκοπεῖν ἡμᾶς, ὅπως ὡς ἐλάχιστα μὲν τραύματα λάβωμεν, ὡς ἐλάχιστα δὲ σώματα ἀνδρῶν ἀποβάλωμεν.

11. Ξέρξης τοσαῦτα ἔθνη εἰς τὴν Ἑλλάδα ἤγαγεν, ὥστε τὰ ὕδατα ἐπέλιπε[8] πινόμενα. 12. Διενείμαντο τὴν ἀρχὴν τῶν πάντων Ζεὺς καὶ Ποσειδῶν καὶ Πλούτων, ἐπεὶ παρὰ τοῦ πατρὸς παρέλαβον. 13. Ἀφικόμενοι πρὸς τὸν Ἀράξην ποταμὸν ηὕρισκον οἱ μύριοι κώμας πολλὰς μεστὰς σίτου καὶ οἴνου· ἐν-

---

[1] *after it was* (aor.) *announced.*   [2] *to make* = περί w. gen.   [3] aor. of αἰσχύνομαι.
[4] ἡ πλεονεξία.   [5] here an adj.   [6] ῥᾳθυμία *easy-going ways, indifference, idleness.*
[7] ἐμβάλλω *make an invasion.*   [8] ἐπι-λείπω *give out.*

ταῦθα ἔμειναν ἡμέρας τρεῖς καὶ ἐπεσιτίσαντο. 14. Ἐπεὶ οἱ πελτασταί, ὑπερβαλόντες τὰ ὄρη, ἔβλεψαν τὰς σκηνάς, τοὺς ὁπλίτας οὐκ ἔμεινον, ἀλλ' ἀνακραγόντες φερόμενοι[1] ἦλθον ἐπὶ τὸ στρατόπεδον. 15. Δῆλον ἦν τοῖς Ἕλλησιν, ὅτι νικῶντες μὲν οὐδένα ἂν κατακάνοιεν, ἡττηθέντων δὲ αὐτῶν οὐδεὶς ἂν λειφθείη. 16. Τῶν Περσῶν ἐγγὺς προσελθόντων Θεμιστοκλῆς ἔπεισε τοὺς Ἀθηναίους, ἀπολιπόντας τὴν πόλιν καταφυγεῖν εἰς τὰς ναῦς, παῖδας δὲ καὶ γυναῖκας ἀγαγέσθαι εἰς τὰς νήσους. 17. Καυσιανοί, Σκυθικὸν, ἔθνος, τοὺς μὲν γιγνομένους θρηνοῦσι,[2] τοὺς δ' ἀποθανόντας μακαρίζουσιν.

18. Ποῖ[3] νῦν φύγωμεν, ποῖ τραπώμεθ', ὦ φίλοι;

B. 1. God said: "Let light be made!" and light (o) was made. 2. You may perhaps[4] escape diseases, but it is impossible to escape death. 3. At Chaeronea the Greeks lost their liberty forever.[5] 4. Wait until we have returned.[6] 5. All the Persians who escaped the Athenians at Salamis fell victims[7] to the Aeginetae. 6. After the death of Philip Alexander succeeded to the throne. 7. The Athenians banished Themistocles. He[8] fled and went to the Great King. 8. The generals were at a loss[9] which way to turn.[10] 9. The Greeks vowed to Artemis to sacrifice[11] as many[12] goats to her, as they would[13] slay enemies. 10. May God preserve[14] you all and lead[14] you home safe and sound![15]

75. SECOND AORIST PASS.—SECOND FUTURE PASS. Gr. 87.

A. 1. Διόνυσος ἐν Νάξῳ, ὡς Νάξιοι λέγουσιν, ἐτάφη. 2. Πρὸ τοῦ ἔργου βουλεύου, ἵνα μὴ μωρὸς φανῇς. 3. Ἡ ψυχὴ τοῦ σώματος ἀπαλλαγεῖσα οὐ διαφθαρήσεται. 4. Τῇ ἀδικίᾳ οὐδεὶς ἂν τοσοῦτο βλαβείη, ὅσον ὁ ἀδικήσας. 5. Οἱ τῇ τύχῃ καὶ ταῖς ἐλπίσιν ἄγαν πεπιστευκότες ταχέως ἂν σφαλεῖεν. 6. Σοφίας ὁ καρπὸς οὔποτε φθαρήσεται. 7. Ὁ θεὸς τοῖς Θηβαίοις ἐμαντεύσατο, ὅτι οὐκ ἀπαλλαγήσοιντο τῆς Σφιγγός, πρὶν ἄν τις λύσῃ τὸ αἴνιγμα. 8. Γοργίας ὁ Λεοντῖνος[16] πρεσβευτὴς εἰς Ἀθήνας ἀποσταλεὶς πολλὰ ἐθαυμάσθη ἐπὶ[17] τῇ πειθοῖ. 9. Πτολεμαίου τοῦ βασιλέως κατασφαγέντος ὑπὸ Γαλατῶν, πᾶσα ἡ τῶν Μακεδόνων

---

[1] φέρομαι run, rush. [2] θρηνέω lament. [3] whither? [4] Rule 23. [5] εἰς ἀεί.
[6] Rules 24. 25. [7] into. [8] ὁ δέ. [9] ἀπορέω, imperf. [10] τρέπομαι, aor. subj. [11] fut.
[12] as many—as; invert the order: ὁπόσους—τοσαύτας. [13] aor. opt. [14] aor.
[15] ἀβλαβής, 2. safe and sound. [16] a native of Leontini in East Sicily. [17] for, on account of.

δύναμις κατεκόπη. 10. Οἱ Ἕλληνες ἡττηθέντες ἐν Χαιρωνείᾳ οὐκέτι ἐτόλμησαν ἀντιτάξασθαι τοῖς Μακεδόσιν, ἀλλὰ διεσπάρησαν εἰς τὰς ἑαυτῶν πόλεις.

11. Ἀλέξανδρος, ἐὰν ἄριστος φανῇ στρατηγός, οὐκ ἄριστος φανήσεται ἄνθρωπος. 12. Συλλεγέντων τῶν Ἑλλήνων εἰς τὸν Ἰσθμὸν καὶ ψηφισαμένων ἐπὶ Πέρσας στρατεῦσαι, Ἀλέξανδρος ἡγεμὼν ἐκηρύχθη. 13. Τῶν Θηβῶν διαρπασθεισῶν καὶ κατασκαφεισῶν ὑπ᾽ Ἀλεξάνδρου, οἱ Ἀθηναῖοι τοὺς φυγόντας τῶν Θηβαίων ὑπεδέξαντο εἰς τὴν ἑαυτῶν πόλιν. 14. Εὐμένης ἀποθνήσκων ἔλεξεν οὐ σφαλῆναι πολεμίων ἀρετῇ, ἀλλὰ φίλων ἀπιστίᾳ. 15. Οἱ ἡμέτεροι ἱππεῖς, φυγόντες ἤδη, αὐτίκα τραπόμενοι τὴν πολεμίαν τάξιν ἐτρέψαντο.

16. Ὁ μὴ δαρεὶς ἄνθρωπος οὐ παιδεύεται.

17. Ἅπαντές ἐσμεν[1] εἰς τὸ νουθετεῖν[2] σοφοί·
αὐτοὶ δ᾽ ὅταν σφαλῶμεν, οὐ γιγνώσκομεν.

B. 1. Be not afraid, virtue (a) will prove[3] stronger than injustice (a)! 2. Solon's laws (a) were written upon tablets[4] of wood. 3. The bones of Themistocles are said to have been secretly buried at Athens by his friends. 4. Every year[5] five hundred goats were slaughtered at Athens in honor[6] of Artemis. 5. We are troubled most by misfortunes that come[7] suddenly. 6. Those who always desire more will easily be disappointed. 7. After the destruction[8] of Troy, Priam himself was cut in pieces near an altar. 8. It is said[9] that the earth was first sown by Triptolemus. 9. By death (a) we shall be freed from all sufferings. 10. A trophy is erected on the spot where[10] one has routed his enemy.

76. SECOND PERFECT. Gr. 88.

A. 1. Πολλοὶ συγγραφεῖς τὰς Ἀλεξάνδρου τοῦ μεγάλου πράξεις ἀναγεγράφασιν. 2. Θαυμάζομεν, ὅσα βεβούλευσθε καὶ ὅσα πεπράχατε. 3. Εὐθύδημος πολλὰ σοφῶν ἀνδρῶν γράμματα[11] συνήχει. 4. Λέγουσιν οἱ παρ᾽ ἡμῖν ῥήτορες, Φίλιππον πρὸς βασιλέα πεπομφέναι περὶ συμμαχίας. 5. Δαρεῖος τοὺς ἱππέας πέραν τοῦ Πινάρου[12] ποταμοῦ ἐτετάχει, ὅπως ἡ ἔκταξις[13] τῆς

---

[1] we are. [2] νουθετέω admonish. [3] show itself. [4] ἡ σανίς, ίδος. [5] κατ᾽ ἔτος. [6] for. [7] part. of φαίνομαι. [8] gen. absol. (κατα-σκάπτω). [9] personal constr. [10] on the spot where = ὅπου. Rule 25, b. [11] writings, works. [12] a river near Issus in Cilicia. [13] disposition, formation.

69

στρατιᾶς ἀσφαλῶς γένοιτο. 6. Οἱ τριάκοντα ἰδίων κερδῶν ἕνεκα πλείους ἀπεκτόνασιν Ἀθηναίων ἐν ὀκτὼ μησὶν ἢ πάντες οἱ Πελοποννήσιοι δέκα ἔτη πολεμοῦντες. 7. Δεσπόται πεφήνασιν οἱ Λακεδαιμόνιοι τῶν συμμάχων ἐλευθέρων πρότερον γενομένων.

B. 1. He had set in array. We have reared. Had you sent? She had sent. They had appeared. Have you shown? Whom have you permitted? We have turned out.
2. Quod scripsi, scripsi. 3. The king thinks he has conquered,[1] because he has slain Cyrus. 4. We are grateful to you for[2] having shown us the way. 5. The Athenians themselves have suffered[3] most by the execution[4] of Socrates. 6. Nature has ordained[5] that the body should serve, the soul rule.

N.B.—Here number 88 may be read.

77. Croesus and Adrastus.

Μετὰ Σόλωνα οἰχόμενον ἔλαβεν ἐκ θεοῦ νέμεσις μεγάλη Κροῖσον, ὅτι ἐνόμισεν εἶναι ἀνθρώπων ἁπάντων ὀλβιώτατος· αὐτίκα δ᾽ αὐτῷ καθεύδοντι ὄνειρος τὴν ἀλήθειαν ἔφηνε τῶν μελλόντων κακῶν κατὰ[6] τὸν παῖδα. Ἦσαν γὰρ τῷ Κροίσῳ δύο παῖδες, ὧν ὁ μὲν ἕτερος διέφθαρτο[7] (ἦν γὰρ κωφός), ὁ δὲ ἕτερος τῶν ἡλικιωτῶν τὰ πάντα[8] πρῶτος ἐγένετο· ὄνομα δ᾽ αὐτῷ ἦν Ἄτυς.[9] Τοῦτον δὴ τὸν Ἄτυν ἐσήμηνε τῷ Κροίσῳ ὄνειρος, ὡς τελευτήσει αἰχμῇ σιδηρᾷ ἀκοντισθείς. Ὁ δὲ ἐπεὶ ἐξηγέρθη, ταραχθεὶς τῷ ὀνείρατι, ἄγεται[10] τῷ παιδὶ γυναῖκα, ἀκόντια δὲ καὶ δόρατα καὶ τὰ τοιαῦτα πάντα ἐκ τῶν βασιλείων ἐξεκόμισεν, μή τι τὸν παῖδα βλάψειεν.

Παρασκευάζοντος[11] δὲ τὸν γάμον τοῦ παιδὸς ἀφικνεῖται εἰς τὰς Σάρδεις ἀνὴρ συμφορᾷ ἐμπεπλεγμένος[12] καὶ μεμιασμένος τὰς χεῖρας, ὢν Φρὺξ μὲν γενεᾷ, γένους δὲ βασιλείου. Παρελθὼν δὲ οὗτος εἰς τὴν Κροίσου οἰκίαν κατὰ νόμους τοὺς ἐπιχωρίους ἐδεῖτο[13] καθαρθῆναι, Κροῖσος δ᾽ αὐτὸν ἐκάθηρεν. Ἐπεὶ δὲ τὰ νομιζόμενα[14] ἐποίησεν ὁ Κροῖσος, ἠρώτησεν, ὁπόθεν τε καὶ τίς εἴη, λέγων τάδε· "Ὦ ἄνθρωπε, τίς τε ὢν καὶ πόθεν τῆς Φρυγίας ἥκων

---

[1] pres. inf. Gr. 168, 1. note 2. [2] *because you have shown.* [3] *been injured* (βλάπτω). [4] perf. part. ἀπο-κτείνω. [5] *has enjoined upon the body* (dat.) *to serve* etc. [6] *concerning.* [7] here: *injured, maimed ; he had a natural defect.* [8] *in every respect.* Gr. 141. [9] Gr. 157, note. [10] *he brings home . . . , he marries his son.* [11] sc. αὐτοῦ. [12] ἐμ-πλέκω τινί *involve in.* [13] δέομαι *beg.* [14] *ceremonies, rites.*

ἐφέστιος[1] ἐμοὶ ἐγένου; τίνα τε ἀνδρῶν ἢ γυναικῶν ἐφόνευσας; "
Ὁ δὲ ἀπεκρίνατο· "Ὦ βασιλεῦ, Γορδίου μὲν τοῦ Μίδου εἰμὶ
παῖς, ὀνομάζομαι δὲ Ἄδραστος· φονεύσας δὲ ἀδελφὸν ἐμαυτοῦ
ἄκων, πάρειμι πεφυγαδευμένος ὑπὸ τοῦ πατρὸς καὶ ἐστερημένος
5 πάντων." Κροῖσος δ᾽ αὐτῷ ἀπεκρίνατο τάδε· " Ἀνδρῶν τε φίλων
τυγχάνεις ἔκγονος ὤν[2] καὶ ἥκεις εἰς φίλους, ἔνθα ἀπορῶν μὲν
χρήματος οὐδενὸς μενεῖς· τὴν συμφορὰν δὲ ταύτην ὡς κουφότατα
φέρων κερδανεῖς πλεῖστα."

Οὗτος μὲν δὴ παρὰ Κροίσῳ ᾤκει, ἐν δὲ τῷ αὐτῷ χρόνῳ τούτῳ
10 ἐλθόντες παρὰ τὸν Κροῖσον τῶν Μυσῶν ἄγγελοι ἔλεγον τάδε
"Ὦ βασιλεῦ, σῦς μέγιστος ἐφάνη ἡμῖν ἐν τῇ χώρᾳ, ὃς τοὺς
ἀγροὺς διαφθείρει· τοῦτον ζωγρῆσαι[3] οὐχ οἷοί τε ἦμεν.[4] Νῦν
οὖν αἰτούμεθά σε, τὸν παῖδα καὶ νεανίας ἐξαιρέτους[5] καὶ κύνας
συμπέμψαι ἡμῖν, ὅπως αὐτὸν φυγαδεύσωμεν ἐκ τῆς χώρας."
15 Κροῖσος δὲ μνήμων τοῦ ὀνείρατος οὐκ ἐβούλετο συμπέμψαι τὸν
υἱόν· ὁ δὲ ἀκούσας τὸ πρᾶγμα πολλὰ ἐδεῖτο,[6] λέγων, ἐπεὶ οὐ πρὸς
ἄνδρας γίγνοιτο ἡ μάχη, τὸν πατέρα μάτην[7] φοβεῖσθαι αἰχμὴν
σιδηρᾶν.

Πεισθεὶς οὖν τοῖς Ἄτυος λόγοις μεταπέμπεται Κροῖσος τὸν
20 Φρύγα Ἄδραστον, ἀφικομένῳ δ᾽ αὐτῷ λέγει τάδε· " Ἐγώ σε
ἐμπεπλεγμένον συμφορᾷ, ἥν σοι οὐκ ὀνειδίζω, ἐκάθηρα, καὶ οἰκίᾳ
δεξάμενος παρέχω πᾶσαν δαπάνην· νῦν οὖν φύλακα παιδός σε
τοῦ ἐμοῦ χρῄζω γενέσθαι εἰς θήραν ὁρμωμένου, ὅπως μή τινες
κακοῦργοι καθ᾽ ὁδὸν φανέντες βλάψωσιν ὑμᾶς." Ὁ δὲ ταῦτα
25 ποιεῖν ἕτοιμος ἦν καί· " Τὸν παῖδα τὸν σόν," ἔφη, "ὃν κελεύεις
με φυλάττειν, ἀβλαβῆ τοῦ φυλάττοντος ἕνεκα[8] ἐπανελθεῖν πέ-
πεισο." Ἐλθόντες οὖν εἰς τὸν Ὄλυμπον[9] τὸ ὄρος ἐζήτουν τὸ
θηρίον, ἰχνεύσαντες[10] δὲ ἐκυκλοῦντο καὶ ἠκόντιζον. Ἔνθα δὴ[11]
Ἄδραστος, ὁ ξένος, ἀκοντίζων τὸν ὗν, τοῦ μὲν ἁμαρτάνει, τυγχάνει
30 δὲ τοῦ Κροίσου παιδός.

Ἔθει δέ τις ἀγγελῶν τῷ Κροίσῳ τὴν συμφοράν, ἀφικόμενος
δὲ εἰς τὰς Σάρδεις τήν τε μάχην καὶ τὴν τοῦ παιδὸς τύχην ἐσή-
μηνεν αὐτῷ. Ὁ δὲ Κροῖσος τῷ θανάτῳ τοῦ παιδὸς τεταραγμένος

---

[1] suppliant; see Less. 78, A. 11.   [2] τυγχάνω ὤν am by chance, happen to be.
Gr. 202, 1. a.   [3] ζωγρέω catch alive.   [4] eramus.   [5] ἐξαίρετος, 2. select.   [6] δέομαι
beg.   [7] without reason.   [8] as far as depends on his guardian.   [9] a mountain on the
frontiers of Mysia and Phrygia.   [10] ἰχνεύω track, trace.   [11] Gr. 69, note 1.

μάλιστ᾽ ἐχαλέπαινεν, ὅτι τὸν υἱὸν ἀπέκτεινεν ἐκεῖνος, ὃν αὐτὸς φόνῳ μεμιασμένον ἐκάθηρεν. Μετ᾽ ὀλίγον δὲ χρόνον παρεγένοντο μὲν οἱ Λυδοὶ φέροντες τὸν νεκρόν, ὄπισθεν δὲ ἑπόμενος παρεγένετο καὶ ὁ φονεύς. Ἐλθὼν δὲ πρὸ τοῦ νεκροῦ ἐπέτρεπεν ἑαυτὸν Κροίσῳ,
5 προτείνων τὰς χεῖρας καὶ κατασφάξαι αὐτὸν κελεύων ἐπὶ τῷ τοῦ τετελευτηκότος τάφῳ.

Ἀκούσας δὲ ταῦτα ὁ Κροῖσος αὐτὸν οἰκτίρει, καίπερ¹ ὢν ἐν κακῷ οἰκείῳ τοσούτῳ, καὶ λέγει πρὸς αὐτόν· "Ἔχω, ὦ ξένε, παρὰ σοῦ πᾶσαν τὴν δίκην,² ἐπειδὴ σεαυτοῦ καταγιγνώσκεις³ θάνατον·
10 ἀλλ᾽ οὐ σύ μοι τοῦδε τοῦ κακοῦ αἴτιος εἶ,⁴ ἀλλὰ θεῶν τις, ὅς μοι καὶ πάλαι προεσήμαινε τὰ μέλλοντα." Κροῖσος μὲν οὖν ἔθαψε τὸν ἑαυτοῦ παῖδα· Ἄδραστος δέ, φονεὺς μὲν τοῦ ἑαυτοῦ ἀδελφοῦ γενόμενος, φονεὺς δὲ τοῦ Ἄτυος, τοῦ παιδὸς τοῦ καθήραντος, ἐπεὶ ἡσυχία τῶν ἀνθρώπων ἐγένετο περὶ τὸ σῆμα, πάντων ἀνθρώπων
15 δυστυχέστατος εἶναι οἰόμενος, ἐπὶ τῷ τάφῳ κατέσφαξεν ἑαυτόν.

PECULIARITIES IN THE INFLECTION OF REGULAR VERBS IN -ω.

78. AUGMENT AND REDUPLICATION. Gr. 89.

A. 1. Οἱ Εἵλωτες τοῖς Λακεδαιμονίοις εἰργάζοντο τὴν γῆν. 2. Αἱ ἐλαῖαι τοῖς τὴν Ἀττικὴν γῆν οἰκοῦσι μεγάλην ὠφέλειαν παρεῖχον. 3. Μνάσιππος ἐδῄου τὴν τῶν Κερκυραίων χώραν κάλλιστα εἰργασμένην καὶ πεφυτευμένην. 4. Ὁ Ἀλκμήνης ἐν Ἁλιάρτῳ τάφος Ἀγησιλάου κελεύσαντος ἀνεῴχθη. 5. Οἱ Λακεδαιμόνιοι καὶ οἱ Κρῆτες συμποσίων ἀπείχοντο. 6. Θαλῆς ἐρωτηθείς, τί παραδοξότατον⁵ εἴη ἑωρακώς, ἀπεκρίνατο· "τύραννον γέροντα." 7. Σωκράτης ἐν τῷ δεσμωτηρίῳ πολλὰ διελέχθη τοῖς φίλοις περὶ τοῦ θανάτου καὶ τῆς ψυχῆς. 8. Πᾶσιν ἀνθρώποις ὥρισται ἀποθανεῖν, ἀλλ᾽ ἀγνοοῦσι⁶ πάντες, τίνι ἡμέρᾳ αἱ ἐι Ἅιδου πύλαι ἑκάστῳ ἀνεῳγμέναι εἰσίν. 9. Τῶν ἄλλων εἰωθότωι ἐν τοῖς δικαστηρίοις πρὸς χάριν⁷ τε τοῖς δικασταῖς διαλέγεσθαι καὶ δεῖσθαι⁸ παρὰ τοὺς νόμους, Σωκράτης οὐδὲν ἐβούλετο τῶν εἰωθότων ἐν τῷ δικαστηρίῳ παρὰ τοὺς νόμους ποιῆσαι.

---

¹ Rule 31. ² here: *satisfaction*. ³ καταγιγνώσκω (τινὸς) θάνατον *declare (some one) guilty of death*. ⁴ *you are*. ⁵ παράδοξος, 2. *contrary to expectation*. ⁶ ἀγνοέω *do not know*. ⁷ πρὸς χάριν *towards one's gratification* = *to please*. ⁸ δέομαι *beg, entreat*.

10. Τυραννίσι μᾶλλον, ὦ Λακεδαιμόνιοι, ἢ πολιτείαις[1] ἐοίκατε ἤδεσθαι. 11. Θεμιστοκλῆς, παρ᾽ Ἄδμητον τὸν Μολοσσῶν βασιλέα ἐλθών, ἱκέτης γενόμενος ἐπὶ τὴν ἑστίαν ἐκαθέζετο. 12. Οὐκ ἠνείχοντο οἱ Ἀθηναῖοι τῶν ῥητόρων ἀληθευόντων καὶ ἐπιτιμώντων τοῖς τοῦ δήμου ἁμαρτήμασιν. 13. Οὐκ ἠναντιώθη Σωκράτει τὸ εἰωθὸς ἐκ τοῦ θεοῦ σημεῖον διὰ πάσης τῆς δίκης.[2] 14. Ἐπεὶ οἱ Ἕλληνες ἑώρων ἐπὶ τοῦ ὄρους τοὺς Καρδούχους πολλοὺς συνειλεγμένους ἐν τοῖς ὅπλοις, πολλὴ αὐτοῖς ἐνέπεσεν ἀθυμία.

15. Κρύψῃς πρὸς ἡμᾶς μηδέν, ὧν[3] ἀκήκοας.

B. 1. The Gorgons[4] had hands of brass and wings of gold. 2. The wealthy Athenians kept[5] many slaves who worked the soil. 3. The Persians accustomed their sons and daughters from childhood[6] always to speak the truth. 4. The soldiers followed Alexander wherever[7] he wished. 5. Themistocles did not sleep on account of the fame of Miltiades. 6. Who would not gladly[8] converse with wise men? 7. Socrates was accustomed to inquire about things which he knew better than those whom he questioned.[9] 8. Cerberus guarded the gates of Hades and suffered[10] no one to ascend[11] to the upper world.[12] 9. Aristides had heard that[13] the Peloponnesians were hastening to conduct their ships to the Isthmus. 10. Neoptolemus was in every respect[14] like his father. 11. Most Athenians (a) could not bear to[15] hear the truth. 12. Socrates alone opposed the unlawful condemnation[16] of the generals.

79. FUTURE AND AORIST. — FUTURE PERFECT. Gr. 90 and 79, 7.

A. 1. Σόλων ἔλεγεν οὐδένα μακαριεῖν, πρὶν ἂν εὖ τελευτήσῃ τὸν βίον. 2. Ὅτῳ δοκεῖ ταῦτα, ἀράτω τὴν χεῖρα. 3. Ἐπειδὰν τελευτήσωμεν, οἱ λόγοι οἱ περὶ ἡμῶν σεσιγήσονται. 4. Ἐπεὶ Ξενοφῶν ἐσπείσατο πρὸς τοὺς βαρβάρους, ἐπηγγείλαντο διαβιβᾶν τοὺς Ἕλληνας εἰς τὸ πέραν τοῦ ποταμοῦ. 5. Μὴ φρόντιζε μόνον, ὅπως τὸ σῶμα γυμνάσεις, ἀλλὰ καὶ ὅπως τὴν ψυχὴν ἐθιεῖς σπουδάσαι περὶ τὴν ἀρετήν· οὕτω γὰρ ἀσφαλῆ ἀγαθὰ ποριῇ. 6. Μίλων ὁ ἐκ Κρότωνος ἀθλητὴς ταῦρον ἀράμενος ἐν Ὀλυμπίᾳ ἔφερε διὰ μέσου[17] τοῦ σταδίου. 7. Χάριν κομιεῖσθε καὶ ἔπαινον, εἰ τοῖς

---

[1] here: *democracy, free republic.* [2] here: *trial.* [3] = τούτων, ἅ. [4] αἱ Γοργόνες. [5] ἔχω or τρέφω. [6] *a pueris.* [7] ὅποι w. opt. [8] adj., Gr. 115, 1. [9] *the questioned.* [10] ἐάω w. inf.; or accdg. to A. 12. [11] ἀνέρχομαι, aor. [12] *to* (πρός) *the light.* [13] acc. w. pres. part. [14] Greek acc. πάντα. [15] part. [16] ἡ κατάγνωσις. [17] *through* (*the midst of*) *the st.* Gr. 122, 2.

ἀνθρώποις μὴ μόνον λόγοις, ἀλλὰ καὶ ἔργοις ἀποφανεῖσθε εὔνοιαν.
8. Παυσανίας ἐπαρθεὶς ταῖς εὐτυχίαις τὴν τῶν Περσῶν τροφὴν
καὶ σκευὴν ἐμιμήσατο. 9. Τῷ πολέμῳ τά τε χρήματα καὶ αἱ ψυ-
χαὶ κεκινδυνεύσονται.¹ 10. Οἱ ὑπὲρ τῆς πατρίδος τελευτήσαντες
ἀεὶ τετιμήσονται. 11. Φίλος ἡμῖν οὐδεὶς λελείψεται. 12. Ἐπί-
ταξον καὶ πεπράξεται. 13. Εἰ ἐθέλεις ἐκτὸς δούλων εἶναι, αὐτὸς
ἀπόλυσαι δουλείας· ἀπολελύσῃ δὲ δουλείας, ἐὰν ἀπολυθῇς ἐπι-
θυμίας.

B. 1. God will end everything successfully²; for nothing is
impossible to Him. 2. As³ you sow, so you will reap.⁴ 3. What-
ever³ one acquires by injustice, will quickly perish. 4. Pride⁵
caused the fall of many whom fortune had raised⁶ up. 5. The
Persians came with⁷ a large army in order to destroy Athens. 6. Try
to acquire those goods which you may keep⁸ forever. 7. Your
uniform will rest with you in the grave!⁹ 8. Beautiful deeds will
never wholly pass away,¹⁰ but their memory and fame will last¹¹
forever.¹²

80. CONTRACT VERBS. Gr. 91, 1-3.

A. 1. Οὐ πολὺν χρόνον ζῶμεν, ἡ δὲ ψυχὴ ἀθάνατος ζῇ διὰ
παντός.¹³ 2. Κορσωτὴ¹⁴ ἡ πόλις περιερρεῖτο ὑπὸ τοῦ Μάσκα¹⁵ πο-
ταμοῦ κύκλῳ. 3. Οἱ Μασσαγέται τὴν γῆν οὔτ' εἰργάζοντο οὔτε
ἔσπειρον, ἀλλ' ἀπὸ βοσκημάτων¹⁶ ἔζων καὶ ἰχθύων. 4. Πῶς ἂν
ἄριστα καὶ δικαιότατα ζῶμεν; Ἐάν, ἃ τοῖς ἄλλοις ἐπιτιμῶμεν,
αὐτοὶ μὴ δρῶμεν. 5. Ἐβουλεύσαντο, εἰ Κῦρον πλοῖα αἰτοῖεν, ἵνα
οἴκαδε ἀποπλέοιεν. 6. Ὅταν βορρᾶς¹⁷ πνέῃ, καλοὶ οἱ πλοῖ εἰσιν
ἐκ τοῦ Πόντου εἰς τὴν Ἑλλάδα. 7. Κῦρος τοσοῦτον χρόνον ηὔχετο
ζῆν, ἕως νικῴη καὶ τοὺς εὖ καὶ τοὺς κακῶς ποιοῦντας.¹⁸ 8. Αἱ ἄρι-
σται δοκοῦσαι εἶναι φύσεις μάλιστα παιδείας δέονται. 9. Κίμων
ὁ Μιλτιάδου τὰ χρήματα ἐκτᾶτο μέν, ἵνα χρῷτο, ἐχρῆτο δέ, ἵνα
τιμῷτο. 10. Μηδένα φίλον ποιοῦ, πρὶν ἂν ἐξετάσῃς, πῶς κέχρη-
ται τοῖς ἄλλοις φίλοις· καὶ σοὶ γὰρ χρήσεται οὕτως, ὡς ἐκείνοις
ἐχρήσατο. 11. Διογένης παντὶ τόπῳ ἐχρῆτο εἰς πάντα, ἀριστῶν
τε καὶ καθεύδων καὶ διαλεγόμενος.

---

¹ κινδυνεύω here: *endanger*. ² λαμπρῶς. ³ relat. w. ἄν and subj. Rule 25, b.
⁴ θερίζω. ⁵ *to be proud*. ⁶ aor. opt. ⁷ dat. ⁸ *you will always possess*. ⁹ *will have
been buried.* ¹⁰ *be destroyed.* ¹¹ λείπομαι. ¹² εἰς ἀεί. ¹³ sc. τοῦ αἰῶνος (*eternity.*
Less. 20). ¹⁴ a city in Mesopotamia. ¹⁵ ὁ Μάσκας, ᾶ. Gr. 29, 3. ¹⁶ τὸ βόσκημα
(*herd of*) cattle. ¹⁷ Gr. 60. ¹⁸ sc. αὐτόν.

12. Ὁ μηδὲν ἀδικῶν οὐδενὸς δεῖται νόμου.

13. Θεοῦ βίον ζῆν ἀξιοῖς ἄνθρωπος ὤν;

14. Θεοῦ θέλοντος κἂν ἐπὶ ῥιπὸς¹ πλέοις.

B. 1. It is better to die, if you live in misery.² 2. I can not envy him who acquires, but does not³ use, his riches. 3. From Nestor's tongue (a) words (a) flowed sweeter⁴ than honey.⁵ 4. The Tyrians resolved to engage in a naval battle, if Alexander should sail against them. 5. Use your ears more than your tongue! 6. The Phrygians did not make use of oaths. 7. We are supporting his mother, as long as⁶ she lives. 8. It is a good sign⁷ to have friends, but a bad sign⁷ to stand in need of them. 9. God often accomplishes great things (o), making use of a small and weak man. 10. Why⁸ should the just stand in need of laws? 11. Help those that need your help!

81. Gr. 91, 4-7.

A. 1. Μὴ γελάσῃς ἐπ' ἄλλων ἀτυχίᾳ. 2. Οὐ πάντα ἀνθρώπῳ τελεσθείη ἂν κατὰ γνώμην. 3. Ἱστιαῖος εἰς Χίον ἐλθὼν ἐδέθη ὑπὸ Χίων. 4. Ὁ μηδὲν ἀδικῶν τοὺς ἄρχοντας αἰδέσεται, ἀλλ' οὐ φοβήσεται. 5. Τὸ δεθὲν πᾶν λυτόν ἐστιν. 6. Ὥσπερ τὸ σῶμα τῆς ψυχῆς ἐστερημένον πίπτει, οὕτω καὶ πόλις ἂν νόμων μὴ ὄντων καταλυθείη. 7. Εἴκοσι καὶ τετρακόσιοι Σπαρτιᾶται ὑπὸ τῶν Ἀθηναίων κατεκλείσθησαν ἐν Σφακτηρίᾳ. 8. Πάντας ὑμᾶς ἐπῄνεσεν ὁ στρατηγός· τὸ γὰρ γενόμενον ἔργον πᾶσιν ὑμῖν⁹ καλὸν τετέλεσται. 9. Λέγουσι μετὰ τὴν ἐν Μαραθῶνι μάχην ἐν Ἀθήναις τυθῆναι πεντακοσίας αἶγας. 10. Τὰ τοῖς νόμοις κεκελευσμένα τελεσθήτω, ἐάν τε ἡδέα ᾖ ἐάν τε¹⁰ πικρά. 11. Δεινὴ ὕβρις ἐνομίζετο, τὸν ἱκέτην βίᾳ ἀποσπάσαι τοῦ βωμοῦ. 12. Οἱ ἄνθρωποι εἰώθασιν ἀνδρὶ εὐκλεεῖ ζῶντι μὲν φθονῆσαι, ἀποθανόντα δὲ ἐπαινέσαι.

13. Ἄλλῳ πονοῦντι ῥᾴδιον παραινέσαι.

B. 1. I shall not praise him who speaks well¹¹ and does evil.¹¹ 2. Actaeon is said to have been torn to pieces by his own dogs. 3. The animals sacrificed by the generals were acceptable to the gods. 4. Fear nothing, all will succeed¹² well. 5. Arcadia is shut in on every side by mountains. 6. Prometheus was chained to the

---

¹ ἡ ῥάψ, πός reed. ² unhappy. ³ οὐκ, οὐδέ or μή, μηδέ? Rule 14. ⁴ adj. ⁵ τὸ μέλι, τος. ⁶ Rules 24. 25, b. ⁷ it is beautiful — but worse. ⁸ τί; Gr. 141; follows opt. w. ἄν. ⁹ = ὑπὸ πάντων ὑμῶν. Gr. 157, 2. ¹⁰ ἐάν τε — ἐάν τε sive — sive. ¹¹ neut. pl. of adj. ¹² be accomplished.

75

Caucasus[1] for (*acc*) many years. 7. Whatever[2] will be commanded by the generals, you should not criticise, but carry out as quickly as possible. 8. It matters not,[3] whether[4] you[4] be chained with gold or iron. 9. Let not your doors be closed to the supplicant!

82. VERBS WITH SEVERAL PECULIARITIES. Gr. 92.

A. 1. Ὀρέστης τὴν μητέρα ἀπεκτονὼς ὑπὸ τῶν ἐξ Ἀρείου πάγου[5] ἐκρίθη. 2. Τέταται ἤδη τὰ ἱστία· ταχέως ὁ πλοῦς περανθήσεται. 3. Φυγαδεύετε ἐκ τῶν ψυχῶν τὰς πρὸς τὰ κακὰ κεκλιμένας ἐπιθυμίας. 4. Σεύθης ὁ τῶν Ὀδρυσῶν βασιλεὺς Ξενοφῶντα καὶ τοὺς ἄλλους τῶν Ἑλλήνων ἡγεμόνας εἰς δεῖπνον ἐκάλεσεν. 5. Τοὺς μὲν ἄλλους σεσώκατε πολλάκις πάντας, τὰ δ᾽ ὑμέτερ᾽ ἀποβεβληκότες ἡσυχάζετε. 6. Ἀεὶ ἡ σοφία ἄριστον κτῆμα κέκριται καὶ κριθήσεται ὑπὸ σωφρόνων. 7. Τὸ σημεῖον τῶν Περσικῶν βασιλέων ἦν ἀετὸς χρυσοῦς ἐπὶ δόρατος μακροῦ ἀνατεταμένος. 8. Ἐξ αἰσχρῶν κερδῶν τοὺς πλείονας[6] βλέψειας ἂν διεφθαρμένους ἢ σεσωσμένους.

9. Ἠρώτησαν, ὅτου ἕνεκα τὰ πυρὰ κατακεκαυμένα εἴη. 10. Σιλανὸς ὁ μάντις σεσωκὼς τοὺς τρισχιλίους δαρεικούς, οὓς παρὰ Κύρου ἔλαβεν, ἐβούλετο ὡς τάχιστα εἰς τὴν Ἑλλάδα ἀφικέσθαι. 11. Θρᾳκῶν τοῖς εὐδαίμοσι ταφαί εἰσιν αἵδε· τρεῖς μὲν ἡμέρας ἐν φανερῷ[7] ἀποφαίνουσι τὸν νεκρόν, καὶ παντοῖα σφάξαντες ἱερεῖα εὐωχοῦνται,[8] κλαύσαντες πρῶτον· ἔπειτα δὲ θάπτουσι κατακαύσαντες ἢ γῇ κρύψαντες, χῶμα δὲ χώσαντες[9] ἀγῶνας ποιοῦσι παντοίους, ἐν οἷς μέγιστα ἆθλα προπέφανται[10] τοῖς νενικηκόσιν.

12. Ἀεὶ (δ᾽) ὁ σωθείς ἐστιν ἀχάριστος φύσει.

13. Οὔτινος[11] δοῦλοι κεκλήμεθ᾽ ἀνδρὸς οὐδ᾽ ὑπήκοοι.

B. 1. Judge[12] not, that you may not be judged![12] 2. The Athenians burned the books of Protagoras in the market-place. 3. Socrates wished rather to die[12] innocent than be saved[12] by unlawful means. 4. Friends and flatterers[13] can often be distinguished[12] only with difficulty.[14] 5. Your very[15] lengthy discourse did not please everybody. 6. The corpse of a Persian[16] is not buried until[17] it is

[1] ὁ Καύκασος τὸ ὄρος. [2] Rule 25, b. [3] οὐδὲν διαφέρει. [4] perf. inf. [5] οἱ ἐξ Ἀρείου πάγου those from (= on) the hill of Ares. See Less. 44, A. 10. [6] Gr. 117, n. 1. [7] publicly. [8] εὐωχέομαι feast. [9] χῶμα χοῦν to raise a sepulchral mound. [10] are proposed, offered; literally? [11] Οὔτις = Mr. Nobody. [12] aor. [13] ὁ κόλαξ, κος. [14] only w. diff. χαλεπῶς. [15] μακράν. [16] add: ἀνήρ. [17] Rules 24. 25.

mangled by a dog or a bird.   7. The poets will sing the praises of [1] him who [2] saves our freedom.   8. We hope that you will be the bravest man in the army.   9. Odysseus easily drew the bow which the suitors tried to draw in vain.[3]   10. If you do this, you will be called a coward by all the brave.

83. DUAL. Gr. 71; 96.—ATTIC DECLENSION. Gr. 35.

A. 1. Φινεὺς ὁ μάντις τὼ ὀφθαλμὼ πεπηρωμένος [4] ἦν, ὥσπερ καὶ Τειρεσίας ὁ Θηβαῖος.   2. Ὁ Ἅλυς ποταμὸς τὸ εὖρος οὐ μεῖον δυοῖν σταδίοιν ἐστίν.   3. Ἀδύνατόν ἐστι δυοῖν δεσπόταιν δουλεῦσαι.   4. Ἡρόδωρος ὁ Μεγαρεὺς σαλπίζων [5] ἅμα δυοῖν σαλπίγγοιν ἐνίκησεν ἐκκαιδεκάκις.   5. Τί ἐστι φιλία; Μία ψυχὴ ἐν δυοῖν σωμάτοιν.   6. Τὼ Ξενοφῶντος παῖδε, Γρύλλος καὶ Διόδωρος, ἐπεπαιδεύσθην ἐν Σπάρτῃ.   7. Ἐν τοῖς Μηδικοῖς [6] Λεωνίδας καὶ Θεμιστοκλῆς μάλιστα ἐθαυμασθήτην καὶ ἐπῃνεθήτην.   8. Καμβύσης καὶ Ξέρξης, τὼ τῶν Περσῶν τυράννω, πολλὰ σφαλέντε ἀπεθανέτην.   9. Χειρίσοφος μὲν ἡγεῖτο Λακεδαιμόνιος ὤν, τῶν δὲ κεράτων ἑκατέρων δύο τὼ πρεσβυτάτω στρατηγὼ ἐπεμελέσθην, Ξενοφῶν δὲ καὶ Τιμασίων οἱ νεώτατοι ὠπισθοφυλακείτην.[7]   10. Φίλιππος γενόμενος κριτὴς δυοῖν πονηροῖν ἐκέλευσε τὸν μὲν φεύγειν ἐκ Μακεδονίας, τὸν δὲ ἕτερον διώκειν.   11. Ἀλυάττης πολεμῶν τοῖς Μιλησίοις λήιόν [8] τι ἧψεν· ἡ δὲ φλὸξ ἀνέμῳ προαχθεῖσα ἥψατο τοῦ Ἀθηνᾶς νεώ, ἀφθεὶς δὲ ὁ νεὼς κατεκαύθη.   12. Τῆς Σικελίας τὰ μὲν πρὸς ἔω κεκλιμένα μέρη ᾤκουν Σικελοί, τὰ δὲ πρὸς ἑσπέραν Σικανοί.   13. Πρωτεὺς ὑπὸ Μενέλεω ἠναγκάσθη μαντεύσασθαι αὐτῷ.   14. Οἱ Πελοποννήσιοι ἡττηθέντες ἅμα ἔῳ ἔπλεον ἐπὶ τὴν ἑαυτῶν γῆν.   15. Εἰ ἐθέλεις τοὺς θεοὺς σοὶ ἵλεως εἶναι, θυτέον τοῖς θεοῖς.

B. 1. Athena and Poseidon were especially honored by the Athenians.   2. These two boys have been educated by the same teacher.   3. The Persians burned even the temples of Greece.   4. In the Grecian army, the two brothers Agamemnon and Menelaus were esteemed most of all.   5. Achilles and Patroclus were friends from their boyhood,[9] for they had been brought up together in the house of Peleus.   6. The Hindus live in [10] the East.

---

[1] sing the pr. of λαμπρύνω τινά.   [2] Rules 24. 25.   [3] μάτην.   [4] πηρόω disable, injure, maim.   [5] σαλπίζω blow the trumpet.   [6] L. 47, 4.   [7] ὀπισθοφυλακέω bring up the rear.   [8] τὸ λήιον corn-field.   [9] ἐκ παίδων.   [10] πρός w. acc.

SELECTIONS FOR READING.

84. The Ten Thousand in the Territory of the Macrones.

Ἐκ τῶν Σκυθηνῶν¹ ἐπορεύθησαν οἱ Ἕλληνες διὰ Μακρώνων σταθμοὺς τρεῖς, παρασάγγας δέκα. Τῇ πρώτῃ δὲ ἡμέρᾳ ἀφί- κοντο ἐπὶ τὸν ποταμόν, ὃς ὥριζε τὴν τῶν Μακρώνων καὶ τὴν τῶν Σκυθηνῶν χώραν. Εἶχον² δὲ ὑπὲρ δεξιῶν χωρίον ὡς³ χαλεπώτατον ᵥκαὶ ἐξ ἀριστερᾶς ἄλλον ποταμόν, εἰς ὃν ἐνέβαλλεν ὁ ὁρίζων, δι᾽ οὗ ἔδει πορευθῆναι. Ἦν δὲ οὗτος δασὺς δένδροις παχέσι μὲν οὔ,⁴ πυκνοῖς δέ. Ταῦτ᾽, ἐπεὶ προσῆλθον, οἱ Ἕλληνες ἔκοπτον, σπεύ- δοντες ἐκ τοῦ χωρίου ὡς τάχιστα ἐξελθεῖν. Οἱ δὲ Μάκρωνες, ἔχοντες γέρρα καὶ λόγχας καὶ τριχίνους⁵ χιτῶνας, πέραν τῆς ₁₀διαβάσεως παρατεταγμένοι ἦσαν καὶ ἀλλήλοις διεκελεύοντο καὶ λίθους εἰς τὸν ποταμὸν ἔρριπτον· ἐξικνοῦντο γὰρ οὔ, οὐδ᾽ ἔβλαπτον οὐδέν.

Ἔνθα δὴ⁶ προσέρχεται Ξενοφῶντι τῶν πελταστῶν ἀνὴρ Ἀθήνησι⁷ φάσκων⁸ δεδουλευκέναι, λέγων ὅτι γιγνώσκοι τὴν ₁₅φωνὴν τῶν ἀνθρώπων. Καὶ οἶμαι, ἔφη, ἐμὴν ταύτην⁹ πατρίδα εἶναι· καὶ εἰ μή τι κωλύει, ἐθέλω αὐτοῖς διαλεχθῆναι. Οὐδὲν κωλύει, ἔφη, ἀλλὰ διαλέγου καὶ ἐρώτησον πρῶτον, τίνες εἰσίν. Οἱ δ᾽ ἔλεξαν ἐρωτήσαντος,¹⁰ ὅτι¹¹ Μάκρωνες. Ἐρώτα τοίνυν,¹² ἔφη, αὐτούς, τί ἀντιτεταγμένοι εἰσὶ καὶ χρῄζουσιν ἡμῖν πολέμιοι εἶναι. ₂₀Οἱ δ᾽ ἀπεκρίναντο· Ὅτι καὶ ὑμεῖς ἐπὶ τὴν ἡμετέραν χώραν ἔρχεσθε. Λέγειν ἐκέλευον οἱ στρατηγοί, ὅτι¹¹ οὐ κακῶς γε ποιήσοντες, ἀλλὰ βασιλεῖ πολεμήσαντες ἀπερχόμεθα εἰς τὴν Ἑλλάδα, καὶ ἐπὶ θάλατταν βουλόμεθα ἀφικέσθαι. Ἠρώτων ἐκεῖνοι, εἰ πορίσειαν ἂν τούτων τὰ πιστά.¹³ Οἱ δ᾽ ἔλεξαν πορίσαι τε καὶ λαβεῖν ἐθέ- ₂₅λειν. Ἔπειτα πορίζουσιν οἱ Μάκρωνες βαρβαρικὴν λόγχην τοῖς Ἕλλησιν, οἱ δὲ Ἕλληνες ἐκείνοις Ἑλληνικήν· ταῦτα γὰρ ἔλεξαν πιστὰ εἶναι· θεοὺς δὲ μάρτυρας ἐπεκαλέσαντο ἑκάτεροι.

---

¹ the Σκυθηνοί and Μάκρωνες were tribes living in Northwestern Armenia, south of Trapezus. ² Gr. 89, 1. ³ Gr. 115, 2. ⁴ Gr. 8, 2. b. ⁵ τρίχινος, 3. made of hair (θρίξ). ⁶ at that moment, just then. Gr. 69, 1. ⁷ Gr. 51. ⁸ φάσκω say, assert. ⁹ Gr. 114, 5. ¹⁰ sc. αὐτοῦ. ¹¹ ὅτι sometimes serves to introduce a direct quotation; it is then not translated. ¹² igitur. ¹³ pledges, guarantees.

Μετὰ δὲ τὰ πιστὰ οἱ Μάκρωνες τὰ δένδρα συνεξέκοπτον[1] τήν τε ὁδὸν ὡδοποίουν ὡς διαβιβῶντες ἐν μέσοις τεταγμένοι τοῖς Ἕλλησι, καὶ ἀγορὰν παρεῖχον, καὶ προήγαγον ἐν τρισὶν ἡμέραις, ἕως ἐπὶ τοὺς Κόλχων ὄρους ἔπεμψαν τοὺς Ἕλληνας.

85. Croesus and the Delphian God.

Σάρδεων ἐκπολιορκηθεισῶν αὐτὸν Κροῖσον ἐζώγρησαν οἱ Πέρσαι, ἄρξαντα ἔτη τέτταρα καὶ δέκα, καὶ τέτταρας καὶ δέκα ἡμέρας πολιορκηθέντα. Λαβόντες δὲ αὐτὸν οἱ στρατιῶται ἤγαγον παρὰ Κῦρον· ὁ δὲ ἀνεβίβασεν ἐπὶ πυρὰν μεγάλην τὸν ἐν πέδαις δεδεμέ-
5 νον βασιλέα. Ἀκούσας γὰρ τὸν Κροῖσον εὐσεβῆ ὄντα ἐβούλετο γιγνώσκειν, εἴ τις τῶν δαιμόνων αὐτὸν σώσει ὥστε μὴ ζῶντα κατακαυθῆναι. Τῷ δὲ Κροίσῳ ὄντι ἐπὶ τῆς πυρᾶς τὸ[2] τοῦ Σόλωνος εἰσῆλθε[3] λέξαντος, πρὶν ἂν εὖ τελεσθῇ ὁ βίος, οὐδένα τῶν ζώντων ὄλβιον ὀνομαστέον εἶναι. Ὡς δ' εἰσῆλθεν αὐτῷ, τρὶς ἀναστενάξας[4]
10 ἐκάλεσε· "Σόλων." Καὶ ὁ Κῦρος ἀκούσας ἐκέλευσε τοὺς ἑρμηνέας ἐρωτῆσαι τὸν Κροῖσον, τίνα οὕτως ἐπικαλοῖτο. Οἱ δὲ ἑρμηνεῖς ἀποσταλέντες, ἐπεὶ πάντα ἤκουσαν, ἀπήγγειλαν τῷ βασιλεῖ.

Ὁ δέ, οἰκτίρας μὲν τὴν τῆς τύχης μεταβολήν,[5] ἐνθυμηθεὶς δέ, ὅτι, καὶ αὐτὸς ἄνθρωπος ὤν, ἄλλον ἄνθρωπον, γενόμενον ἑαυτοῦ
15 εὐδαιμονίᾳ οὐκ ἐλάττω, εἰς πῦρ ζῶντα ἐμβάλοι, ὡς τάχιστα τὸ καιόμενον πῦρ ἀποσβεννύειν[6] καὶ καταβαίνειν τὸν Κροῖσον ἐκέλευσεν. Καταβιβάσας δ' αὐτὸν ἀπὸ τῆς πυρᾶς ἠρώτησε τάδε· Ὦ Κροῖσε, τίς σε ἀνθρώπων ἔπεισεν ἐπὶ τὴν ἐμὴν γῆν στρατεύσασθαι; Ὁ δ' ἀπεκρίνατο· Ὦ βασιλεῦ, ἐγὼ ταῦτα ἔπραξα τῇ μὲν σῇ εὐτυχίᾳ,
20 τῇ δ' ἐμῇ ἀτυχίᾳ· αἴτιος δὲ τούτων ἐστὶν ὁ Ἑλλήνων θεὸς διακελευσάμενός μοι στρατεύσασθαι. Τίς γὰρ ἂν οὕτως ἄφρων εἴη, ὥστε πόλεμον ἀντ' εἰρήνης αἱρεῖσθαι; Ἀλλὰ ταῦτα δαίμοσί που[7] φίλον ἦν οὕτω γενέσθαι.

Μετ' οὐ πολὺν χρόνον βασιλεύς, εὐνούστατον Κροίσῳ ἑαυτὸν
25 παρέχων, ἐκέλευσεν αὐτὸν χάριν αἰτήσασθαι, ἥντινα βούλοιτο. Ὁ δ' ἀπεκρίνατο· Ὦ βασιλεῦ, χαριῇ μοι μάλιστα ἐάσας με τὸν θεὸν τῶν Ἑλλήνων, ὃν ἐγὼ ἐτίμησα θεῶν μάλιστα, ἐρωτῆσαι, πέμψαντα τάσδε τὰς πέδας, εἰ ἐξαπατᾶν τοὺς εὖ ποιοῦντας νόμος ἐστὶν αὐτῷ.

---

[1] συν-εκ-κόπτω *cut down together with, help in cutting down.*   [2] Gr. 124, note.
[3] *occurred to him, he remembered.*   [4] ἀνα-στενάζω *groan aloud.* Gr. 77, 3. b, note.
[5] *change, reverse.*   [6] *to extinguish.*   [7] *somewhere, surely, I dare say.*

Κῦρος δ' ἠρώτησε, τί βουλόμενος τοῦτο αἰτοῖτο. Ὁ δὲ Κροῖσος ἀπεφήνατο πᾶσαν τὴν ἑαυτοῦ διάνοιαν καὶ τῶν χρηστηρίων τὰς ἀποκρίσεις καὶ μάλιστα τὰ ἀναθήματα, καὶ ὡς ἐπαρθεὶς τῷ μαντείῳ ἐστρατεύσατο ἐπὶ Πέρσας.[1] Καὶ ταῦτα ἀποφηνάμενος πάλιν
5 ᾐτήσατο ἐπιτρέψαι ἑαυτῷ, τῷ θεῷ ταῦτα ὀνειδίσαι. Κῦρος δὲ γελάσας· "Καὶ τοῦτό σοι," ἔφη, "χαριοῦμαι, Κροῖσε, καὶ ἄλλα, ἃ ἂν δέῃ." Ὡς δὲ ταῦτα ἤκουσεν ὁ Κροῖσος, εὐθὺς τῶν Λυδῶν τινας ἀπέστειλεν εἰς Δελφούς, ἐπιτάξας αὐτοῖς φήσαι τὰς πέδας ἐρωτᾶν τάδε τὸν θεόν· "Ἆρ' οὐκ[2] αἰσχύνῃ,[3] Πύθιε, τοῖς μαντείοις ἐπά-
10 ρας[3] Κροῖσον πολεμεῖν Πέρσαις ὡς παύσοντα τὴν Κύρου δύναμιν, ἀφ' ἧς αὐτῷ ἀκροθίνια[4] τοιαῦτα ἐγένετο;" Ἐπέταξε δὲ καὶ τάδε ἐπερωτᾶν, εἰ νόμος εἴη τοῖς Ἑλληνικοῖς θεοῖς, ἀχαριστίᾳ χρῆσθαι πρὸς τοὺς εὐεργετήσαντας.

Οἱ μὲν οὖν Λυδοὶ ἀφικόμενοι ἔλεγον τὰ ἐπιτεταγμένα ὑπὸ τοῦ
15 Κροίσου, ἡ δὲ Πυθία τοιάδε ἀποκρίνασθαι λέγεται· "Τὴν Μοῖραν ἀδύνατόν ἐστιν ἀποφυγεῖν καὶ θεῷ. Κροῖσος δὲ τῆς ἁμαρτίας[5] τοῦ πέμπτου προγόνου[6] τὴν δίκην ὑπέχει, ὃς γυναικὸς δόλῳ διαφθαρεὶς ἀπέκτεινε τὸν δεσπότην καὶ περιεβάλετο[7] τὴν ἐκείνου τιμήν. Προθυμουμένου[8] δὲ Ἀπόλλωνος, ὅπως ταῦτα τὰ πάθη οἱ Κροίσου
20 παῖδες πάσχοιεν καὶ μὴ αὐτός, οὐχ οἷόν τε ἦν παραγαγεῖν[9] τὴν Μοῖραν. Ὁπόσα δ' ἐπέτρεψεν αὐτή, ἐτέλεσέ τε[10] καὶ ἐχαρίσατο αὐτῷ· τρία γὰρ ἔτη ἀνεβάλετο[11] τὴν Σάρδεων ἅλωσιν. Περὶ δὲ τοῦ μαντείου οὐκ ἂν ὀρθῶς ὁ Κροῖσος τῷ θεῷ χαλεπήνειεν. Ἐμαντεύσατο γὰρ ὁ Ἀπόλλων, ἐὰν στρατεύσηται ἐπὶ Πέρσας, μεγάλην
25 ἀρχὴν αὐτὸν καταλύσειν· Κροῖσον δὲ ἔδει,[12] εἰ ἤθελεν εὖ βουλεύεσθαι πρὸς[13] ταῦτα, πέμψαντα ἐπερωτῆσαι, πότερον ὁ θεὸς τὴν ἑαυτοῦ ἢ τὴν Κύρου λέγοι ἀρχήν. Τοῦτο δ' οὐ ποιήσας, ἀλλ' αὐτὸς κρίνας ἑαυτὸν αἴτιον ἀποφηνάτω."

Ταῦτα μὲν ἡ Πυθία ἀπεκρίνατο τοῖς Λυδοῖς, οἱ δ' εἰς Σάρδεις
30 ἐλθόντες ἀπήγγειλαν τῷ Κροίσῳ· ὁ δ' ἀκούσας ἐπείσθη ἑαυτοῦ εἶναι τὴν ἁμαρτίαν καὶ οὐ τοῦ θεοῦ.

---

[1] see Less. 45, A. 13.   [2] ἄρα is an interrog. particle; ἆρ' οὐ = nonne. Gr. 207.
[3] αἰσχύνομαι ἐπάρας am ashamed of having.   [4] τὰ ἀκροθίνια spoils taken in war (meaning the shackles).   [5] ἡ ἁμαρτία = τὸ ἁμάρτημα.   [6] i.e. Gyges.   [7] περι-βάλλομαι here: get possession of, usurp.   [8] προ-θυμέομαι am willing, desire earnestly.   [9] παρ-άγω lead aside, avert, change the course of.   [10] sc. ὁ Ἀπόλλων.   [11] ἀνα-βάλλομαι put off, delay.   [12] Cr. ought to have sent (and asked =) to ask.   [13] Gr. 163, 26, c.

80

FROM THE LIFE OF ALEXANDER THE GREAT.
86. Macedonia under Philip.

Ἡ Μακεδονία πρὸ Φιλίππου τοῦ βασιλέως μικρὰ ἦν καὶ φαύλη.¹
Φίλιππος δὲ ὁ Ἀμύντου πλοῦτον καὶ δύναμιν ἐκέκτητο, ὅσην οὐδεὶς
τῶν Ἑλλήνων. Εὐθὺς δ᾽ ἄρξας² ἐνίκησε μὲν τοὺς οἴκοι³ ἀντιστα-
σιώτας,⁴ μετ᾽ ὀλίγον δὲ χρόνον δειναῖς μάχαις καταστρεψάμενος
5 τοὺς Παίονας⁵ καὶ τοὺς Ἰλλυριοὺς⁵ ἐστράτευσεν ἐπ᾽ Ἀμφίπολιν,
τὴν Ἀθηναίων ἀποικίαν τὴν ἐπὶ Στρυμόνι, καὶ βίᾳ λαμβάνει τὴν
πόλιν. Ὕστερον δὲ Πύδναν καὶ Ποτείδαιαν τὰς πόλεις ἐκπολιορ-
κήσας Φιλίππους τὴν πόλιν, ᾗ πρότερον ὄνομα ἦν Κρηνίδες,⁶ ηὔξα-
νεν, ἀποικίζων ἐκεῖ πλῆθος ἀποίκων, καὶ τὰ ἐν τῇ χώρᾳ μέταλλα
10 μείζω ἐποίησεν, ὥστε πρόσοδον ἔφερεν αὐτῷ πλέον ἢ τάλαντα
χίλια κατ᾽ ἔτος.⁷

Ὀλίγοις δ᾽ ἔτεσιν ὕστερον οἵ τε Θετταλοὶ καὶ οἱ Λοκροὶ καὶ οἱ
Θηβαῖοι ἐπολέμησαν πρὸς τοὺς Φωκέας. Νικησάντων δὲ τῶν Φω-
κέων Φίλιππος τοῖς Θετταλοῖς αἰτήσασιν ἐβοήθησεν. Καὶ δὶς μὲν
15 ἡττήθη καὶ αὐτὸς⁸ ὑπὸ τῶν Φωκέων, τῇ δὲ τρίτῃ μάχῃ ἐνίκησε
σὺν τοῖς Θετταλοῖς.

Ἔπειτα δ᾽ ἐπ᾽ Ὄλυνθον ἐστράτευσε Φίλιππος, πόλιν Ἑλληνίδα
ἐν τῇ Χαλκιδικῇ μεγάλην καὶ εὐδαίμονα, μετὰ πολλῆς δυνάμεως,
καὶ μάχῃ νικήσας τοὺς Ὀλυνθίους συνέκλεισεν εἰς πολιορκίαν.
20 Οἱ δ᾽ Ὀλύνθιοι, πρέσβεις πέμψαντες εἰς Ἀθήνας περὶ βοηθείας,
ἐν μακρᾷ πολιορκίᾳ πολλοὺς τῶν Μακεδόνων ἀπέκτεινον· τὸ δὲ
τελευταῖον,⁹ φθείρων χρήμασι τοὺς Ὀλυνθίων προστάτας, ἐκ προ-
δοσίας ἐκράτησεν ὁ βασιλεὺς τῆς πόλεως· καὶ τὴν μὲν πόλιν κατα-
σκάπτει, τοὺς δ᾽ ἐνοίκους ἀνδραποδίζει· οἱ δ᾽ Ἀθηναῖοι ὀψίζοντες¹⁰
25 τῇ βοηθείᾳ οὐδὲν ὠφέλησαν.

Τοῖς δ᾽ ὕστερον ἔτεσιν Φίλιππος τὸν αὐτὸν τρόπον¹¹ πολλὰς
ἐλάμβανε πόλεις καὶ πολὺ κρείττων ἐγίγνετο, ὥστε καὶ τοῖς Ἀθη-
ναίοις καὶ τοῖς ἄλλοις Ἕλλησι πολὺς φόβος ἐνέπιπτεν. Ἐπεὶ δὲ
ἀπροσδοκήτως¹² τῆς Ἐλατείας ἐκράτησεν, εὐθὺς οἱ Ἀθηναῖοι
30 πρέσβεις εἰς Θήβας ἔπεμψαν τὰς πρότερον πολεμίας οὔσας περὶ

N.B.—Less. 86 may be read after Less. 55. ¹ φαῦλος, 3. *insignificant, of no
consequence.* ² *on his accession to the throne.* ³ *in his own country.* Gr. 51. ⁴ ἀντι-
στασιώτης *opponent, adversary.* ⁵ the Paeonians lived north, the Illyrians west, of
Macedonia. ⁶ Gr. 157, note. ⁷ *singulis annis.* ⁸ *ipse quoque.* ⁹ *finally.* ¹⁰ ὀψίζω
am or come too late. ¹¹ *eodem modo.* Gr. 141. ¹² ἀπροσδόκητος, 2. *unexpected.*

συμμαχίας, καὶ ἔπεισε Δημοσθένης ὁ ῥήτωρ τοὺς Βοιωτοὺς συμ-
μαχίαν ποιήσασθαι ὑπὲρ τῆς κοινῆς τῶν Ἑλλήνων ἐλευθερίας.
Αὐτίκα δ᾽ ὁ δῆμος τῶν Ἀθηναίων πανδημεὶ[1] ἐστράτευσε, καὶ κατὰ
σπουδὴν πορευθέντες ἧκον εἰς Χαιρώνειαν τῆς Βοιωτίας, οὗ[2] κοινῇ[3]
5 στρατοπεδευσάμενοι μετὰ τῶν Βοιωτῶν ἔμενον τὴν τῶν πολεμίων
ἔφοδον.

Ὀλίγας δὲ μεθ᾽ ἡμέρας Φίλιππος, ἄλλως[4] πειραθεὶς τὴν τῶν
Ἑλλήνων συμμαχίαν διαλύσασθαι, ἧκεν ἔχων πεζοὺς μὲν πλείους
τῶν[5] τρισμυρίων, ἱππέας δὲ οὐκ ἐλάττους τῶν[5] δισχιλίων. Καὶ
10 γίγνεται δὴ καρτερὰ ἡ μάχη ἐπὶ πολὺν χρόνον, ἀμφοτέρων ἀνδρειό-
τατα μαχομένων καὶ πολλῶν παρ᾽ ἀμφοτέροις πιπτόντων · ἐφά-
μιλλοι[6] μὲν γὰρ ἦσαν ἀνδρείᾳ καὶ προθυμίᾳ, τῷ δὲ πλήθει καὶ
τῇ τῶν πολεμικῶν ἔργων ἐμπειρίᾳ ὑπερέβαλλεν ὁ βασιλεύς. Ἐνί-
κησαν δή, ἐπεὶ Φίλιππος τῇ φάλαγγι τοὺς Ἀθηναίους ἐτρέψατο
15 καὶ Ἀλέξανδρος ἔχων τοὺς ἱππέας τὸν ἱερὸν λόχον τῶν Θηβαίων
ἐφυγάδευσεν, οἱ Μακεδόνες · καὶ ἐτελεύτησαν μὲν ἐν τῇ μάχῃ τῶν
Ἀθηναίων πλείους τῶν[5] χιλίων, ἐζωγρήθησαν δὲ οὐκ ἐλάττους
τῶν[5] δισχιλίων · ὁμοίως δὲ καὶ πολλοὶ τῶν Βοιωτῶν οἱ μὲν ἐφο-
νεύθησαν, οἱ δ᾽ ἐζωγρήθησαν. Μετὰ δὲ τὴν μάχην ὁ Φίλιππος
20 τρόπαιον ἱδρύσας ἐπινίκια[7] τοῖς θεοῖς ἔθυσε καὶ τοὺς ἀριστεύ-
σαντας[8] κατὰ τὴν ἀξίαν[9] ἐτίμησεν.

Μετὰ δὲ ταῦτα τοῖς Ἕλλησιν ἀδύνατον ἦν εἰς ἀεὶ τὴν ἐλευθε-
ρίαν ἀνακτήσασθαι.[10] Φίλιππος δὲ τούς τε Ἀθηναίους καὶ τοὺς
ἄλλους Ἕλληνας πλὴν Λακεδαιμονίων ἔπεισε, συμμαχίαν αὐτῷ
25 ποιήσασθαι εἰς τὸν πόλεμον τὸν πρὸς τοὺς Πέρσας. Μέλλων δὲ
ἤδη στρατεύεσθαι εἰς τὴν Ἀσίαν, ἐπὶ[11] Πυθοδήμου ἄρχοντος
Ἀθήνησιν,[12] ἐν τοῖς Κλεοπάτρας τῆς θυγατρὸς γάμοις[13] λαμπρό-
τατα ποιηθεῖσιν ἐφονεύθη ὑπὸ Παυσανίου, βασιλεύσας τῶν Μακε-
δόνων ἔτη εἴκοσι καὶ τρία.

---

[1] in cases of great peril a *levée en masse* (πᾶς — δῆμος) was resorted to.   [2] *where.*
[3] *jointly, together.*   [4] *in vain.*   [5] Gr. 118, 2.   [6] *even, equal.*   [7] τὰ ἐπινίκια sc. ἱερά
thank-offerings for a victory.   [8] ἀριστεύω *am the best, distinguish myself.*   [9] ἡ ἀξία
one's deserts.   [10] ἀνα-κτάομαι *acquire again, recover.*   [11] Gr. 163, 10, b.   [12] Gr. 51.
[13] οἱ γάμοι *wedding-feast.*

82

87. Alexander's Youth and Accession to the Throne.

Plut. Alex. 5. Arr. Anab. I. I, 1-3.

Φιλίππου τελευτήσαντος 'Αλέξανδρος, ὁ Φιλίππου καὶ 'Ολυμ-
πιάδος υἱός, τὴν βασιλείαν παρεδέξατο, ὃς παῖς ἔτι ὢν πολὺ τῶν
ἡλικιωτῶν διέφερε φρονήσει καὶ ἀνδρείᾳ. 'Αποδημοῦντος γάρ
ποτε Φιλίππου τοὺς παρὰ τοῦ Περσῶν βασιλέως πρέσβεις ἐν Πέλλῃ[1]
5 ἐξένισεν. 'Ομιλῶν δ' αὐτοῖς οὐδὲν ἐρώτημα παιδικὸν ἠρώτησεν
οὐδὲ μικρόν,[2] ἀλλὰ τὰ τῶν ὁδῶν μήκη καὶ τὸν τῆς πορείας τρόπον,
καὶ περὶ αὐτοῦ τοῦ βασιλέως, ὁποῖος εἴη πρὸς τὸν πόλεμον, καὶ
ὁπόση ἡ τῶν Περσῶν ῥώμη καὶ δύναμις. Τοῦτον τὸν τρόπον[3]
οὕτως ἐχειρώσατο[4] αὐτούς, ὥστε ἐθαύμαζον αὐτόν, καὶ τὴν λεγο-
10 μένην Φιλίππου δεινότητα[5] οὐδὲν ἡγοῦντο πρὸς[6] τὴν τοῦ παιδὸς
ἀγχίνοιαν.[7]

'Οπότε δὲ Φίλιππος ἢ πόλιν ἔνδοξον ἐκπολιορκήσειεν[8] ἢ νίκην
λαμπρὰν νικήσειεν,[8] οὐκ ἔχαιρεν 'Αλέξανδρος, ἀλλὰ πρὸς τοὺς
ἡλικιώτας ἔλεγεν· 'Ω παῖδες, εἰ οὕτω πάντα τὰ καλὰ πράγματα
15 αὐτὸς διαπράξεται ὁ πατήρ, οὐδὲν ἐμοὶ λοιπὸν ἔσται[9] μεθ' ὑμῶν
ἔργον πράξειν μέγα καὶ λαμπρόν. 'Εκείνων δὲ λεξάντων· Ταῦτα
πάντα, ὦ 'Αλέξανδρε, σοὶ κτᾶται ὁ Φίλιππος· Τί, ἔφη, τοῦτό μοι
ἔσται[9] ἀγαθόν, εἰ βασιλεύσω μὲν πολλῶν, πράξω δὲ μηδέν ;

Παραδεχόμενος οὖν τὴν βασιλείαν ἀμφὶ τὰ εἴκοσιν ἔτη ἦν
20 'Αλέξανδρος. Καὶ πρῶτον μὲν εἰς τὴν 'Ελλάδα ἐπορεύθη ὡς
αἰτήσων[10] παρὰ τῶν 'Ελλήνων τὴν ἡγεμονίαν τῆς ἐπὶ τοὺς Πέρσας
στρατείας· λαμβάνει δὲ παρ' ἑκάστων πλὴν Λακεδαιμονίων, οἳ
ἀποκρίνονται, πάτριον[11] εἶναι αὐτοῖς, μὴ[12] ἀκολουθεῖν ἄλλοις,
ἀλλ' αὐτοὺς[13] ἄλλων ἡγεῖσθαι. Μετὰ δὲ ταῦτα ἀναχωρήσας εἰς
25 τὴν Μακεδονίαν τὸν χειμῶνα ἐν μεγάλῃ παρασκευῇ ἦν τοῦ εἰς
τὴν 'Ασίαν στόλου.

N.B.—Less. 87 may be read after Less. 67.   [1] Pella, a town in the district of
Bottiaea, was made by Philip the residence of the Macedonian kings.   [2] *petty,*
meaningless.   [3] Gr. 141.   [4] χειρόομαι here : *win.*   [5] ἡ δεινότης *prudence.*   [6] *com-*
pared with.   [7] ἡ ἀγχίνοια *sagacity.*   [8] ὁπότε w. opt. *whenever, as often as.*   [9] ἔσται·
it will be. Gr. 104, 3.   [10] Rule 30.   [11] πάτριος, 3. *hereditary ; an old custom.*   [12] Rule
18.   [13] *ipsos.* Gr. 63, 1 and 197, 3.

88. Alexander in Thrace and Illyria.

Arr. Anab. I, I, 4—I, 6, II.

Ἅμα δὲ τῷ ἔαρι ἤλαυνεν ἐπὶ[1] Θρᾴκης, εἰς Τριβαλλοὺς[2] καὶ
Ἰλλυριούς, ὁμόρους ὄντας βαρβάρους, ὅτι ἤκουσεν αὐτοὺς νεωτε-
ρίζειν,[3] καὶ οὐκ ἐβούλετο λειφθῆναι τούτους, εἰ μὴ[4] πάντως ταπει-
νωθέντας. Ὁρμηθεὶς δὴ ἐξ Ἀμφιπόλεως πορεύεται διὰ τῆς
5 Θρᾴκης, Φιλίππους τὴν πόλιν ἐν ἀριστερᾷ ἔχων, καὶ δεκαταῖος[5]
ἀφικνεῖται ἐπὶ τὸ ὄρος τὸν Αἷμον. Ἐνταῦθα ἀπήντων αὐτῷ οἱ
Θρᾷκες οἱ αὐτόνομοι παρεσκευασμένοι ὡς κωλύσοντες τὴν πάροδον.
Ὁρῶν δέ, ὅτι ἄλλη πάροδος οὐκ εἴη, Ἀλέξανδρος εὐθὺς ἐβουλεύ-
σατο διακινδυνευτέον[6] εἶναι, καὶ δεινῇ μάχῃ νικήσας ἐκράτησε
10 τῶν στενῶν. Τὴν δὲ λείαν ὀπίσω πέμψας εἰς τὰς πόλεις τὰς ἐπὶ
θαλάττῃ[7] πρόσω ἐπορεύετο διὰ τοῦ Αἷμου εἰς Τριβαλλούς.

Σύρμος δὲ ὁ τῶν Τριβαλλῶν βασιλεύς, ἀκούσας τὸν στόλον
Ἀλεξάνδρου, παῖδας καὶ γυναῖκας προὔπεμψεν εἰς νῆσόν τινα τῶν
ἐν τῷ Ἴστρῳ (Πεύκη ὄνομα τῇ νήσῳ ἐστίν), τὸ δὲ στράτευμα
15 τοῖς Μακεδόσιν ἐν νάπῃ τινὶ ἐπὶ τῷ Λυγίνῳ ποταμῷ ἀπήντησεν.
Καὶ πρῶτον μὲν οἱ Τριβαλλοὶ ἀνδρειότατα ὑπέμειναν· ὡς δὲ ἥ τε
φάλαγξ πυκνὴ ἐνέβαλλεν εἰς αὐτοὺς καὶ οἱ ἱππεῖς κύκλῳ προσέ-
πιπτον, τότε δὴ ἐτράπησαν διὰ τῆς νάπης εἰς τὸν ποταμόν. Καὶ
ἀποθνήσκουσι μὲν τρισχίλιοι ἐν τῇ φυγῇ, ὀλίγοι δὲ ἐζωγρήθησαν,
20 ὅτι ὕλη δασεῖα πρὸ τοῦ ποταμοῦ ἦν καὶ νὺξ ἐπιγενομένη τὴν
δίωξιν ἐκώλυσεν. Αὐτῶν δὲ Μακεδόνων τελευτῆσαι λέγονται ἱπ-
πεῖς μὲν ἕνδεκα, πεζοὶ δὲ ἀμφὶ τοὺς τετταράκοντα.

Ἀπὸ δὲ τῆς μάχης τριταῖος[5] ἦλθεν Ἀλέξανδρος ἐπὶ τὸν Ἴστρον
ποταμόν. Οὗτος μέγιστός ἐστι τῶν ἐν τῇ Εὐρώπῃ ποταμῶν καὶ
25 πλείστην γῆν διέρχεται καὶ ἔθνη μαχιμώτατα. Ἐνταῦθα κατα-
λαμβάνει ναῦς μακρὰς αὐτῷ ἠκούσας ἐκ Βυζαντίου διὰ τοῦ
Εὐξείνου πόντου.[8] Ταύτας πληρώσας τοξοτῶν καὶ ὁπλιτῶν τῇ
νήσῳ ἐπέπλει, εἰς ἣν οἱ Τριβαλλοὶ καὶ οἱ Θρᾷκες ἔφυγον, καὶ
ἐπειρᾶτο βιάζεσθαι τὴν ἀπόβασιν. Οἱ δὲ βάρβαροι ταύτην

N.B.—Less. 88 may be read after Less. 76. [1] Gr. 163, 10, a. [2] the Triballi
dwelled along the Danube in western Moesia Inferior, *i.e.* in what is now Serbia
and Bulgaria. [3] νεωτερίζω *novis rebus studeo.* [4] οὐκ—εἰ μή *nôn*—*nisi.* [5] δεκαταῖος,
τριταῖος, δευτεραῖος, 3. *on the tenth, third, second day.* Gr. 115, 1. [6] διακινδυνεύω
risk a battle, fight at any risk. [7] *e.g.* to Neapolis and Eion, which were the seaports
of Philippi and Amphipolis. [8] the ships had come from the coast of Macedonia,
making a circuit by way of Byzantium through the Black Sea up the Danube.

ἐκώλυσαν · ἦσαν γὰρ ὀλίγαι αἱ Ἀλεξάνδρου νῆες καὶ ἡ στρατιὰ οὐ πολλὴ ἡ ἐπ' αὐτῶν.

Ἔνθα δὴ Ἀλέξανδρος, ἀπαγαγὼν τὰς ναῦς, πέραν τοῦ Ἴστρου ἐλθεῖν μάλα ἐπεθύμησεν · ἤκουσε γὰρ τοὺς Γέτας τοὺς ἐκεῖ οἰκοῦν-
5 τας μεγάλῃ δυνάμει ἐπὶ τῷ ποταμῷ συλλεγῆναι (ἦσαν γὰρ ἱππεῖς μὲν τετρακισχίλιοι, πεζοὶ δὲ πλείους τῶν μυρίων) ὡς κωλύσοντας, εἰ διαβαίνειν βούλοιτο. Ἐπὶ τούτους οὖν διαβαίνει ἔχων ἱππέας μὲν εἰς χιλίους καὶ πεντακοσίους, πεζοὺς δὲ εἰς τετρακισχιλίους. Διαβιβάζει δὲ τοὺς μὲν ἐπὶ τῶν ἐλθουσῶν νεῶν, τοὺς δὲ ἐν πλοίοις
10 μονοξύλοις,[1] οἵοις χρῶνται οἱ πρόσοικοι τοῦ ποταμοῦ ἐφ' ἁλιείᾳ καὶ λῃστείᾳ.[2] Καὶ καλῶς ἀποβαίνει[3] τὸ πρᾶγμα · διέβαινον γὰρ νυκτὸς πάντως ἀμελούμενοι[4] ὑπὸ τῶν πολεμίων, καὶ ἅμα τῇ ἡμέρᾳ Ἀλέξανδρος αὐτὸς μὲν τὴν ἵππον ἐπήγαγε, τὴν δὲ φάλαγγα Νι-κάνωρ. Οἱ δὲ Γέται οὐδὲ τὴν πρώτην προσβολὴν ἐδέξαντο (παρά-
15 δοξος[5] γὰρ αὐτοῖς ἡ τόλμα ἐφάνη Ἀλεξάνδρου, ὅτι ἄνευ γεφυρῶν ἐν μιᾷ νυκτὶ τὴν στρατιὰν διεβίβασεν), ἀλλ' εἰς τὴν πόλιν ἔφυγον ἀπέχουσαν τοῦ Ἴστρου ἕνα παρασάγγην. Ἐπεὶ δὲ προὐχώρησαν οἱ Μακεδόνες, λείπουσιν αὖ[6] καὶ τὴν πόλιν οἱ Γέται κακῶς τετει-χισμένην καὶ λαβόντες τά τε τέκνα καὶ τὰς γυναῖκας ἐπὶ τοὺς
20 ἵππους, φεύγουσιν εἰς τὰ ἔρημα.[7] Ἀλέξανδρος δὲ τήν τε πόλιν λαμβάνει καὶ τὴν λείαν πᾶσαν, ὅσην οἱ Γέται ἐλείποντο · κατα-σκάψας δὲ τὴν πόλιν ἔθυσεν ἐπὶ τῇ ὄχθῃ τοῦ Ἴστρου Διὶ σωτῆρι καὶ Ἡρακλεῖ καὶ αὐτῷ τῷ Ἴστρῳ.

Ἐν τούτῳ δὲ τῷ χρόνῳ ἀφίκοντο πρέσβεις πρὸς Ἀλέξανδρον
25 παρά τε τῶν ἄλλων ἐθνῶν προσοίκων τῷ Ἴστρῳ καὶ παρὰ Σύρμου τοῦ Τριβαλλῶν βασιλέως · καὶ παρὰ Κελτῶν δὲ[8] τῶν ἐπὶ τῷ Ἰονίῳ κόλπῳ ᾠκισμένων ἧκον · πάντες δὲ ἔλεγον ἥκειν περὶ εἰρήνης καὶ φιλίας. Καὶ πᾶσιν ἐπόρισεν Ἀλέξανδρος πιστὰ[9] καὶ ἔλαβεν · ἀπέπεμψε δὲ πάντας φίλους τε ὀνομάσας καὶ συμμά-
30 χους ποιησάμενος.

Μετὰ δὲ ταῦτα Ἀλεξάνδρῳ, ἐπανερχομένῳ ἤδη δι' Ἀγριάνων[10] καὶ Παιόνων εἰς Μακεδονίαν, ἠγγέλθη Κλεῖτόν τε τὸν Ἰλλυριὸν

---

[1] μονόξυλος, 2. made of one log.   [2] i.e. they served both as fishing-smacks and as piratical vessels.   [3] succeeds.   [4] i.e. unnoticed.   [5] contrary to expectation, incredible.   [6] again, in turn.   [7] into the vast plains in the interior of the country.   [8] καὶ — δέ and also, and even.   [9] guarantees, pledges.   [10] the Ἀγριᾶνες dwelled southwest of the Triballi and northeast of the Paeonians.

καὶ Γλαυκίαν, τὸν Ταυλαντίων¹ βασιλέα, ἀποστατῆσαι · ² ἔφερον
γὰρ οὗτοι, πολέμῳ ἀναγκασθέντες, τῷ Φιλίππῳ δασμούς · ὅτε δὲ
Ἀλέξανδρος τοῦ πατρὸς ἀποθανόντος ἔπεμψε τοὺς τὸν φόρον
ἀπαιτήσοντας, ἀπηρνήθησαν.³ Βουλόμενος οὖν εὐθὺς δίκην παρὰ
5 τῶν ἀποστατησάντων λαβεῖν πορεύεται παρὰ τὸν Ἐριγόνα ποτα-
μὸν ἐπὶ Πήλιον τὴν πόλιν, ἣν ἐφύλαττον οἱ ἀμφὶ Κλεῖτον⁴ ὡς
ὀχυρωτάτην τῆς χώρας. Ἐπεὶ δὲ Ἀλέξανδρος τὴν Γλαυκίου
στρατιὰν τὴν τῷ συμμάχῳ βοηθήσασαν ἐφυγάδευσε, Κλεῖτος
τὴν πόλιν καταφλέξας⁵ ἀπηλλάγη πρὸς Γλαυκίαν εἰς Ταυλαντίους.

89. The Revolt and Destruction of Thebes.

Arr. An. I, 7, 1 – I, II, 3.

Ἐν τούτῳ τῷ χρόνῳ διῆλθε τὴν Ἑλλάδα ὁ λόγος, Ἀλέξανδρον
τελευτῆσαι τὸν βίον ἐν Ἰλλυριοῖς, καὶ πιθανὸς⁶ ἦν τοῖς πολλοῖς⁷ ·
χρόνον γὰρ ἀπῆν⁸ οὐκ ὀλίγον, καὶ ἀγγελία οὐδεμία παρ' αὐτοῦ
ἤγγελτο, ὥστε, ὅπερ φιλεῖ⁹ γενέσθαι ἐν τοῖς τοιούτοις, ᾤοντο πάν-
5 τες, ἃ ἕκαστος ἤλπιζεν. Τοῦτο δὴ τοὺς Θηβαίους εἰς ἀπόστασιν
ἐπῆρεν, μισοῦντας μὲν πάλαι τὴν τῶν Μακεδόνων ἡγεμονίαν, ἐπι-
θυμοῦντας δὲ τῆς τῶν πατέρων ἐλευθερίας. Καὶ τῆς Μακεδονικῆς
φρουρᾶς, ἣ ἐν τῇ Καδμείᾳ ἐφρούρει, τοὺς μὲν κατέσφαξαν, τοὺς δὲ
λοιποὺς κατέκλεισαν εἰς τὴν ἀκρόπολιν · τοῦτο δὲ πράξαντες πρὸς
10 Ἀθηναίους καὶ τοὺς ἄλλους Ἕλληνας πρέσβεις ἔπεμψαν, ἵνα πεί-
σειαν καὶ τούτους μετέχειν τῆς ἀποστάσεως.

Ἀκούσας δὲ τὰ τῶν Θηβαίων¹⁰ Ἀλέξανδρος οὐδαμῶς¹¹ ἠμέλη-
σεν, ἀλλ' ἐβουλεύσατο ὡς τάχιστα ἀπάγειν εἰς τὴν Ἑλλάδα. Ἄγων
δὲ διὰ Μακεδονίας ἀφικνεῖται ἑβδομαῖος¹² εἰς Πελίναν τῆς Θεττα-
15 λίας · ἐκεῖθεν δὲ ὁρμηθεὶς ἕκτῃ ἡμέρᾳ εἰσβάλλει εἰς τὴν Βοιωτίαν,
ὥστε οἱ Θηβαῖοι οὐ πρόσθεν ἤκουσαν αὐτὸν ἐντὸς Πυλῶν¹³ ὄντα,
πρὶν ἐν Ὀγχηστῷ¹⁴ ἦν σὺν τῇ στρατιᾷ πάσῃ. Καὶ τότε δὲ οἱ
πράξαντες τὴν ἀπόστασιν θαρρεῖν ἐκέλευσαν τὸ πλῆθος, διισχυ-

---

¹ the Ταυλάντιοι were a small Illyrian tribe not far from Epidamnus. ² ἀποστα-
τέω revolt, refuse obedience. ³ ἀπ-αρνέομαι, D.P., refuse. ⁴ οἱ ἀμφὶ (περὶ) Κλεῖτον
Clitus and his men. Gr. 124, note. ⁵ κατα-φλέγω = κατα-καίω. ⁶ πιθανός, 3. cred-
ible, plausible. ⁷ οἱ πολλοί. Gr. 117, note 1. ⁸ of ἀπ-ειμι absum. ⁹ (like amat =)
solet. ¹⁰ τὰ τῶν Θ. what took place at Thebes. ¹¹ by no means. ¹² page 83, 5. ¹³ i.e.
Thermopylae. ¹⁴ Onchestus, near Haliartus, south of Lake Copais, was about 50
stadia (= an hour and a half's march) from Thebes.

ριζόμενοι¹ Ἀλέξανδρον τελευτῆσαι ἐν Ἰλλυριοῖς, ἄλλον δέ τινα ἥκειν Ἀλέξανδρον, καὶ χρόνον μέν τινα ἔπεισαν τοὺς πολλούς.²

Ὁ δὲ βασιλεὺς ὁρμήσας ἐξ Ὀγχηστοῦ τῇ ὑστεραίᾳ³ προσῆγε πρὸς τὴν πόλιν τῶν Θηβαίων κατὰ τὸ τοῦ Ἰολάου τέμενος⁴· οὗ δὴ 5 καὶ ἐστρατοπέδευσεν, ἐλπίζων τοὺς Θηβαίους κάλλιον βουλεύσεσθαι καὶ πρεσβεύσεσθαι περὶ εἰρήνης. Ἀλλ᾽ ἐψεύσθη⁵ ταύτης τῆς ἐλπίδος ὁ βασιλεύς· οἱ γὰρ Θηβαῖοι ἐκθέοντες ἐκ τῆς πόλεως ἠκόντιζον εἰς τοὺς προφύλακας καὶ ἀπέκτειναν τῶν Μακεδόνων οὐ πολλούς. Ἀλέξανδρος δ᾽ ἐξέπεμψεν ἐπ᾽ αὐτοὺς τῶν γυμνητῶν καὶ 10 τοξοτῶν μέρος, καὶ οὗτοι οὐ χαλεπῶς ἐτρέψαντο τοὺς πολεμίους. Τῇ δὲ ὑστεραίᾳ λαβὼν τὴν στρατιὰν πᾶσαν καὶ περιελθὼν περὶ τὴν πόλιν ἐστρατοπέδευσε κατὰ τὰς πύλας τὰς φερούσας ἐπ᾽ Ἐλευθεράς τε καὶ τὴν Ἀττικήν, ἵνα ἐγγὺς εἴη τῶν Μακεδόνων τῶν ἐν τῇ Καδμείᾳ. Οἱ γὰρ Θηβαῖοι τὴν Καδμείαν ἐφρούρουν διπλῷ 15 χάρακι⁶ ἀποτειχίσαντες. Ἀλέξανδρος δὲ διέτριβε πρὸς αὐτῇ ἐστρατοπεδευμένος· ἤθελε γὰρ μᾶλλον διὰ φιλίας ἐλθεῖν⁷ τῇ πόλει ἢ διὰ μάχης. Ἔνθα δὴ τῶν Θηβαίων οἱ μὲν τὰ βέλτιστα εἰς τὸ κοινὸν βουλευόμενοι ἐξελθεῖν ὥρμηντο⁸ παρ᾽ Ἀλέξανδρον, συγγνώμην αἰτήσοντες τῷ πλήθει τῆς ἀποστάσεως· οἱ δὲ τὴν ἀπόστα- 20 σιν πράξαντες ἠναντιοῦντο καὶ ἐπῆρον τὸ πλῆθος εἰς τὸν πόλεμον· Ἀλέξανδρος δὲ οὐδ᾽ ὡς⁹ τῇ πόλει προσέβαλεν.

Περδίκκας δὲ οὐκ ἠνείχετο πολλὰς ἡμέρας ἀργῶν¹⁰ καί ποτε, οὐκ ἀναμείνας παρ᾽ Ἀλεξάνδρου τὸ εἰς τὴν μάχην σύνθημα,¹¹ αὐτὸς ἐπλησίαζε τῷ χάρακι, καὶ διασπάσας αὐτὸν ἐνέβαλεν εἰς τῶν Θηβαίων 25 τοὺς προφύλακας. Τούτῳ δὲ εἵπετο Ἀμύντας ἔχων τὴν ἑαυτοῦ τάξιν, καὶ ὁρῶν ταῦτα Ἀλέξανδρος, ἵνα μὴ μόνοι κινδυνεύσειαν οἱ περὶ Περδίκκαν,¹² ἐπῆγε καὶ τὴν ἄλλην στρατιάν. Ἔνθα δὴ Περδίκκας, πειραθεὶς εἴσω τοῦ δευτέρου χάρακος ἐλθεῖν, ἐβλήθη τε καὶ ἀπεκομίσθη κακῶς ἔχων εἰς τὸ στρατόπεδον, καὶ χαλεπῶς ἐσώθη ἀπὸ 30 τοῦ τραύματος· οἱ δὲ περὶ αὐτὸν ἐφυγάδευσαν τοὺς πολεμίους καὶ ἐδίωκον μέχρι τοῦ Ἡρακλείου.¹³

---

¹ affirming, assuring. ² οἱ πολλοί. Gr. 117, note 1. ³ sc. ἡμέρᾳ. ⁴ to Iolaos, the friend and charioteer of Heracles, divine honors were paid at Thebes. ⁵ ψεύδομαί τινος am disappointed. ⁶ ὁ χάραξ, κος palisade; = vallum, fortification. ⁷ διὰ φιλίας (μάχης) ἐλθεῖν τινι enter into friendly relations, engage in battle with one. ⁸ ὥρμημαι am willing, eager. ⁹ not even so, not even now (then). Gr. 69, note 2. ¹⁰ ἀργέω am idle, do nothing. ¹¹ signal; watchword. ¹² see page 85, 4. ¹³ τὸ Ἡράκλειον the sanctuary of Heracles.

Ἐντεῦθεν δέ, ἐπιστρεψάντων αὖθις σὺν βοῇ τῶν Θηβαίων, φυγὴ τῶν Μακεδόνων γίγνεται, καὶ Εὐρυβώτας τε ὁ Κρὴς πίπτει ὁ τόξαρχος[1] καὶ αὐτῶν τῶν τοξοτῶν εἰς ἑβδομήκοντα. Κἂν[2] τούτῳ Ἀλέξανδρος ὁρῶν τοὺς μὲν ἑαυτοῦ φεύγοντας, τοὺς δὲ Θηβαίους λε-
5 λυκότας ἐν τῇ διώξει τὴν τάξιν, ἐμβάλλει εἰς τούτους συντεταγμένῃ τῇ φάλαγγι· οἱ δὲ[3] εἴργουσι τοὺς πολεμίους εἴσω τῶν πυλῶν καὶ συνεισπίπτουσιν[4] αὐτοῖς εἴσω τοῦ τείχους. Ἔνθα δὴ δεινὸς γίγνεται φόνος· οἱ γὰρ Μακεδόνες, μᾶλλον δ' ἔτι Φωκεῖς τε καὶ Πλαταιεῖς, οἳ ἦσαν πολλοὶ ἐν τῷ Ἀλεξάνδρου στρατεύματι, τοὺς Θηβαίους
10 οὐδενὶ κόσμῳ[5] ἀπέκτεινον, τοὺς μὲν ἐν ταῖς οἰκίαις, τοὺς δὲ εἰς ἄμυναν τετραμμένους,[6] τοὺς δὲ καὶ πρὸς ἱεροῖς ἱκετεύοντας, οὔτε γυναικῶν οὔτε παίδων φειδόμενοι.

Τῇ δὲ ὑστεραίᾳ συγκαλέσας τῶν Ἑλλήνων, ὅσοι αὐτῷ συνεστρατεύοντο, συνεβουλεύετο περὶ τῆς πόλεως· ἐψηφίσαντο δὲ τὴν
15 μὲν πόλιν κατασκάψαι εἰς ἔδαφος,[7] παῖδας δὲ καὶ γυναῖκας καὶ ὅσοι ὑπελείποντο τῶν Θηβαίων, πλὴν τῶν ἱερέων καὶ τῶν ἱερειῶν, ἀνδραποδίσαι. Τῆς δὲ Πινδάρου τοῦ ποιητοῦ οἰκίας καὶ τῶν ἐκγόνων τοῦ Πινδάρου ἐφείσατο Ἀλέξανδρος αἰδοῖ[8] Πινδάρου.

Τῶν μὲν Μακεδόνων ἐτελεύτησαν πλείους τῶν πεντακοσίων, τῶν
20 δὲ Θηβαίων ὑπὲρ τοὺς ἑξακισχιλίους, αἰχμάλωτα δὲ σώματα συνήχθη πλείω τῶν τρισμυρίων· τοὺς δ' αἰχμαλώτους λαφυροπωλήσας[9] ἤθροισεν ἀργυρίου τάλαντα τετρακόσια καὶ τετταράκοντα.

Οἱ δ' ἄλλοι Ἕλληνες, ὡς ἠγγέλθη αὐτοῖς τῶν Θηβαίων τὸ πάθος, σφόδρα ἐταράχθησαν· ἐφοβοῦντο γάρ, μὴ[10] ταὐτὰ πάσχοιεν
25 τοῖς Θηβαίοις.[11] Καὶ οἱ μὲν Ἀρκάδες, ὅσοι ὡρμήθησαν βοηθήσοντες τοῖς Θηβαίοις, θανάτῳ ἐζημίωσαν τοὺς συμβουλεύσαντας τὴν βοήθειαν. Ἀθηναῖοι δέ, ἐκλεξάμενοι τοὺς ἐπιτηδειοτάτους, δέκα πρέσβεις ἔπεμψαν, κελεύσαντες λέγειν τῷ βασιλεῖ, χαίρειν τὸν δῆμον τῶν Ἀθηναίων, ὅτι Ἀλέξανδρος σῶς ἐπανῆλθεν ἐξ Ἰλλυριῶν
30 καὶ Τριβαλλῶν, καὶ ὅτι Θηβαίους τῆς ἀποστάσεως ἐτιμωρήσατο. Ὁ δὲ τῇ μὲν πρεσβείᾳ φιλανθρώπως ἀπεκρίνατο, ἐπιστολὴν δὲ γράψας πρὸς τὸν δῆμον ἐξῄτει τοὺς περὶ Δημοσθένη καὶ Λυκοῦρ-

---

[1] commander of the archers.　[2] καὶ ἐν. Gr. 18, 2.　[3] οἱ δέ refers to φάλαγγι (construction accdg. to the sense).　[4] συν-εισ-πίπτω rush in along with.　[5] in no sort of order, without any distinction.　[6] εἰς ἄμυναν τραπέσθαι to offer armed resistance.　[7] to the ground.　[8] out of reverence for.　[9] λαφυροπωλέω sell (as) booty.　[10] Rule 27.　[11] ταὐτὰ τοῖς Θ. the same as the Thebans.　Gr. 158, 3.

88

γον¹· τούτους γὰρ αἰτίους ἔφασκεν εἶναι τῆς τε ἐν Χαιρωνείᾳ συμφορᾶς καὶ τῆς τῶν Ἀθηναίων πρὸς Μακεδόνας ἔχθρας. Ἀθηναῖοι δὲ ἐπρεσβεύσαντο αὖθις παρ' Ἀλέξανδρον δεόμενοι παύσασθαι τῆς ὀργῆς, καὶ ὁ βασιλεύς, ἅμα μὲν αἰδοῖ τῆς πόλεως, ἅμα δὲ σπουδῇ²
5 τῆς εἰς τὴν Ἀσίαν στρατείας, ἐπαύσατο ὀργιζόμενος.

Ταῦτα δὲ διαπραξάμενος ἐπανῆλθεν Ἀλέξανδρος εἰς Μακεδονίαν, καὶ θυσίας θύσας μεγάλας τῷ Διὶ τῷ Ὀλυμπίῳ τὸν χειμῶνα διέτριβε σπουδαίως παρασκευαζόμενος πρὸς τὸν ἐπὶ τοὺς Πέρσας πόλεμον.

90. The March to Asia. The Battle on the Granicus.
Arr. An. I, 11, 3—I, 16, 7.

Ἅμα δὲ τῷ ἦρι³ ἀρχομένῳ ἐξελαύνει ἐφ' Ἑλλησπόντου, τὰ μὲν κατὰ Μακεδονίαν καὶ τοὺς Ἕλληνας Ἀντιπάτρῳ ἐπιτρέψας· αὐτὸς δὲ ἦγε πεζοὺς μὲν σὺν γυμνῆσί τε καὶ τοξόταις οὐ πολλῷ πλείους τῶν τρισμυρίων, ἱππέας δὲ ὑπὲρ τοὺς πεντακισχιλίους. Ἦν δὲ
5 αὐτῷ ὁ στόλος πρῶτον μὲν ἐπ' Ἀμφίπολιν καὶ τὰ στόματα τοῦ Στρυμόνος ποταμοῦ, ἔπειτα δ' ἐπ' Ἄβδηρα καὶ Μαρώνειαν, πόλεις Ἑλληνίδας ἐπὶ θαλάττῃ ᾠκισμένας. Ἐντεῦθεν δ' ἐπὶ τὸν Ἕβρον ποταμὸν ἀφικόμενος διαβαίνει τοῦτον ῥᾳδίως, καὶ ὁμοίως ὕστερον περάσας τὸν Μέλανα ποταμὸν ἀφικνεῖται εἰς Σηστὸν ἐν εἴκοσι
10 ταῖς πάσαις⁴ ἡμέραις ἀπὸ τῆς οἴκοθεν ἐξόδου.

Ἐντεῦθεν δὲ τὸν μὲν Παρμενίωνα τῶν πεζῶν τοὺς πολλοὺς καὶ τὴν ἵππον πᾶσαν διαβιβάσαι ἐκέλευσεν εἰς Ἄβυδον, καὶ διεβίβασε τριήρεσι μὲν ἑκατὸν καὶ ἑξήκοντα, πλοίοις δὲ ἄλλοις πολλοῖς, αὐτὸς δέ, ὡς οἱ πλεῖστοι λέγουσιν, ἐξ Ἐλαιοῦντος εἰς τὸν Ἀχαιῶν
15 λιμένα⁵ ἐποιήσατο τὸν πλοῦν. Καὶ κατὰ μέσον τὸν πόρον⁶ ἔσφαξε ταῦρον τῷ Ποσειδῶνι καὶ ἔσπεισε Νηρηῖσιν⁷ ἐκ φιάλης⁸ χρυσῆς εἰς τὴν θάλατταν. Λέγουσι δὲ καὶ πρῶτον αὐτὸν ἐκ τῆς νεὼς πηδῆσαι εἰς τὴν γῆν τὴν Ἀσίαν καὶ βωμοὺς ἱδρύσασθαι

---

¹ Dem., Lyc. and their partisans (see page 85, 4), i.e. the leaders of the patriotic party. ² from an eager desire to undertake. ³ τὸ ἦρ, ἦρος contr. from ἔαρ, ἔαρος. Gr. 60. ⁴ in all. Gr. 123, 1, b. ⁵ Ἀχαιῶν λιμήν was the name of a small bay on the northwestern coast of Troas — not far from the promontory of Sigeum — into which the Skamandros empties. ⁶ in the middle of the strait. Gr. 122, 2. ⁷ The best known of the Nereides, daughters of Nereus, was Thetis, mother of Achilles, of whom Alexander claimed to be a descendant on his mother's side, while, on his father's, he boasted of being descended from Heracles. ⁸ ἡ φιάλη saucer.

Διὸς καὶ Ἀθηνᾶς καὶ Ἡρακλέους.[1] Ἀπελθὼν δὲ εἰς Ἴλιον ἔθυσε τῇ Ἀθηνᾷ καὶ τῷ Πριάμῳ, καὶ ἐστεφάνωσεν αὐτὸς τὸν Ἀχιλλέως τάφον (Ἡφαιστίωνα δὲ λέγουσι τὸν Πατρόκλου τάφον στεφανῶσαι), καὶ ἐμακάρισεν Ἀλέξανδρος Ἀχιλλέα, ὅτι Ὅμηρος αὐτῷ γένοιτο 5 κῆρυξ εἰς τὴν ἔπειτα μνήμην.[2]

Ἐξ Ἰλίου δὲ εἰς Ἀρίσβην ἧκεν, ὅπου πᾶσα ἡ δύναμις ἐστρατοπέδευτο, καὶ τῇ ὑστεραίᾳ[3] εἰς Περκώτην· τῇ δὲ ἄλλῃ[3] πρὸς τῷ Πρακτίῳ ποταμῷ ἐστρατοπέδευσεν, ὃς ῥέων ἐκ τῶν Ἰδαίων ὀρῶν ἐμβάλλει εἰς θάλατταν τὴν μεταξὺ τοῦ Ἑλλησπόντου τε καὶ τοῦ 10 Εὐξείνου πόντου. Μετὰ δὲ ταῦτα οὐ πολλαῖς ἡμέραις ὕστερον ἤκουσε τοὺς τῶν Περσῶν στρατηγοὺς ἐστρατοπεδεῦσθαι πρὸς Ζελείᾳ τῇ πόλει σὺν τῇ ἵππῳ τῇ βαρβαρικῇ καὶ τοῖς Ἕλλησι τοῖς μισθοφόροις.

Ἐκ τούτου δὴ Ἀλέξανδρος προὐχώρει ἐπὶ τὸν Γρανικὸν ποταμὸν 15 συντεταγμένῳ τῷ στρατῷ· εἶχε δὲ τὴν μὲν τῶν ὁπλιτῶν φάλαγγα διπλῆν,[4] τοὺς δὲ ἱππέας κατὰ τὰ κέρατα[5] ἦγε, τὰ δὲ σκευοφόρα ὄπισθεν ἕπεσθαι ἐκέλευσεν. Ἐπεὶ δὲ οὐ πολὺ ἀπεῖχε τοῦ Γρανικοῦ ποταμοῦ, ἀπηγγέλθη τοὺς Πέρσας πέραν ἐπὶ τῷ Γρανικῷ συντετάχθαι ὡς εἰς μάχην.

20 Ἔνθα δὴ Ἀλέξανδρος μὲν τὴν στρατιὰν πᾶσαν συνέταττεν ὡς μάχην ποιησόμενος· Παρμενίων δὲ προσελθὼν ἔλεγεν Ἀλεξάνδρῳ τάδε. " Ἐμοὶ δοκεῖ, ὦ βασιλεῦ, ἀγαθὸν εἶναι στρατοπεδεύσασθαι ἐπὶ τῇ τοῦ ποταμοῦ ὄχθῃ, ὡς ἔχομεν.[6] Τοὺς γὰρ πολεμίους οὐκ εἰκός ἐστι τολμήσειν πλησίον ἡμῶν αὐλισθῆναι, καὶ ταύτῃ[7] νυκτὸς 25 ἐπελθούσης ἀπάξουσι τὸ στρατόπεδον, ὥστε αὔριον ῥᾳδίως διαβιβῶμεν τὸ στράτευμα. Νῦν δὲ οὐκ ἂν διαβιβάσαιμεν ἀκινδύνως· ὁ γὰρ ποταμὸς βαθύς, αἱ δὲ ὄχθαι αὗται, ὁρᾷς, ὅτι ὑψηλόταται καὶ ἀπότομοί εἰσιν· καὶ τὸ πρῶτον σφάλμα[8] εἴς τε τὰ παρόντα καὶ εἰς τὸν ἅπαντα πόλεμον χαλεπὸν ἂν εἴη." Ἀλέξανδρος δέ· " Ταῦτα 30 μέν," ἔφη, " ὦ Παρμενίων, γιγνώσκω κἀγώ. Αἰσχύνομαι δέ, εἰ τὸν μὲν Ἑλλήσποντον ῥᾳδίως ἐπέρασα, ὁ δὲ ποταμὸς οὗτος, μικρὸν ῥεῦμα,[9] κωλύσει ἡμᾶς· ἐπιχειρῶμεν οὖν ὡς ἔχομεν[10] τῷ ἔργῳ."

---

[1] See foot-note 7 on facing page.   [2] ἡ ἔπειτα μνήμη one's fame with posterity.
[3] sc. ἡμέρᾳ.   [4] Owing to narrowness of grounds, he divided the army into two separate columns, each having its own phalanx.   [5] in column, i.e. the common order of march, the right wing taking the lead.   [6] ut sumus, i.e. in arms.   [7] consequently.   [8] failure, defeat.   [9] rivulet, brooklet.   [10] ut sumus, i.e. at once, without delay.

Μετὰ δὲ ταῦτα Παρμενίωνα μὲν ἀπέπεμψεν τοῦ ἀριστεροῦ **κέρα-**
τος ἡγησόμενον, αὐτὸς δὲ ἐπὶ τὸ δεξιὸν παρῆλθεν. Καὶ χρόνον
μέν τινα ἀμφότερα τὰ στρατεύματα ἡσυχίαν ἦγεν, καὶ σιγὴ ἦν
πολλὴ ἀμφοτέρωθεν. Οἱ γὰρ Πέρσαι προσέμενον τοὺς Μακεδόνας
5 ὡς ἐπιχειρήσοντες αὐτοῖς ἀναβαίνουσιν ἐκ τοῦ ποταμοῦ. Ἀλέ-
ξανδρος δὲ ἀναπηδήσας ἐπὶ τὸν ἵππον τοὺς ἀμφ' ἑαυτὸν ἕπεσθαι
καὶ ἄνδρας ἀγαθοὺς γενέσθαι ἐκέλευσεν. Καὶ τὸν μὲν Ἀμύνταν
καὶ Πτολεμαῖον ἐκέλευσε διαβαίνειν ἔχοντας τούς τε ἱππέας καὶ
τοὺς Παίονας καὶ τῶν πεζῶν μίαν τάξιν, αὐτὸς δὲ ἄγων τὸ δεξιὸν
10 κέρας ὑπὸ σαλπίγγων[1] ἐμβαίνει εἰς τὸν ποταμόν· οἱ δὲ εἵποντο
ἀλαλάζοντες. Ἔνθα δὴ μάχη γίγνεται καρτερά· οἱ μὲν γὰρ Πέρσαι
ἄνωθεν ἀκοντίζοντες εἰς τοὺς πολεμίους ἐκώλυον τὴν ἔκβασιν, οἱ
δὲ Μακεδόνες κάτωθεν ἀναβαίνοντες δεινότατα ἐπόνουν.

Καὶ πρῶτον μὲν καίπερ[2] ἰσχυρότατα μαχόμενοι, ἐκακοπάθουν[3]
15 ὑπὸ τῶν πολεμίων· τῷ τε πλήθει ἐλαττούμενοι[4] καὶ ἀντιτεταγμένοι
τῷ κρατίστῳ τῆς Περσικῆς ἵππου μέρει κατεκόπησαν οἱ πρῶτον
ἀναβαίνοντες· ἐπεὶ δὲ Ἀλέξανδρος αὐτὸς πλησιάσας ἔχων τὸ δεξιὸν
κέρας ἐνέβαλεν εἰς τοὺς Πέρσας, ἐπλεονέκτησαν[4] ἤδη οἱ Μακεδόνες,
καὶ ἦν μὲν ἀπὸ ἵππων ἡ μάχη, πεζομαχίᾳ δὲ μᾶλλον ἐῴκει· συνε-
20 χόμενοι[5] γὰρ ἵπποι τε ἵπποις καὶ ἄνδρες ἀνδράσιν ἠγωνίζοντο.
Καὶ Ἀλεξάνδρῳ αὐτῷ συντρίβεται[6] τὸ δόρυ ἐν τῇ μάχῃ, ἄλλο δὲ
λαβὼν καὶ ὁρῶν Μιθριδάτην, τὸν Δαρείου γαμβρόν,[7] πολὺ πρὸ τῶν
ἄλλων προϊππεύοντα[8] καὶ ἐπάγοντα ὥσπερ ἔμβολον[9] τῶν ἱππέων,
ἐλαύνει καὶ αὐτὸς[10] πρὸ τῶν ἄλλων· καὶ παίσας εἰς τὸ πρόσωπον
25 τῷ δόρατι καταβάλλει τὸν Μιθριδάτην. Ἐν δὲ τούτῳ Ῥοισάκης
ἐπελαύνει τῷ Ἀλεξάνδρῳ καὶ παίει Ἀλεξάνδρου τὴν κεφαλὴν τῇ
κοπίδι,[11] καὶ τοῦ μὲν κράνους τι ἀπέκοψε, τὴν δὲ πληγὴν ἐδέξατο τὸ
κράνος. Καὶ καταβάλλει καὶ τοῦτον Ἀλέξανδρος παίσας τῇ λόγχῃ
διὰ τοῦ θώρακος εἰς τὸ στέρνον. Σπιθριδάτης δὲ ἀνετέτατο μὲν
30 ἤδη ἐπ' Ἀλέξανδρον τὴν κοπίδα, ὁρῶν δὲ Κλεῖτος ὁ Δρωπίδου
ἀποκόπτει τὸν ὦμον τοῦ Σπιθριδάτου αὐτῇ κοπίδι.[12]

Καὶ οἱ Πέρσαι, πιεζόμενοι μὲν ἤδη πανταχόθεν ὑπὸ τῶν ἱππέων,

---

[1] amid the sounding of trumpets. [2] Rule 31. [3] κακοπαθέω fare ill (at the hands
of). [4] ἐλαττόομαι am smaller, inferior; πλεονεκτέω get the better, am superior. [5] συν-
έχομαι engage in close combat. [6] συν-τρίβω shatter. [7] son-in-law. [8] riding ahead, in
ad ance. [9] ὁ ἔμβολος wedge. [10] likewise, ipse quoque. [11] ἡ κοπίς, ίδος scimeter, small
ved saber. [12] αὐτῇ κ. together with the s. Gr. 158, 3.

πολλὰ δὲ καὶ ὑπὸ τῶν πεζῶν βλαπτόμενοι ἐγκλίνουσιν ἐνταῦθα
πρῶτον, ὅπου Ἀλέξανδρος ἐμάχετο· ἔπειτα δὲ καὶ ἡ ἄλλη στρατιὰ
πᾶσα εἰς φυγὴν ἐτράπετο. Ὕστατοι δ' ἀντεῖχον μόνοι οἱ Ἕλληνες
μισθοφόροι. Τούτοις οὖν τὴν φάλαγγα ἐπαγαγὼν καὶ τοὺς ἱππέας
5 πανταχόθεν κατακόπτει αὐτούς, ὥστε διέφυγε μὲν οὐδείς, ἐζωγρή-
θησαν δὲ ἀμφὶ τοὺς δισχιλίους. Καὶ τῶν μὲν Περσικῶν ἱππέων
ἀπέθανον εἰς χιλίους, Μακεδόνων δὲ τῶν ἑταίρων[1] ἀμφὶ τοὺς
εἴκοσι καὶ πέντε ἐν τῇ πρώτῃ προσβολῇ (καὶ τούτων χαλκαῖ εἰκόνες
ἐν Δίῳ[2] εἰσίν, Ἀλεξάνδρου κελεύσαντος Λύσιππον ποιῆσαι), τῶν
10 δὲ ἄλλων ἱππέων ὑπὲρ τοὺς ἑξήκοντα, πεζοὶ δὲ εἰς τοὺς τριάκοντα.
Καὶ τούτους μὲν τῇ ὑστεραίᾳ ἔθαψεν Ἀλέξανδρος σὺν τοῖς ὅπλοις
καὶ ἄλλῳ κόσμῳ, τῶν δὲ τραυματισθέντων πολλὴν εἶχεν ἐπιμέλειαν·
ἔθαψε δὲ καὶ τῶν Περσῶν τοὺς ἡγεμόνας καὶ τοὺς μισθοφόρους
Ἕλληνας, οἳ σὺν τοῖς πολεμίοις στρατεύοντες ἀπέθανον· ὅσους δὲ
15 αὐτῶν αἰχμαλώτους ἔλαβε, τούτους δήσας ἐν πέδαις εἰς Μακεδο-
νίαν ἀπέπεμψεν ἐργάζεσθαι,[3] ὅτι Ἕλληνες ὄντες Ἕλλησιν ὑπὲρ τῶν
βαρβάρων ἐμάχοντο. Ἀποπέμπει δὲ καὶ εἰς Ἀθήνας τριακοσίας
πανοπλίας Περσικὰς ἀνάθημα τῇ Ἀθηνᾷ ἐν ἀκροπόλει, καὶ ἐπί-
γραμμα ἐπιγαφῆναι ἐκέλευε τόδε.

ΑΛΕΞΑΝΔΡΟΣ ΦΙΛΙΠΠΟΥ
ΚΑΙ ΟΙ ΕΛΛΗΝΕΣ ΠΛΗΝ ΛΑΚΕΔΑΙΜΟΝΙΩΝ
ΑΠΟ[4] ΤΩΝ ΒΑΡΒΑΡΩΝ ΤΩΝ ΤΗΝ ΑΣΙΑΝ
ΚΑΤΟΙΚΟΥΝΤΩΝ.

91. Alexander's March to Gordium and Tarsus.
Arr. Anab. I, 17—II, 4.

Μετὰ ταύτην τὴν ἐπὶ Γρανικῷ νίκην Ἀλέξανδρος ἐπὶ Σάρδεων
προὔχώρει. Καὶ ἀπέχοντος αὐτοῦ ὅσον ἑβδομήκοντα σταδίους
Σάρδεων ἧκον Μιθρίνης τε ὁ φρούραρχος τῆς ἀκροπόλεως καὶ
5 Σαρδιανῶν οἱ δυνατώτατοι, καὶ ἐνεχείρισαν οἱ μὲν τὴν πόλιν, ὁ δὲ
Μιθρίνης τὴν ἄκραν καὶ τὰ χρήματα. Καταλιπὼν δὲ ἐν Σάρδεσι
Παυσανίαν ἔχοντα φρουρὰν ἱκανὴν αὐτὸς ἐπορεύετο εἰς Ἔφεσον.

---

[1] οἱ ἑταῖροι, "companions in arms," sc. to the king, were called the flower of
Macedonian cavalry, as also, in a restricted sense, the royal body-guard.   [2] in the
same city of Dion, Macedonia, the statues of the Maced. kings were set up in a
temple. The famous group of 25 bronze statues (ἡ εἰκών, όνος) here referred to was
subsequently taken to Rome.   [3] to be employed, for punishment, at public works.   [4] in
inscriptions of this kind, ἀπό denotes the enemy from whom the spoils were taken.

Λαμβάνει δὲ καὶ ταύτην τὴν πόλιν ἄνευ μάχης· τοὺς δὲ φόρους,
ὅσους τοῖς βαρβάροις ἀπέφερον[1] οἱ Ἐφέσιοι μέχρι νῦν, τῇ Ἀρτέ-
μιδι τελεῖν[2] ἐκέλευσεν. Καὶ ἔθυσεν αὐτὸς θυσίαν τῇ Ἀρτέμιδι
καὶ πομπὴν ἔπεμψε[3] σὺν τῇ στρατιᾷ πάσῃ ὡπλισμένῃ τε καὶ ὡς
5 εἰς μάχην τεταγμένῃ. Ἐκ δὲ τούτου αἱ πλεῖσται πόλεις τῆς τε
Αἰολίδος καὶ τῆς Ἰωνίας διὰ πρέσβεων ἀμαχεὶ προσεχώρησαν[4]
τῷ βασιλεῖ πλὴν Μιλήτου· ταύτην δὲ ἐν ὀλίγῳ αἱρεῖ πολιορκίᾳ.

Μετὰ δὲ ταῦτα ἐπὶ Καρίας ἐπορεύετο, ὅτι ἐν Ἁλικαρνασσῷ
συνειλέχθαι οὐκ ὀλίγην δύναμιν τῶν τε βαρβάρων καὶ Ἑλληνικῶν
10 ξένων ἤκουσεν. Ὅσαι δὲ πόλεις μεταξὺ Μιλήτου καὶ Ἁλικαρνασ-
σοῦ ἦσαν, ταύτας ἐξ ἐφόδου[5] ἔλαβε πάσας· Ἁλικαρνασσὸν δὲ
ἥ τε φύσις τοῦ χωρίου ὀχυρωτάτην ἐποίει, καὶ τότε τῆς τε πόλεως
καὶ πάσης τῆς κάτω Ἀσίας[6] καὶ τοῦ ναυτικοῦ παντὸς ἡγεμὼν ἦν
Μέμνων ὁ Ῥόδιος, ἀνὴρ πολεμικώτατος καὶ ἀνδρειότατος. Καὶ
15 μὴν οὗτος ὁ ἀνὴρ ἐπιπονωτάτην ἐποίησε τὴν πολιορκίαν τοῖς Μα-
κεδόσιν· πολλὰ γὰρ πράγματα αὐτοῖς παρεῖχεν ἐκδρομὰς ἐπεξερ-
χόμενος[7] καὶ πύργους ταῖς μηχαναῖς ἀντοικοδομῶν[8] καὶ τὰ τείχη
βεβλαμμένα ἀνατειχίζων[9] καὶ τὰς μηχανὰς κατακάων. Οὕτως ἐξ
μῆνας ἀνδρειότατα ἀντεῖχεν· τέλος[10] δὲ ἠναγκάσθη ἀπολιπεῖν τὴν
20 πόλιν, καὶ νυκτὸς κατακαύσας τοὺς λιθίνους πύργους καὶ τὰς
στοὰς[11] καὶ τὰς οἰκίας τὰς πλησίον τοῦ τείχους ἀπεχώρησεν εἰς
τὴν ἄκραν. Γιγνώσκων δὲ ὁ βασιλεὺς τὴν ἄκραν δυσάλωτον οὖ-
σαν ἔλυσε τὴν πολιορκίαν, καὶ θάψας τοὺς νεκροὺς τὰς μὲν μηχα-
νὰς εἰς Τράλλεις ἀπαγαγεῖν ἐκέλευσε, τὴν δὲ πόλιν εἰς ἔδαφος[12]
25 κατέσκαψεν. Τῆς δὲ Καρίας φυλακὴν καταλιπὼν ἱκανὴν Παρμε-
νίωνα μὲν πέμπει ἐπὶ Σάρδεων καὶ κελεύει ἀπὸ Σάρδεων ἐπὶ Φρυγίαν
πορεύεσθαι, αὐτὸς δὲ ἐπὶ τὰς ἐν Λυκίᾳ τε καὶ Παμφυλίᾳ πόλεις
στέλλεται. Προσκτᾶται δὲ καὶ ταύτας ταχέως, τὰς μὲν πείσας,[13]
Τελμησσόν τε καὶ Πίναρα καὶ Ξάνθον καὶ Πάταρα καὶ ἄλλα πολί-
30 σματα[14] εἰς τριάκοντα, τὰς δὲ καὶ βίᾳ, Ἄσπενδον καὶ Σαγαλασσόν.

Μετὰ δὲ ταῦτα εἰς Γόρδιον ἐπορεύθη· ἔστι δὲ τὸ Γόρδιον τῆς

---

[1] ἀπο-φέρω pay (ἀπό what is due, which meaning is often conveyed by this
prep.). [2] to pay. [3] πομπὴν πέμπω make a solemn procession. [4] προσχωρέω sur-
render. [5] primo statim impetu, at the first assault. [6] ἡ κάτω Ἀσία Lower Asia i.e.
Asia Minor. [7] ἐκδρ. ἐπεξέρχομαι make sallies. [8] π. τ. μ. ἀντοικοδομέω raise towers
against the engines of war. [9] ἀνα-τειχίζω repair. [10] at last. [11] αἱ στοαί storehouses,
magazines. [12] to the ground. [13] by persuasion. [14] πόλισμα small place, town.

Φρυγίας τῆς ἐφ' Ἑλλησπόντου, ᾤκισται δὲ ἐπὶ τῷ Σαγγαρίῳ ποταμῷ. Ἐνταῦθα ἀπήντησεν Ἀλεξάνδρῳ Παρμενίων, ὃς ἐξεπέμφθη ἐξ Ἁλικαρνασσοῦ, σὺν μεγάλῃ δυνάμει νεωστὶ συλλεγείσῃ.

Ἀλέξανδρος δὲ ὡς ἐν Γορδίῳ διέτριβεν, ἐπιθυμία λαμβάνει
5 αὐτόν, ἀνελθόντα εἰς τὴν ἄκραν θεάσασθαι τὴν ἄμαξαν τοῦ Γορδίου καὶ τοῦ ζυγοῦ τῆς ἀμάξης τὸν δεσμόν. Ἐλέγετο δὲ περὶ ἐκείνης τῆς ἀμάξης τάδε. Ἦν ποτε ἐν Φρυγίᾳ Γόρδιος, ἀνὴρ πένης καὶ ὀλίγην ἔχων γῆν ἐργάζεσθαι καὶ ζεύγη βοῶν δύο. Καί ποτε ἀροῦντι[1] αὐτῷ ἐκαθέζετο ἀετὸς ἐπὶ τὸ ζυγὸν καὶ αὐτοῦ ἔμεινε μέχρι
10 ἑσπέρας. Ἀποροῦντα δὲ τῷ πράγματι ἐκέλευσαν οἱ μάντεις θῦσαι Διὶ βασιλεῖ, μεγάλας ἐλπίδας ἐμβάλλοντες· θύσαντι δ' αὐτῷ ἐγένετο υἱὸς Μίδας ὄνομα. Ἐπεὶ δὲ Μίδας μὲν ἀνὴρ ἦν καλὸς καὶ γενναῖος, οἱ δὲ Φρύγες στάσει τινὶ ἐπιέζοντο, ἐμαντεύθη τούτοις, ὅτι ἄμαξα ἄξει αὐτοῖς βασιλέα, καὶ ὅτι οὗτος αὐτοῖς παύσει τὴν
15 στάσιν. Ἔτι δὲ βουλευομένων αὐτῶν περὶ τούτων ἦλθεν ὁ Μίδας ἅμα τῷ πατρὶ καὶ τῇ μητρὶ προσελαύνων τῇ ἐκκλησίᾳ αὐτῇ[2] ἀμάξῃ. Αἱρεῖται οὖν ὑπὸ τῶν Φρυγῶν βασιλεὺς καὶ παύει τὴν στάσιν. Τὴν δὲ τοῦ πατρὸς ἄμαξαν διεφύλαττον[3] οἱ ἐπιχώριοι ἐν τῇ ἄκρᾳ, ἀνάθημα τοῦ Διὸς τοῦ βασιλέως. Ἐλέγετο δὲ καὶ τόδε
20 περὶ τῆς ἀμάξης, ὅστις λύσειε τοῦ ζυγοῦ τὸν δεσμόν, τοῦτον ἄρξειν τῆς Ἀσίας· τοῦ δὲ δεσμοῦ οὔτε τέλος οὔτε ἀρχὴ ἐφαίνετο. Ἐπειρᾶτο μὲν οὖν καὶ Ἀλέξανδρος λῦσαι τὸν δεσμόν, ἀλλ' οὐχ οἷός τε ἦν· οὐ βουλόμενος δὲ ἄλυτον καταλιπεῖν σπασάμενος τὸ ξίφος διέκοψε τὸν δεσμόν, αὐτὸν λελύσθαι φάσκων. Καὶ τῆς νυκτὸς ἐκεί-
25 νης βρονταὶ καὶ πῦρ ἐξ οὐρανοῦ ἐπεσήμηναν·[4] καὶ ἐπὶ τούτοις[5] ἔθυσε τῇ ὑστεραίᾳ ὁ Ἀλέξανδρος τοῖς φήνασι θεοῖς τά τε σημεῖα καὶ τοῦ δεσμοῦ τὴν λύσιν.

Ἀπὸ δὲ τοῦ Γορδίου ὁρμηθεὶς Ἀλέξανδρος διὰ τῆς Γαλατικῆς καὶ Καππαδοκίας ἐπορεύετο· προσκτησάμενος δὲ ταύτας τὰς χώρας
30 καὶ κρατήσας τῶν τῆς Κιλικίας πυλῶν[6] κατέβαινεν εἰς τὴν Κιλικίαν καὶ ἐλάμβανε Ταρσοὺς τὴν πόλιν ἀμαχεί. Διὰ μέσης δὲ τῆς πόλεως ῥεῖ ποταμὸς Κύδνος ὄνομα,[7] εὖρος[7] δύο πλέθρων· ψυχρὸς δέ ἐστι καὶ τὸ ὕδωρ[7] καθαρός. Βουλόμενος οὖν ἀναψύχειν[8] τὸ σῶμα ἐκ τῆς πορείας ὁ βασιλεὺς ἐλούετο. Εὐθὺς δὲ μετὰ τὸ λου-

---

[1] ἀρόω plough.   [2] Gr. 158, 3.   [3] preserved, kept.   [4] ἐπισημαίνω here intr.: appear by way of an omen.   [5] for this reason.   [6] the Cilician Pass.   [7] Greek acc. Gr. 139.   [8] to cool, refresh

τρὸν χαλεπώτατα ἐνόσησεν· καὶ οἱ μὲν ἄλλοι ἰατροὶ οὐκ ᾤοντο
ἀπαλλαγήσεσθαι Ἀλέξανδρον τῆς νόσου, Φίλιππος δὲ ὁ Ἀκαρνὰν
φαρμάκῳ ἰάσεσθαι ἐπηγγείλατο. Παρασκευάζοντος δὲ τοῦ ἰατροῦ
τὸ φάρμακον ἦλθεν ἐπιστολὴ παρὰ Παρμενίωνος, ἐν ᾗ ἐγέγραπτο
5 τάδε· " Φύλαξαι, ὦ βασιλεῦ, Φίλιππον. Ἀκούω γὰρ αὐτὸν δι-
εφθάρθαι πολλοῖς χρήμασιν ὑπὸ Δαρείου· ἀποκτενεῖ σε φαρμάκῳ."
Ταύτην τὴν ἐπιστολὴν ἀναγιγνώσκειν ἐκέλευσεν ὁ βασιλεὺς τὸν
Φίλιππον· ἐν ᾧ[1] δὲ ἀνεγίγνωσκεν ἐκεῖνος, αὐτὸς ἔπινε τὸ φάρμα-
κον, καὶ μετ᾽ ὀλίγον ἀληθῶς ἀπηλλάγη τῆς νόσου Ἀλέξανδρος.

92. The March Continued. The Battle of Issus.
Arr. An. II, 5-14.

Ὀλίγαις δὲ ἡμέραις ὕστερον εἰς Σόλους ἀφίκετο· καὶ φρουρὰν
εἰσήγαγεν εἰς τὴν πόλιν καὶ ἐπέβαλεν αὐτοῖς τάλαντα ἀργυρίου
διακόσια ζημίαν, ὅτι πρὸς τοὺς Πέρσας μᾶλλον τὸν νοῦν εἶχον.
Ἔνθεν δέ, ἀναλαβὼν τῶν μὲν πεζῶν τῶν Μακεδόνων τρεῖς τάξεις,
5 τοὺς δὲ τοξότας καὶ ἀκοντιστὰς πάντας, ἐξελαύνει ἐπὶ τοὺς τὰ ὄρη
κατέχοντας Κίλικας, καὶ ἐν ἑπτὰ ταῖς πάσαις[2] ἡμέραις τοὺς μὲν
βίᾳ, τοὺς δὲ ὁμολογίᾳ καταστρεψάμενος ἐπανῆλθεν εἰς Σόλους.
Θύσας δὲ ἐκεῖ τῷ Ἀσκληπιῷ καὶ πομπὴν πέμψας[3] αὐτός τε καὶ ἡ
στρατιὰ πᾶσα ἐξελαύνει καὶ ἀφικνεῖται εἰς Μαλλόν.
10 Ἔτι δὲ ἐν Μαλλῷ ὄντι ἠγγέλθη αὐτῷ Δαρεῖον ἐν Σώχοις[4] σὺν
τῇ πάσῃ δυνάμει στρατοπεδεύεσθαι. Ὁ δὲ χῶρος οὗτος ἔστι μὲν
τῆς Συρίας γῆς, ἀπέχει δὲ τῶν πυλῶν τῆς Κιλικίας καὶ τῆς Συρίας
εἰς δύο μάλιστα[5] σταθμούς. Ἔνθα δὴ συναγαγὼν τοὺς ἑταίρους[6]
φράζει αὐτοῖς τὰ ἠγγελμένα περὶ Δαρείου τε καὶ τῆς στρατιᾶς
15 αὐτοῦ· οἱ δὲ ἐντεῦθεν ὡς εἶχεν[7] ἄγειν ἐκέλευον. Ὁ δὲ τότε μὲν
ἐπαινέσας αὐτοὺς διέλυσε τὸν σύλλογον, τῇ δὲ ὑστεραίᾳ προῆγεν
ὡς ἐπὶ Δαρεῖον καὶ τοὺς Πέρσας, καὶ δευτεραῖος[8] ὑπερβαλὼν τὰς
πύλας[9] ἐστρατοπεδεύσατο πρὸς Μυριάνδῳ τῆς Συρίας. Τότε δὲ

---

[1] while. [2] in all. Gr. 123, 1, b. [3] see page 92, 3. [4] τὰ Σῶχα, or οἱ Σῶχοι;
otherwise not known. [5] at the most, at best. [6] see page 91, 1. [7] as he was = at
once, without delay. [8] see page 83, 5. [9] the Mt. Amānus ridge, running directly
south along the eastern coast of the gulf of Issus, may be crossed by three passes;
by the most northern, Darius entered the Cilician plain from Upper Syria, after
Alexander had already pushed on southward by the middle pass (between Issus
and what was later Alexandria, on the frontiers of Cilicia and Syria, Xen. Anab.
I, 4). Accordingly, on hearing of Darius' entrance into Cilicia, Alexander re-
turned by the same narrow pass northward as far as Issus, and had, in consequence,
his army drawn up in the battle south of that of Darius.

Δαρεῖος, ὑπερβαλὼν τὸ Ἀμανὸν ὄρος,[1] ἤδη, ὄπισθεν Ἀλεξάνδρου
γενόμενος, ἐπ᾽ Ἰσσοὺς τῆς Κιλικίας προῆγε τὸ στράτευμα. Οὗτος
γάρ, ἐπεὶ ἤκουσε τὴν ἐπὶ τῷ Γρανικῷ ἧτταν, ἐκ πάσης τῆς βα-
σιλείας πλείστην δύναμιν συνέλεξεν. Ταύτην ἔχων ἐπορεύθη εἰς
5 τὴν Συρίαν, καὶ ἐκλεξάμενος πεδίον μέγα καὶ ἅμα μὲν τῷ πλήθει
τῆς στρατιᾶς ἐπιτήδειον, ἅμα δὲ τῇ ἵππῳ σύμφορον ἐστρατοπε-
δεύετο ὡς ἐκεῖ ἀναμενῶν τὸν Ἀλέξανδρον. Ὡς δὲ τούτῳ πολλὴ
διατριβὴ ἐγένετο ἐν Ταρσοῖς διὰ τὴν νόσον, καὶ οὐκ ὀλίγη ἐν
Σόλοις διὰ τὴν πομπὴν καὶ τοὺς ὀρεινοὺς[2] Κίλικας, Δαρεῖος μετα-
10 βουλευσάμενος[3] τὴν στρατιὰν εἰς τὴν Κιλικίαν προῆγε, μάχεσθαι
τοῖς Μακεδόσιν ἐπιθυμῶν· ἐνόμιζε γὰρ τὸν Ἀλέξανδρον φο-
βηθέντα μὴ προσάγειν.

Λαβὼν οὖν Ἰσσοὺς εἰς τὴν ὑστεραίαν προὐχώρει ἐπὶ τὸν
Πίναρον ποταμόν· Ἀλέξανδρος δέ, ὡς ἤκουσεν ἐν τῷ ὄπισθεν
15 αὐτοῦ ὄντα Δαρεῖον, πρῶτον μὲν οὐκ ἐπίστευε τῷ λόγῳ· ἐπεὶ δὲ
οἱ κατάσκοποι οἱ ἀποσταλέντες ἐπ᾽ Ἰσσοὺς ἀπήγγειλαν τὰ ὄντα,
Δαρεῖον ἐκεῖ εἶναι, μάλιστα ἤσθη ἐπὶ τῇ τοῦ βασιλέως ἀνοίᾳ, ὃς
τὴν ἀνάριθμον δύναμιν ἐκ τῆς εὐρυχωρίας[4] εἰς τὰ στενόπορα[5]
ἤγαγεν. Καὶ ἀναλαβὼν τὴν στρατιὰν πᾶσαν νυκτὸς ὀπίσω
20 πορεύεται ἐπὶ τοὺς Πέρσας.

Δαρεῖος δέ, ὡς ἠγγέλθη αὐτῷ Ἀλέξανδρος ἤδη προσάγων
ὡς εἰς μάχην, παρὰ τὸν ποταμὸν ἔταξε τὴν στρατιάν· ἐλέγετο
δὲ εἶναι εἰς ἑξήκοντα μυριάδας μαχίμων· αὐτὸς δὲ Δαρεῖος τὸ
μέσον τῆς πάσης τάξεως εἶχεν· οὕτω γὰρ νόμος τοῖς τῶν Περ-
25 σῶν βασιλεῦσι τετάχθαι. Ἀλέξανδρος δέ, ἐπειδὴ αὐτῷ[6] διετέ-
τακτο τὸ στράτευμα, πάντῃ παριππεύων[7] διεκελεύσατο ἄνδρας
ἀγαθοὺς γενέσθαι, οὐ τῶν ἡγεμόνων μόνων τὰ ὀνόματα, ἀλλὰ
καὶ λοχαγοὺς ὀνομαστὶ καλῶν. Ἔπειτα πρῶτον μὲν βάδην[8]
προῆγε τὴν δύναμιν· ὡς δὲ ἐντὸς βελῶν ἦσαν, πρῶτοι δὲ οἱ περὶ
30 Ἀλέξανδρον καὶ αὐτὸς Ἀλέξανδρος, ἐπὶ τοῦ δεξιοῦ κέρατος τε-
ταγμένοι, δρόμῳ[9] εἰς τὸν Πίναρον ποταμὸν εἰσέβαλον καὶ ἄνω ἐπὶ
τὰς ὄχθας ἔσπευσαν. Εὐθὺς δέ, ὡς ἐν χερσὶν ἡ μάχη ἐγένετο,
τρέπονται τοῦ Περσικοῦ στρατεύματος οἱ ἐπὶ τῷ ἀριστερῷ κέρατι

---

[1] See foot-note 9 on facing page. [2] ὀρεινός, 3. hilly; mountain-dwelling. [3] μετα-
βουλεύομαι change my mind, alter my plan. [4] ἡ εὐρυχωρία wide, open space; open
field. [5] τὰ στενόπορα narrow passes, defiles. [6] dative of agent, Gr. 157, 2. [7] riding
in every direction. [8] with slow pace. [9] on the run (ὁ δρόμος), running.

τεταγμένοι· καὶ ταύτῃ μὲν λαμπρῶς ἐνίκα Ἀλέξανδρος· ἐν δὲ τῷ
ἀριστερῷ κέρατι ἐπιέζοντο οἱ Μακεδόνες ὑπὸ τῶν Ἑλληνικῶν
μισθοφόρων τῶν Δαρείου. Καὶ ἐνίκησαν ἂν¹ οἱ τοῦ Δαρείου, εἰ
μὴ αἱ ἀπὸ τοῦ δεξιοῦ κέρατος τάξεις, τετραμμένους ἤδη τοὺς καθ'
5 ἑαυτοὺς² Πέρσας ὁρῶσαι, ἐβοήθησαν.¹ Τότε δὲ δρόμῳ ἔφυγε
πᾶσα ἡ στρατιά· ἔφυγε δὲ καὶ Δαρεῖος, πρῶτον μὲν ἐπὶ τοῦ
ἅρματος, ὕστερον δὲ ἐφ' ἵππου, καταλιπὼν τό τε ἅρμα καὶ τὴν
ἀσπίδα ἐπ' αὐτῷ καὶ τὸν κάνδυν³ καὶ τὸ τόξον. Καὶ ταῦτα μὲν
λαμβάνουσι τῶν Μακεδόνων τινὲς διώκοντες· αἱροῦσι δὲ καὶ τὸ
10 στρατόπεδον τὸ τῶν Περσῶν, καὶ ἐν τούτῳ τήν τε μητέρα Δαρείου
καὶ τὴν γυναῖκα καὶ ἀδελφὴν καὶ υἱὸν νήπιον⁴ καὶ θυγατέρας δύο.
Λέγονται δὲ ἀποκτεῖναι οἱ Μακεδόνες ἐν τῇ τε μάχῃ καὶ ἐν τῇ
διώξει τῶν Περσῶν εἰς δέκα μυριάδας, καὶ ἐν τούτοις ἱππέας ὑπὲρ
τοὺς μυρίους.
15 Ἀλέξανδρος δέ, ἐπεὶ ἀπὸ τῆς διώξεως εἰς τὸ στρατόπεδον ἐπα-
νῆλθεν, γυναικῶν ἤκουσεν οἰμωγήν·⁵ ἐρωτήσαντι δ' αὐτῷ, αἵτινες
εἶεν αἱ γυναῖκες καὶ ἀνθ' ὅτου οἰμώζοιεν,⁵ ἤγγειλέ τις, ὅτι⁶ "Ἥ
τε μήτηρ καὶ ἡ γυνὴ καὶ οἱ παῖδες Δαρείου οἰμώζουσιν ἐπὶ τῷ
βασιλεῖ ὡς τετελευτηκότι, ἐπεὶ ἐξηγγέλθη αὐταῖς, ὅτι τὸ τόξον
20 Δαρείου ἔχεις καὶ τὸν κάνδυν καὶ τὴν ἀσπίδα." Ταῦτα ἀκούσας
Ἀλέξανδρος ἔπεμψε πρὸς αὐτὰς Λεόννατον, ἕνα τῶν ἑταίρων,
κελεύσας ἐπαγγεῖλαι, ὅτι ζῇ Δαρεῖος. Ἀλλ' οὐδὲ ὕστερον ἠμέλει
τῶν γυναικῶν, ἀλλὰ συνεχώρησεν αὐταῖς θεραπείαν βασιλικὴν καὶ
τὸν ἄλλον κόσμον, καὶ καλεῖσθαι ἐκέλευσε βασιλείας.
25 Οὐ πολλῷ δὲ ὕστερον ἦλθον παρὰ Δαρείου πρέσβεις κομίζοντες
ἐπιστολήν, ἐν ᾗ ἐνῆσαν λόγοι περὶ φιλίας καὶ συμμαχίας·
Ἀλέξανδρος δὲ οὐκ ἐπείσθη.

---

¹ would have conquered, had not. ² those facing them. ³ ὁ κάνδυς, υος the (Per-
sian) outer garment, caftan. ⁴ infant. ⁵ ἡ οἰμωγή wailing, lamentation ; οἰμώζω
wail, lament. ⁶ see page 77, 11.

SUPPLEMENT TO

FIRST LESSONS IN GREEK

THE LEGEND OF THE GOLDEN FLEECE.

93. Phrixus and Helle.

Learn Gr. 6l αὐτοῦ etc.　　Note: Lessons 93-95 may be read after 27.

Βοιωτία, ας, ἡ *Boeótia*, in central Greece, directly northwest of Attica. — 'Αθάμᾱς, αντος, ὁ *A'thamas*. — Αἴολος, ου, ὁ *Aéolus*. — Νεφέλη, ης, ἡ *Néphele* (akin to Lat. *nebŭla*). — Φρίξος, ου, ὁ *Phrixus*. — Ἕλλη, ης, ἡ *Helle*. — 'Ινώ, οῦς, ἡ *Ino*. Gr. 49. — Ἑρμῆς, οῦ, ὁ, *Hermes*.　Gr. 30. — Εὐρώπη, ης, ἡ *Europe*. — 'Ασία, ας, ἡ *Asia*. — Ἑλλήσποντος, ου, ὁ " *Helle's Sea*," the *Héllespont* (= Dardanelles), the strait separating Europe from Asia and connecting the Propontis with the Aegēan. — Κολχίς, ίδος, ἡ *Colchis*, on the eastern coast of the Pontus. — Αἰήτης, ου, ὁ, *Aeëtes*.

Τῆς Βοιωτίας ἐβασίλευέν ποτε 'Αθάμας ὁ Αἰόλου[1]. 'Αθάμαντος δὲ καὶ Νεφέλης τέκνα ἦσαν Φρίξος καὶ Ἕλλη. Μετὰ[2] δὲ τὸν Νεφέλης θάνατον 'Ινὼ ἡ μητρυιὰ[3] τοῖς τέκνοις κακόνους οὖσα ἐπεβούλευσεν· ἐπεὶ δὲ λιμὸς ἐν τῇ χώρᾳ ἐγίγνετο, ἔπεισε[4] τὸν 'Αθάμαντα, ὑπὲρ τῆς πάντων σωτηρίας τὸν[5] υἱὸν καὶ τὴν θυγα- 5 τέρα θῦσαι[6]. Ὅτε δὲ τὸν υἱὸν φονεῦσαι ἔμελλεν 'Αθάμας, Ἑρμῆς λέγεται, Νεφέλης πεισάσης,[7] τοῖς τέκνοις κριὸν χρυσόμαλλον[8] πέμψαι.[9] Φεύγει οὖν ὁ Φρίξος σὺν τῇ ἀδελφῇ ἐκ τῆς πατρίδος, φερόμενος ὑπὸ τοῦ κριοῦ διὰ τοῦ ἀέρος. Ὁδευόντων[10] δὲ τῶν φυγάδων ἐκ τῆς Εὐρώπης εἰς τὴν 'Ασίαν καταπίπτει[11] Ἕλλη εἰς 10 τὴν θάλατταν, καὶ ἀπ' αὐτῆς τῇ ἐκεῖ[12] θαλάττῃ Ἑλλήσποντος ἦν ὄνομα. Φρίξος δὲ εἰς τὴν Κολχίδα ἐσώζετο, ὅπου Αἰήτης ὁ τότε τῆς γῆς βασιλεύων αὐτὸν φιλικῶς[13] ἐδέξατο. Καὶ τὸν μὲν κριὸν ἔθυσε Φρίξος τοῖς θεοῖς τοῖς[14] σωτῆρσιν ἐκ τοῦ δεινοῦ κινδύνου, τὸ δὲ δέρμα αὐτοῦ ἐκέλευσεν Αἰήτης φυλάττεσθαι ὑπὸ δεινοῦ 15 δράκοντος ἐν ἱερῷ· παλαιὸς γὰρ ἦν αὐτῷ χρησμός, ὅτι[15] κατέχων

---

[1] Αἰόλου, sc. υἱός; p. 27, note 16.　[2] μετά: for all prepositions, see Gr. 163. [3] μητρυιά, ᾶς, ἡ step-mother.　[4] ἔπεισε: with 'Ινώ for subj.　[5] τόν, τήν: his. Gr. 126.　[6] Θῦσαι: Rule 19.　[7] πεισάσης: sc. him = Hermes.　[8] χρῡσόμαλλος, 2 with golden wool (μαλλός) or fleece.　[9] πέμψαι: to have sent. Gr. 169[4].　[10] ὁδεύω: go; in translating choose some specific way of " going," as fly, ride, travel, pass, cross. [11] κατα-πίπτω: fall or drop down.　[12] ἡ ἐκεῖ θάλαττα: the sea there or in that quarter; that part of the sea.　Adverbs in the attributive position may serve as adjectives; Gr. 120; so ὁ τότε βασιλεύων the then king = the king at that time.　[13] φιλικῶς like a friend; kindly. Gr. 59[1].　[14] τοῖς σωτῆρσιν: note the article; that had saved him; his saviors; Gr. 120.　[15] ὅτι (to the effect) that; κατέχων: Gr. 203[8] c or d: if or as long as he kept, or was in possession of.

μὲν τὸ χρυσόμαλλον δέρμα εὖ ἔχει,¹ ἁρπαζομένου δὲ τοῦ δέρματος ἀποθνῄσκει.

94. Jason and Pelias.

Πελίας, ου, ὁ *Pélias.* — Ἰωλκός, οῦ, ἡ *Iolcus,* a town in Magnésia in Théssaly. — Θετταλία, ας, ἡ *Théssaly,* the largest division of Greece between Macedonia, Mt. Pindus and the Aegēan Sea. — Ἰάσων, ονος, ὁ *Jason.* — Αἴσων, ονος, ὁ *Aéson.* — Θετταλός, οῦ, ὁ a *Thessalian.* — Ἄργος, ου, ὁ *Argos.* — Ἀργώ, οῦς, ἡ *Argo;* Gr. 49. — Ἀργοναύτης, ου, ὁ an *Argonaut.*

Τὸν Πελίαν, τὸν τῆς Ἰωλκοῦ ἐν τῇ Θετταλίᾳ τύραννον, Ἀπόλλων χρησμῷ τινι² ἐκέλευσε φυλάττεσθαι³ ἄνδρα μονοσάνδαλον⁴. Θύοντος δ' αὐτοῦ⁵ ποτε τῷ Ποσειδῶνι ἧκεν⁶ Ἰάσων ὁ Αἴσονος μονοσάνδαλος· διαβαίνων γὰρ ποταμόν τινα τὸ ἕτερον⁷
5 σάνδαλον ἀπέβαλλεν. Πελίας οὖν μνήμων ὢν τοῦ χρησμοῦ ἐταράττετο καὶ λέγειν ἐκέλευσε τὸν Ἰάσονα, τίνος⁸ ζημίας ἄξιον νομίζει τὸν τῷ βασιλεύοντι ἐπιβουλεύοντα. Ἰάσων δὲ⁹ ἔλεξεν, ὅτι χρὴ¹⁰ αὐτὸν προσφέρειν τὸ χρυσόμαλλον δέρμα ἐκ τῆς Κολχίδος. Πελίας δὲ ἀκούσας τὸν λόγον Ἰάσονι· "Συμβουλεύεις μέν, ἔφη¹¹
10 ὅτι χρὴ προσφέρειν τὸν ἐπιβουλεύοντα τὸ χρυσόμαλλον δέρμα, αὐτὸς¹² δὲ ἐπιβουλεύεις τῷ βασιλεύοντι. Ὅδευε μὲν οὖν εἰς τὴν Κολχίδα καὶ πρόσφερε τὸ δέρμα· εἰ δὲ προσέφερες,¹³ ἐμοῦ ἑκόντος¹⁴ αὐτὸς τῶν Θετταλῶν ἄρξεις."¹⁵

Ἰάσων τὸ πρᾶγμα δεινὸν μὲν ἐνόμιζεν, ἀδύνατον δ' οὔ.¹⁶
15 Βουλευσάμενος δὲ σὺν Ἄργῳ, τῷ ἀρίστῳ τῶν τότε τεκτόνων,¹⁷ ἐκέλευσε μὲν αὐτὸν σκευάζειν μακρὸν πλοῖον· ἔπειτα δὲ κήρυκας ἔπεμψεν ἀνὰ¹⁸ πᾶσαν τὴν Ἑλλάδα κελεύσοντας¹⁹ τοὺς ἀρίστους

---

¹ εὖ; Gr. 59²; εὖ ἔχει; the Greek here preserves the mood of the direct speech; Gr. 177: *that he (was* or) *would be all right; it (was* or) *would be well with him.*
² τινι, dat. of τὶς, Gr. 67⁴.   ³ φυλάττομαί τινα *am on my guard against; beware of.* Gr. 165¹ b.   ⁴ μονο-σάνδαλος, 2 *with but one sandal, one-sandalled.*   ⁵ θύοντος αὐτοῦ, Rule 13.   ⁶ ἧκον = *veneram, aderam,* I had come, and *vēni,* I came.   ⁷ ὁ ἕτερος, 3 *alter; the other* (of two); *one* (of two).   ⁸ τίνος : *cuius.* Gr. 67⁴; 179¹.   ⁹ δέ: rarely to be rendered by *but.* Gr. 208¹¹.   ¹⁰ χρή preserves the mood of the direct discourse; so νομίζει above.   Gr. 177, 179.   ¹¹ ἔφη, Lat. *inquit;* Gr. 104¹.
¹² αὐτός: *ipse;* page 17, note 3.   Gr. 63¹.   ¹³ εἰ προσέφερες : *and if you bring it;* for, "*when you have brought it*" = ἐὰν προσενέγκῃς. Gr. 187¹; 184.   ¹⁴ ἐμοῦ ἑκόντος *me volente;* Rule 13; Gr. 203² b: *so far as I am concerned; with my consent.*
¹⁵ ἄρξεις: Gr. 168³; *you shall be (become) ruler.*   ¹⁶ οὔ: Gr. 8² b.   ¹⁷ τέκτων, ονος, ὁ *builder, craftsman, worker* (in wood, metal, etc.); esp. *joiner, carpenter, shipwright.*
¹⁸ ἀνά: *up and down; over; throughout.*   ¹⁹ κελεύσοντας: Rule 30.   Gr. 203³ b

τῶν Ἑλλήνων ἄνδρας μετέχειν[1] τοῦ πράγματος, καὶ δὴ[2] συνελέγοντο ἑκόντες πολλοὶ εἰς Ἰωλκόν. Τῷ δὲ πλοίῳ ἀπ᾽ Ἄργου τοῦ τέκτονος ἦν ὄνομα Ἀργώ, τοῖς δὲ συμπλέουσιν[3] ἑταίροις ἀπὸ τοῦ πλοίου Ἀργοναῦται.

95. Jason goes to Colchis in quest of the Golden Fleece.

Note. Μήδεια, ας, ἡ *Medea.*

Ἐπεὶ δ᾽ οἱ Ἀργοναῦται πολλοὺς κινδυνεύσαντες κινδύνους[4] εἰς τὸν τῆς Κολχίδος λιμένα ἧκον, Ἰάσων τοὺς ἑταίρους καταλείπων ἔρχεται πρὸς Αἰήτην καὶ τὰ παρὰ Πελίου[5] ἀγγέλλει. Ὁ δ᾽ Αἰήτης διὰ τὸν χρησμὸν τὸ δέρμα κατέχειν βουλόμενος, ἐβουλεύσατο τὸν Ἰάσονα φθείρειν. Ἐπαγγέλλεται[6] μὲν οὖν τὸ δῶρον, 5 λέγει δέ· " Ἀνδρείῳ μόνῳ ἀνδρὶ προσήκει λαμβάνειν τὸ δέρμα· πρὶν[7] οὖν σε[8] λαμβάνειν αὐτό, χρή σε εἰς πεῖραν τῆς σῆς ἀνδρείας τοὺς χαλκόποδας[10] καὶ πυρίπνους[11] ταύρους ὑπὸ ζυγὸν ἄγειν καὶ δράκοντος ὀδόντας σπείρειν."

Ἰάσονι δὲ πρῶτον ἐν πολλῇ ἀπορίᾳ ὄντι Μήδεια, ἡ τοῦ 10 Αἰήτου θυγάτηρ, ἔρωτα ἔχουσα[12] τοῦ καλοῦ νεανίου, βοήθειαν ἔφερεν. Παρέχουσα γὰρ αὐτῷ φάρμακον χρῖσαι[13] ἐκέλευσεν αὐτὸν τήν τε ἀσπίδα καὶ τὸ δόρυ καὶ τὸν θώρακα· εἰ δ᾽ ἔχρισας, ἔφη, ἀδύνατόν ἐστι τῷ τε πυρὶ[14] καὶ τῷ σιδήρῳ τὸ σὸν σῶμα βλάπτειν.[15] Ὕστερον οὖν, ὅτε Ἰάσων τοὺς ταύρους ὑπὸ τὸ ζυγὸν 15 ἦγε καὶ τοὺς δράκοντος ὀδόντας ἔσπειρεν, ἐκ τῆς γῆς ἀνάριθμοι ἔνοπλοι ἄνδρες ἀνεφύοντο καὶ ἐμάχοντο[16] Ἰάσονι· ἀλλ᾽ οὔτε τὸ τῶν θηρίων πνεῦμα[17] οὔτε τὰ τῶν ἀνδρῶν ὅπλα αὐτὸν ἔβλαπτεν. Ὅτε δὲ Μηδείας πεισάσης λίθον εἰς τοὺς ἄνδρας ἔβαλεν, ἔρις ἐγίγνετο αὐτοῖς πρὸς ἀλλήλους,[18] καὶ ῥᾳδίως[19] ἐφόνευσε πάντας[19] 20 Ἰάσων.

---

[1] μετέχω τινός: take part in, join. [2] καὶ δή: and indeed, and in fact, and actually. [3] συμ-πλέω: sail along with, join in the expedition; συμπλέων fellow-passenger. [4] κινδυνεύσαντες Gr. 137[1]; we say, *face, brave* or *encounter danger; run a risk.* [5] τὰ παρά τινος, Gr. 124 Note: *all that issues from any one,* as commands, commissions, orders given, tasks imposed, etc. [6] ἐπαγγέλλομαι *promise, offer.* [7] πρίν w. acc. and inf.: *before* Gr. 190[4]. [8] σέ, enclitic = te. Gr. 61[1]. [9] εἰς π. *as a proof; to prove.* [10] χαλκό-πους, οδος, 2 *with feet of brass, brass-footed.* [11] πυρί-πνους (πῦρ + πνέω), ον, 2 *fire-breathing.* Gr. 33. [12] ἔρωτα ἔχουσα *being in love with.* [13] R. 19. χρίω *rub, anoint, smear.* [14] πῦρ: Gr. 50[8]. [15] βλάπτειν *injure, harm, hurt.* [16] ἐμάχοντο: *tried to fight.* Gr. 168[1] b. [17] πνεῦμα, ατος, τό *breath, breathing.* [18] ἀλλήλους: Gr. 63[8]. [19] ῥᾳδίως *easily, without difficulty, with ease.*

Μετὰ τὸν ἀγῶνα Ἰάσων τὸ δεύτερον¹ ἔχρῃζε λαμβάνειν τὸ δέρμα, Αἰήτης δὲ τὸ δεύτερον οὐκ ἐβούλετο παρέχειν. Ἔνθα δὴ² ἔρχεται Ἰάσων πρὸς Μήδειαν συμβουλευσόμενος³ αὐτῇ· ἡ δὲ νυκτὸς⁴ αὐτὸν εἰς τὸ ἱερὸν ἄγει καὶ φαρμάκῳ τὸν φυλάττοντα 5 δράκοντα θέλγει⁵· ἔπειτα ὅ τε Ἰάσων καὶ ἡ Μήδεια ἁρπάζουσι τὸ χρυσόμαλλον δέρμα καὶ εἰς τὸν λιμένα σπεύδουσιν. Ἐπεὶ δ' οἱ ἑταῖροι τὸ πλοῖον ὡς τάχιστα⁶ ἐσκεύαζον, πάντες οἱ Ἀργοναῦται ἀπέπλεον ἀγόμενοι⁷ τό τε δέρμα καὶ τὴν Μήδειαν, καὶ μετὰ πλοῦν πολλῶν μηνῶν εἰς τὴν Ἑλλάδα ἧκον.

THE LEGEND OF KING OEDIPUS.
96. Childhood of Oedipus.

Note: Lessons 96–99 may be read after 43.

Λάϊος, ου, ὁ *Láius*. — Θηβαῖος ου, ὁ a *Theban*. — Ἰοκάστη, ης, ἡ *Jocáste*. — Κιθαιρών, ῶνος, ὁ *Cithaéron*, a mountain range separating Boeótia from Áttica. — Πόλυβος, ου, ὁ *Pólybus*. — Κορίνθιος, ου, ὁ a *Corinthian*. — Περίβοια, ας, ἡ *Periboéa*. — Οἰδίπους, ποδος, ὁ *Oédipus*; acc. -ποδα and -πουν; "*Swell-foot*."

Λαΐῳ, τῷ τῶν Θηβαίων βασιλεῖ, Ἀπόλλων ἐμαντεύσατο, ὅτι τὸ ἐξ Ἰοκάστης τῆς γυναικὸς τέκνον τὸν μὲν πατέρα φονεύσει, τὴν δὲ μητέρα ἄξεται⁸ γυναῖκα. Ὀλίγοις δ' ἔτεσιν⁹ ὕστερον υἱὸν ἔτικτεν Ἰοκάστη τῷ Λαΐῳ. Τοῦ χρησμοῦ οὖν μνήμων ὢν ὁ βασιλεὺς 5 τῶν νομέων τὸν πιστότατον ἐκέλευσε τὸ παιδίον εἰς τὸν Κιθαιρῶνα τὸ ὄρος φέρειν καὶ φονεύειν. Ὁ δὲ τὸ τέκνον ἐξέφερε μέν, ἐφόνευε δ' οὔ,¹⁰ ἀλλὰ φειδόμενος αὐτοῦ καταλείπει ἐν τῇ ὕλῃ. Ἐνταῦθα δὲ ποιμένες Πολύβου, τοῦ Κορινθίων βασιλέως, εὑρίσκουσι τὸ παιδίον καὶ προσφέρουσι Περιβοίᾳ τῇ Πολύβου γυναικί. Πόλυβος 10 οὖν καὶ Περίβοια ἄπαιδες ὄντες μάλα¹¹ ἥδοντο ἐπὶ τῷ καλῷ παιδί· ὠνόμαζον δὲ Οἰδίπουν διὰ τὸ τῶν ποδῶν οἴδημα¹² καὶ ἐπαίδευον ὡς ἴδιον υἱόν. Νεανίας δὲ γενόμενος¹³ Οἰδίπους ὑπὸ τῶν πλείστων¹⁴ ἐνομίζετο Πολύβου καὶ Περιβοίας υἱός, καὶ πάντων τῶν ἡλικιωτῶν κάλλει τε σώματος¹⁵ καὶ ψυχῆς θάρσει διέφερεν, ὥστε

¹ τὸ δεύτερον *for the second time*. ² ἔνθα δή *then indeed; it was then that* (Gr. 69 Note 1); *in this crisis* or *predicament*. ³ Gr. 203³ b. Rule 30. ⁴ νυκτός, *by night*, Gr. 152¹. ⁵ θέλγω *charm; put to sleep by magic; lull to rest*. ⁶ ὡς τάχιστα *quam celerrime*. ⁷ ἄγομαι, middle, Gr. 165¹ b, *take* or *carry with me*. ⁸ ἄγομαι, middle, *uxorem duco*, Gr. 165¹ b. ⁹ ἔτεσιν: Gr. 159⁴. ¹⁰ οὔ: Gr. 8² b. ¹¹ μάλα Gr. 59³. ¹² οἴδημα, ατος, τό *swelling, tumor*. ¹³ γενόμενος *having become*. ¹⁴ πλεῖστοι, οἱ: Gr. 58⁶. ¹⁵ σῶμα is often our *person; beauty of person, personal beauty*.

ὑπὸ πάντων διὰ τὰς ἀρετὰς ἐθαυμάζετο καὶ οἱ πλεῖστοι αὐτῷ
εὐμενεῖς ἦσαν, ὀλίγοι δὲ φθονεροί.

97. Oedipus kills his own Father.

Κόρινθος, ου, ἡ *Corinth*, a town in the Peloponnésus, situated near the Isth-
mus. — Δελφοί, ῶν, οἱ *Delphi*, in Phocis, famous for its oracle. — Φωκίς, ιδος, ἡ
Phocis, in Central Greece, west of Boeótia.

Ὑπὸ φθονερῶν οὖν ἡλικιωτῶν κατ᾽[1] ἔριν ὠνειδίζετό ποτε
ὡς[2] οὐκ ὢν[2] Πολύβου καὶ Περιβοίας υἱός. Βαρέως[3] τὸν λόγον
φέρων[3] ὁ Οἰδίπους πρῶτον μὲν τὸν πατέρα περὶ τῆς γενεᾶς
ἀνέκρινεν.[4] Πολύβου δὲ οὐ σαφῶς ἀποκρινομένου ἔσπευσεν
Οἰδίπους φεύγων ἐκ Κορίνθου πρὸς τὸν ἐν Δελφοῖς θεόν, πευσό- 5
μενος[5] τὰ ἀληθῆ. Ὁ δὲ θεὸς ἔλεξεν αὐτῷ μὴ[6] πορεύεσθαι
εἰς τὴν πατρίδα· ἥκων γάρ, ἔφη, εἰς τὴν πατρίδα τὸν μὲν πα-
τέρα φονεύσεις, τὴν δὲ μητέρα ἄξῃ[7] γυναῖκα, καὶ τέκνα φύσεις
ἀτυχέστατα καὶ πᾶσι τοῖς θεοῖς ἔχθιστα.

Νομίζων οὖν τὸν Ἀπόλλωνα γονέας λέγειν[8] Πόλυβον καὶ 10
Περίβοιαν, ἄριστον εἶναι οἴεται φεύγειν Κόρινθον, καὶ ἔρχεται εἰς
τὴν Φωκίδα. Ἐνταῦθα ἐν στενῇ τινι ὁδῷ Λαΐῳ τῷ ἀληθινῷ πατρὶ
συντυγχάνει· ἐπορεύετο γὰρ Λάϊος ἀσθενὴς ὢν γέρων μετὰ κή-
ρυκος εἰς Δελφοὺς συμβουλευσόμενος τῷ θεῷ. Ἐκέλευσεν οὖν ὁ
κῆρυξ τὸν Οἰδίπουν εἴκειν τῷ γέροντι τῆς ὁδοῦ,[9] καὶ ὅτι οὐκ 15
ἐπείθετο, ἔπαισεν αὐτὸν σκήπτρῳ. Οἰδίπους δὲ ὀργιζόμενος καὶ
τὸν κήρυκα καὶ τὸν γέροντα ἐφόνευσεν, οὐ γιγνώσκων, ὅτι ἄκων
τὸν ἴδιον πατέρα ἀπέκτεινεν.

98. Oedipus marries Iocaste.

Ἥρα, ας, ἡ *Hera* (Lat. *Juno*). — Σφίγξ, ιγγός, ἡ *Sphinx*, from σφίγγω *throttle*.
— Ἐτεοκλῆς, έους, ὁ Gr. 45⁴, *Etéocles*. — Πολυνείκης, ους, ὁ *Polynices*. Gr. 45⁸. —
Ἀντιγόνη, ης, ἡ *Antigone*. — Ἰσμήνη, ης, ἡ *Isméne*. —

Μετὰ τὸν Λαΐου θάνατον Ἥρα ὀργιζομένη τῇ Θηβαίων πόλει
ἔπεμψε τὴν Σφίγγα, σῶμα μὲν ἔχουσαν λέοντος, κεφαλὴν δὲ

---

[1] κατ᾽ = κατά, Gr. 17; *in*. [2] ὡς οὐκ ὤν "as not being"; *he was charged* or
twitted with not being; (ὡς = *on the ground* or *score that*). [3] β. φέρω *graviter fero*,
am piqued or annoyed at. [4] ἀνα-κρίνω *examine, question, interrogate*. [5] ft. to πεύ-
θομαι, *learn by inquiry, ascertain, find out, discover.* Rule 30. [6] *not to go*, or "*do
not go*." Gr. 193¹ b. [7] ἄγομαι *duco (uxorem).* [8] λέγω often = *mean, refer to,
speak of.* [9] τῆς ὁδοῦ: (*decedere alicui*) *de via.* Gr. 147.

γυναικός, πτέρυγας δὲ ὄρνιθος. Ἡ δὲ ἐπὶ ἀποτόμῳ[1] πέτρᾳ πρὸ τῶν τῆς πόλεως πυλῶν διατρίβουσα τοὺς Θηβαίους βαρέως ἐπίεζεν· πᾶσι γὰρ τοῖς παρερχομένοις αἴνιγμα προὔτεινε[2] καὶ τοὺς μὴ λύοντας εἰς τὸ βάραθρον[3] καταβαλλομένη[4] διέφθειρεν. Ἦν δὲ τὸ
5 αἴνιγμα· " Τί[5] ζῷον τετράπουν[6] γίγνεται καὶ δίπουν καὶ τρίπουν;" Πολλῶν δὲ τῶν εὐγενεστάτων πολιτῶν ὑπὸ τῆς Σφιγγὸς διαφθειρομένων οἱ Θηβαῖοι ἀνὰ[7] πᾶσαν τὴν Ἑλλάδα ἐκήρυττον,[8] ὅτι ὁ τὸ τῆς Σφιγγὸς αἴνιγμα λύσων βασιλεύσει τῶν Θηβῶν καὶ τὴν βασίλειαν ἄξεται γυναῖκα. Ἀκούσας δ᾽ ὁ Οἰδίπους ὡς τάχι-
10 στα πρὸς τὴν τῆς Σφιγγὸς πέτραν ἔσπευσε καὶ ἐν βραχυτάτῳ χρόνῳ ἔλυσε τὸ αἴνιγμα, λέγων ἄνθρωπον εἶναι. Βρέφος[9] γὰρ ὢν τετράπους ἐστίν, ἀνὴρ δ᾽ ὢν δίπους, ἀσθενὴς δὲ γέρων ὢν βακτηρίαν[10] προσλαμβάνει τρίτον[11] πόδα. Αὐτίκα δέ, ἐπεὶ Οἰδίπους τὸ αἴνιγμα ἔλυσεν, ἡ Σφὶγξ δι᾽ αἰσχύνην ἑαυτὴν[12] καταβάλλει
15 ἀπὸ τῆς πέτρας, οἱ δὲ Θηβαῖοι τὸν Οἰδίπουν ὡς σωτῆρα θαυμάζοντες βασιλέα ἀνακηρύττουσιν· ὁ δὲ παραλαμβάνει τὴν βασιλείαν καὶ ἀνυπόπτως[13] τὴν Ἰοκάστην ἄγεται γυναῖκα. Παῖδας δ᾽ αὐτῷ ἔτικτεν υἱοὺς μὲν Ἐτεοκλέα καὶ Πολυνείκη, θυγατέρας δὲ Ἀντιγόνην καὶ Ἰσμήνην.

99. The End of Oedipus.

Τειρεσίας, ου, ὁ *Tirésias.* — Εὐμενίδες, ων, αἱ the *Erínyes,* called by a euphemism, the "*gracious*" or "*well-meaning ones,*" *Euménides* (Tisíphone, Allécto, Megaéra). — Κολωνός, οῦ, ὁ *Colónus,* a hill and demos near Athens. — Θησεύς, έως, ὁ *Thēseus.*

Μετὰ ταῦτα[14] Οἰδίπους πολὺν χρόνον τῶν Θηβῶν ἦρξεν εὐτυχέστατα. Πολλοῖς δ᾽ ἔτεσιν ὕστερον δεινὴ νόσος ἐξαίφνης[15] γιγνομένη τὴν πόλιν βαρύτατα ἐπίεζεν. Παμπόλλων[16] δὲ πολιτῶν ἀποθνησκόντων ὁ βασιλεὺς Τειρεσίαν μετεπέμψατο, τὸν ἐνδοξότατον
5 τῶν τότε μάντεων, καὶ ἐκέλευσεν ἀναφαίνειν τὴν τῆς συμφορᾶς αἰτίαν. Ὁ δὲ σαφῶς ἔλεξεν Οἰδίπουν εἶναι πάντων τῶν κακῶν αἴτιον ἅτε[17] φονεύσαντα τὸν πατέρα καὶ μνηστεύσαντα τὴν μητέρα.

---

[1] ἀπό-τομος, 2 *steep.*   [2] προ-τείνω *propose, propound.*   [3] the *abyss.*   [4] Gr. 165².
[5] τί; *which? what?*   [6] τετράπους, -πουν, -ποδος, 2 *four-footed;* δίπους, 2 *two-footed;* τρίπους, 2 *three-footed.*   [7] ἀνά: *throughout; through the length and breadth of.*   [8] Gr. 164³: *made heralds announce.*   [9] τὸ βρέφος: *new-born child, infant, babe.*   [10] βακτηρία, ας, ἡ *staff.*   [11] τρίτος, 3 *third.*   [12] ἑαυτήν *herself.* Gr. 62.   [13] *without suspicion; unsuspectingly.*   [14] μετὰ ταῦτα *after this; thereupon.*   [15] *suddenly.*   [16] πάμπολυς, 3 *very much.*   [18] ἅτε w. participle: *inasmuch as; because.* Gr. 203³ a.

Ἔνθα δὴ¹ ἡ μὲν Ἰοκάστη, ἐπεὶ τὰ περὶ τὸν Οἰδίπουν² ἤκουσεν,
ἑκοῦσα ἀποθνήσκει ἀπαγχομένη,³ Οἰδίπους δὲ ἐκκόπτεται⁴ τοὺς
ὀφθαλμούς, ὀψὲ⁵ γιγνώσκων, ὅτι οὐ κενοὶ οὐδὲ⁶ ψευδεῖς εἰσιν
οἱ τῶν θεῶν χρησμοί. Ἐναγὴς⁷ καὶ ἐκ τῆς πατρίδος ἀποκή-
ρυκτος⁸ μετ᾽ Ἀντιγόνης πρὸς τὸ τῶν Εὐμενίδων τέμενος ἐν 5
Κολωνῷ τῆς Ἀττικῆς καταφεύγει, ὅπου Θησεὺς τὸν τυφλὸν ἱκέτην
εὐμενῶς ἐδέξατο. Ἐνταῦθα μετ᾽ ὀλίγον χρόνον ὁ γέρων παν-
τοίοις πάθεσι καὶ ἄλγεσι κατακεκλασμένος⁹ ἀποθνήσκει.

100. King Codrus.

Note. Lessons 100-102 may be read after 52.

Κόδρος, ου, ὁ *Codrus.* — Κλεόμαντις, εως, ὁ *Cleomántis.* — Πρυτανεῖον, ου, τό the
Prytanéum, a public building where the State offered hospitable entertainment to
distinguished citizens. — Δελφός, οῦ, ὁ *a Delphian.*

Κόδρου Ἀθήνησι¹⁰ βασιλεύοντος δεινὴ ἀφορία¹¹ καὶ λιμὸς
τὴν Πελοπόννησον ἐπίεζεν. Διενοήθησαν¹² οὖν οἱ Πελοποννήσιοι
στρατεῦσαι εἰς τὴν Ἀττικὴν ὡς καταστρεψόμενοι¹³ τὴν γῆν· πρὶν¹⁴
δὲ στρατεύσασθαι, ἀγγέλους εἰς Δελφοὺς ἔπεμψαν ἐρωτήσοντας
τὸν θεόν, εἰ¹⁵ τῆς Ἀττικῆς κρατήσοιεν. Ὁ δ᾽ Ἀπόλλων ἐμαν- 5
τεύσατο, ὅτι τὴν πόλιν κτήσοιντο,¹⁶ εἰ μὴ ἀποκτείνοιεν¹⁶ Κόδρον,
τὸν τῶν Ἀθηναίων βασιλέα, καὶ οἱ Πελοποννήσιοι μεγάλῃ στρα-
τιᾷ ὁρμηθέντες¹⁷ εἰς τὴν Ἀττικὴν ἐπορεύθησαν. Κλεόμαντις δέ
τις, Δελφὸς ἀνήρ, ἀκούσας τὸν χρησμόν, κρύφα τοῖς Ἀθηναίοις
ἐδήλωσεν. 10
Ἐπεὶ δ᾽ οἱ Ἀθηναῖοι, ὑπὸ τῶν Πελοποννησίων πολιορκη-
θέντες, λιμῷ καὶ νόσοις ἐπιέζοντο, τότε δὴ¹⁸ Κόδρος ὑπὲρ τῶν
ἀρχομένων τελευτῆσαι ἐβουλεύσατο, τάδε¹⁹ μηχανησάμενος.
Πτωχοῦ ἐσθῆτα περιεβάλλετο, ἵνα τοὺς πολεμίους ἀπατήσειε, καὶ
ᾤχετο ἐκ τῆς πόλεως. Φρύγανα²⁰ δὲ συλλέγων ἐν ὕλῃ ἐγγὺς οὔσῃ 15

¹ ἔνθα δή: page 100 note 2. ² τὰ περί τινα: Gr. 124 Note; "all about," the
truth about some one; *the experiences, adventures of.* ³ *by hanging herself.*
Gr. 165¹ a. ⁴ Gr. 165¹ b. ⁵ *late; too late.* ⁶ *nor, nor yet, and not.* ⁷ *under a
curse.* ⁸ *publicly renounced; declared outlawed; disinherited, disowned, banished.*
⁹ from κατα-κλάω: *broken down, crushed, broken-hearted.* ¹⁰ *At Athens.* Gr. 51.
¹¹ *sterility, dearth;* ἀ + φέρω. ¹² δια-νοέομαι. Gr. 95², *purpose, plan, intend, mean.*
¹³ Rule 30. ¹⁴ πρίν w. inf. *before.* ¹⁵ *whether.* Gr. 179¹, with rule for opt. ¹⁶ the
optatives represent indirect discourse. ¹⁷ ὁρμάομαι. Gr. 95⁸. ¹⁸ τότε δή *then in-
deed; in that crisis.* ¹⁹ *haec, the following ruse* or *scheme.* ²⁰ *dried sticks, fagots,
kindlings, kindling wood.*

ἐπεχείρησέ τινι τῶν Πελοποννησίων καὶ ἔπαισεν αὐτόν, ὁ δὲ θυ-
μωθεὶς φονεύει τὸν βασιλέα, νομίζων αὐτὸν πτωχὸν εἶναι. Μετ᾽
ὀλίγον δὲ χρόνον κήρυκα πέμψαντες οἱ Ἀθηναῖοι τοῖς Πελοποννη-
σίοις πᾶσαν τὴν ἀλήθειαν ἐδήλωσαν καὶ τὸ τοῦ βασιλέως σῶμα
5 ᾐτήσαντο. Οἱ δὲ ἐγίγνωσκον, ὅτι οὐ νικήσοιεν· ἐποίησαν οὖν
τὰ ὑπὸ τῶν Ἀθηναίων ἀξιωθέντα καὶ ἀπεχώρησαν ἐκ τῆς Ἀττικῆς.
Τὸν δὲ Κλεόμαντιν καὶ τοὺς ἐκγόνους αὐτοῦ οἱ Ἀθηναῖοι τῇ ἐν
Πρυτανείῳ σιτήσει ἐτίμησαν.

101. Harmodius and Aristogiton.

Πεισίστρατος, ου, ὁ *Pisístratus*, the well-known Athenian Tyrant; died 527
B.C. — Ἱππίας, ου, ὁ *Híppias*. — Ἵππαρχος, ου, ὁ *Hipparchus*. — Ἁρμόδιος, ου, ὁ *Har·
módius*. — Ἀριστογείτων, ονος, ὁ *Aristogíton*. — Πεισιστρατίδαι, ῶν, οἱ *the sons of
Pisístratus*. — Παναθήναια, ων, τά *the Panathenaéa*, the most important of Athenian
festivals. Athéne was the patroness of Athens.

Πεισιστράτου γεραιοῦ τελευτήσαντος Ἱππίας τε καὶ Ἵππαρχος
οἱ υἱοὶ κύριοι τῶν πραγμάτων Ἀθήνησιν[1] ἦσαν, καὶ Ἱππίας μὲν
πρεσβύτερος ὢν ἦρχε τῆς πόλεως, Ἵππαρχος δέ, παιδιώδης[2] ὢν
καὶ φιλόμουσος,[3] τῆς πολιτείας οὐκ ἐφρόντιζεν. Ἐξ ἔριδός τινος
5 ἤχθαιρε τὸν Ἁρμόδιον, μέσον[4] πολίτην, καὶ ἵνα[5] αὐτὸν ὡς βαρύ-
τατα[6] λυπήσειεν, τὴν ἀδελφὴν αὐτοῦ προπηλακίζειν[7] ἐπειράθη.
Ἐκέλευσε γὰρ αὐτὴν ἥκειν εἰς πομπήν τινα κανηφόρον,[8] ἤκουσαν
δὲ διὰ τὸ μὴ εἶναι[9] ἀξίαν αἰσχρῶς ἀπέπεμψεν. Ἀριστογείτων δέ,
φίλος ὢν Ἁρμοδίῳ, πολὺν ἤδη χρόνον ἐμίσησε τοὺς τυράννους,
10 καὶ ἀκούσας τὴν ὕβριν τοῦ Ἱππάρχου πρὸς Ἁρμόδιον ἔλεξεν·
"Ὦ Ἁρμόδιε, πρότερον μὲν ἐτετίμησο· νῦν δέ, ἐπεὶ ἡ σὴ ἀδελφὴ
ἠδίκηται, καὶ αὐτὸς[10] ἠδίκησαι καὶ λελύπησαι. Ζημιώσωμεν[11]
οὖν τὸν ἀδικήσαντα· φυγαδεύσωμεν τοὺς τυράννους καὶ ἐλευθε-
ρώσωμεν τὴν πατρίδα." Ὁμοίοις λόγοις καὶ ὀλίγους τινὰς
15 φίλους ἔπεισεν Ἀριστογείτων, φυγαδευτέους εἶναι τοὺς Πεισιστρα-
τίδας. "Ἐπεὶ γάρ, ἔφη, Κόδρου τελευτήσαντος ἡ βασιλεία ὑπὸ

---

[1] Gr. 51. [2] *playful, gay, gallant, fashionable;* he was "*a sport.*" [3] *fond of
music and the arts; of an artistic temperament; of esthetic tastes.* [4] *of middle rank,
of the middle class* (a "*bourgeois*"). [5] Rule 27. [6] *to pain him as deeply as pos-
sible.* [7] *to bespatter with mud* = *abuse, insult, affront.* [8] *basket-bearer.* At Athens
the K. were maidens who carried on their heads baskets containing the sacred
things used at the feasts of certain gods. [9] Gr. 195: *on the ground, pretending —
that she was not worthy.* [10] καὶ αὐτός *ipse quoque.* Gr. 127[4]. [11] Rule 21.

τῶν ἡμετέρων προγόνων ἐπέπαυτο, οὐδεὶς τυραννεῦσαι¹ τετόλμηκε
πλὴν Πεισιστράτου καὶ τῶν υἱῶν αὐτοῦ. Νῦν δὲ παυθήτω μὲν ἡ
τυραννίς, ἱδρυθήτω δὲ ἡ ἐλευθερία." Καὶ Παναθηναίοις² ὅτε
πάντες οἱ πολῖται ἀσπίσι καὶ δόρασι κεκοσμημένοι τὴν πομπὴν
ἄγοιεν,³ τολμητέον εἶναι ἐβουλεύσαντο.   5

Ἐπεὶ δὲ ἧκεν ἡ ἑορτή, Ἱππίας μὲν ἔξω ἐν τῷ Κεραμεικῷ⁴
λεγομένῳ⁵ τὴν πομπὴν ἐκόσμησεν, Ἁρμόδιος δὲ καὶ οἱ ἑταῖροι
ἔχοντες τὰς μαχαίρας ὑπὸ τοῖς ἱματίοις ἐθεάσαντο τὰ γιγνόμενα.
Ὅτε δὲ ἔβλεψάν τινα τῶν φίλων οἰκείως⁶ πρὸς τὸν Ἱππίαν λέ-
γοντα, ᾤοντο τὸ πρᾶγμα μεμηνῦσθαι. Ἐφοβήθησαν⁷ οὖν καὶ 10
οὐκ ἐτόλμησαν ἐπιχειρῆσαι Ἱππίᾳ ἔχοντι περὶ ἑαυτὸν⁸ πολλοὺς
δορυφόρους. Ἵνα δὲ δράσειάν τι πρὸ τῆς συλλήψεως,⁹ ἔσπευ-
σαν εἰς τὴν πόλιν, καὶ συντυγχάνοντες Ἱππάρχῳ περὶ τὸ Λεωκό-
ρειον¹⁰ λεγόμενον φονεύουσιν αὐτόν. Καὶ Ἁρμόδιος μὲν αὐτίκα
ἀποθνήσκει ὑπὸ¹¹ τῶν δορυφόρων, τὸν δὲ Ἀριστογείτονα ὕστερον 15
αὐτοχειρὶ¹² Ἱππίας ἐφόνευσεν, καὶ βαρέως φέρων¹³ τὴν στάσιν
πολλῷ¹⁴ τραχύτερον ἢ τὸ πρὶν¹⁵ ἐτυράννευεν. Ὀλίγοις δ' ἔτεσιν
ὕστερον Ἀθῆναι τῶν τυράννων ἠλευθερώθησαν.¹⁶

102. Pericles as a General.

Πλαταιαί, ῶν, αἱ Plataéa, in southern Boeotia. — Ἀρχίδαμος, ου, ὁ Archidámus,
— Περικλῆς, έους, ὁ Pericles. Gr. 45.

Λελυμένων λαμπρῶς¹⁷ τῷ ἐν Πλαταιαῖς ἔργῳ¹⁸ τῶν σπονδῶν¹⁹
οἱ Ἀθηναῖοι παρεσκευάζοντο ὡς πολεμήσοντες, παρεσκευάζοντο δὲ

¹ to be a τύραννος = an absolute sovereign or despot; to rule with absolute power.
² Gr. 160² a.   ³ due to indirect discourse. Gr. 193².   ⁴ ὁ Κεραμεικός, οῦ, the Cer-
amícus = Potters' Quarter at Athens, partly within, and partly without, the city gates.
⁵ ὁ . . . λεγόμενος the so-called.   ⁶ in a friendly way, familiarly.   ⁷ ingressive
aorist: they took alarm. Gr. 168² d.   ⁸ circum se. Gr. 62.   ⁹ arrest, seizure, ap-
prehension.   ¹⁰ an ancient temple, dedicated to the daughters (= κόραι) of the
Attic hero Leos.   ¹¹ ἀποθνήσκω is passive in sense; hence ὑπό. Gr. 164².   ¹² with
his own hand.   ¹³ graviter ferens.   ¹⁴ multo. Gr. 159⁴.   ¹⁵ τὸ πρίν formerly, before.
¹⁶ The overthrow of the Tyrants at Athens represents but a phase in man's
struggle to make the world " safe for democracy."   ¹⁷ openly, manifestly, plainly.
¹⁸ τὸ ἔργον, " business," often of works or deeds of war, res gesta; battle, engagement,
attack; here the sudden descent, in the depth of night, on Plataea in 431 B.C.
¹⁹ the treaty, alliance, truce; here the 30 years' peace between Sparta and Athens
begun in 445 B.C.

καὶ οἱ Λακεδαιμόνιοι καὶ οἱ σύμμαχοι αὐτῶν. Καὶ πρέσβεις ἔπεμπον ἑκάτεροι[1] παρὰ βασιλέα καὶ ἄλλοσε[2] εἰς[3] τοὺς βαρβάρους, εἴ ποθέν[4] τινα βοήθειαν ἤλπιζον προσκτήσεσθαι. Ἐπεὶ δ᾽ οἱ Λακεδαιμόνιοι καὶ οἱ σύμμαχοι ὁρμηθέντες[5] ἐν τῷ Ἰσθμῷ 5 συνελέγοντο, Ἀρχίδαμος ὁ βασιλεὺς κήρυκα ἀποπέμπει εἰς τὰς Ἀθήνας, εἴ τι ἄρα[6] συγχωρήσοιεν οἱ Ἀθηναῖοι, βλέποντες ἤδη τοὺς Λακεδαιμονίους ἐν ὁδῷ ὄντας. Οἱ δὲ οὐκ ἐδέξαντο αὐτὸν εἰς τὴν πόλιν· ἦν γὰρ Περικλέους γνώμη πρότερον νενικηκυῖα,[7] κήρυκα καὶ πρεσβείαν μὴ δέχεσθαι, Λακεδαιμονίων ἐξεστρατευ-10 μένων. Ἀποπέμπουσιν οὖν αὐτόν, πρὶν[8] ἀκοῦσαι, καὶ ἐκέλευον ἔξω ὅρων εἶναι[9] αὐθημερόν,[10] τό τε λοιπόν[11], ἐάν τι βούλωνται, πρέσβεις πέμπειν[12] ἀναχωρήσαντας εἰς τὴν ἰδίαν Χώραν.

Ἐκ δὲ τούτου[13] ὁ Ἀρχίδαμος μετὰ δυνάμεως οὐκ ὀλίγης εἰσβολὴν ἐποιήσατο εἰς τὴν Ἀττικήν, καὶ τῆς χώρας πολλὴν[14] 15 ἐδῄωσεν, τῶν δὲ ἀγρῶν καὶ οἰκιῶν Περικλέους ἐφείσατο. Περικλῆς δέ, στρατηγὸς ὢν καὶ τὴν ὅλην ἡγεμονίαν ἔχων, προυποπτεύσας[15] ταῦτα, τοὺς ἀγροὺς καὶ τὰς οἰκίας πρότερον ἤδη τῷ δήμῳ ἐδεδώρητο. Καὶ τὴν μὲν στρατιὰν οὐκ ἐξῆγε[16] πρὸς μάχην, καίπερ[17] θυμωθέντων τῶν πολιτῶν, ἀλλ᾽ ἐκέλευεν ἀεὶ 20 τοὺς νέους πολεμησείοντας[18] ἡσυχίαν ἔχειν· πληρώσας δὲ ἑκατὸν[19] τριήρεις ἀπέπεμψε περὶ τὴν Πελοπόννησον· καὶ ταχέως οἱ Λακεδαιμόνιοι τὴν Ἀττικὴν δύναμιν οἴκαδε μεταπέμπονται. Οὕτω τῆς Ἀττικῆς ἐλευθερωθείσης ὁ Περικλῆς μεγάλην δόξαν ἐκτήσατο παρὰ τοῖς πολίταις ὡς δυνατὸς ὢν στρατηγῆσαι καὶ τοὺς Λακε-25 δαιμονίους καταπολεμῆσαι.[20]

---

[1] utrique: either party; both parties. [2] to another place; to other places; elsewhere. [3] εἰς w. persons: among, into the country of; or simply to. [4] enclitic: from somewhere or other. [5] the word often connotes swiftness of movement: start quickly, rush, hasten. [6] εἰ ἄρα if perhaps, if perchance. Gr. 208[4]. [7] ἦν νενικηκυῖα = ἐνενικήκει. Gr. 168[4], had prevailed, had carried the day, was victorious. [8] before (= without) hearing them. [9] sc. αὐτόν. [10] on the very same day. [11] from then on, henceforth, thenceforth, for the future. [12] sc. αὐτούς. [13] thereupon. [14] a large part. Gr. 145, Note 2. [15] suspect, apprehend, surmise beforehand; expect (anticipate is sometimes so used); ταῦτα = haec. [16] οὐκ ἐξῆγε; negative imperfect: he would not lead forth (in spite of pressure). [17] Rule 31. [18] πολεμησείω want war; am eager or clamor for war; οἱ νέοι are the modern "Junkers." [19] one hundred. [20] fight down, vanquish, defeat.

THE TWELVE LABORS OF HERCULES.

Note: May be read after Lesson 58.

103.

Ἡρακλῆς, έους, ὁ *Héracles* (" renowned through Hera "). Gr. 45. — Ζεύς, Διός, ὁ *Zeus.* Gr. 50². — Ἀλκμήνη, ης, ἡ *Alcméne.* — Πυθία, ας, ἡ *the Pýthia*, Apollo's priestess at Delphi who pronounced the oracles. — Μυκῆναι, ῶν, αἱ *Mycénae*, in Árgolis, famous in Greek tradition as Agamemnon's residence, and reputed for its wealth. — Εὐρυσθεύς, έως, ὁ *Eurýstheus.* — Νεμέα, ας, ἡ *Neméa*, in Argolis; the Nem an Games were one of the four Greek national festivals, τὰ Νέμεια. — Λέρνα, ης, ἡ *Lerna*, a marsh and a river in Argolis; adj. Λερναῖος, 3 *Lernaéan.* — Ἰόλᾶος, ου, ὁ *Ioláus.*— Κερυνῖτις, ιδος, adj. to Κερυνεία, ας, ἡ *Cerynéa*, in Achaia. — Ἄρτεμις, ιδος, ἡ *Ártemis* (= *Diána*), sister to Apollo; to her, as goddess of the chase, all game was dear. — Ἐρύμανθος, ου, ὁ a mountain in Arcadia; adj. -θιος, 3. — Φόλος, ου, ὁ *Pholus.* — Φολόη, ης, ἡ *Phóloë.* — Κένταυρος, ου, ὁ a *Centaur* — Αὐγείας, ου, ὁ *Augéas*, king in Elis. — Ἦλις, ιδος, ἡ *Elis*, in the Peloponnésus. — Ἀλφειός, οῦ, ὁ *Alphéus*, a river. — Πηνειός, οῦ, ὁ *Penéus.*

Ἡρακλῆς, ὁ Διὸς καὶ Ἀλκμήνης υἱός, πάντων τῶν ἡρώων ῥώμῃ σώματος πολὺ διέφερεν. Ἥρα δέ, ὀργιζομένη αὐτῷ, ἔτρεψέν ποτε τὸν νοῦν αὐτοῦ εἰς μανίαν,¹ ὥστε τοὺς ἰδίους παῖδας εἰς τὸ πῦρ ῥίψας διέφθειρεν. Πάλιν δὲ σώφρων γενόμενος ² φυγὰς ἧκεν εἰς Δελφοὺς καὶ τὸν θεὸν ἠρώτησεν, ὅπου κατοικήσειεν.³ Ἡ δὲ 5 Πυθία ἔλεξεν αὐτῷ· "Εἰς Μυκήνας ἥκων τῷ Εὐρυσθεῖ δώδεκα ἔτη δούλευσον καὶ ἄθλους δώδεκα διάπραξον. Ἐὰν ταῦτα ποιήσῃς, ἀθάνατον δόξαν κτήσῃ." Ταῦτα ἀκούσας Ἡρακλῆς εἰς Μυκήνας ἧκε καὶ τὰ ὑπ' Εὐρυσθέως ἐπιτεταγμένα διέπραττεν.

Α΄. Πρῶτον μὲν οὖν ἆθλον ἐπέταξεν αὐτῷ Εὐρυσθεύς, τοῦ 10 Νεμείου λέοντος τὸ δέρμα κομίσαι. Εἰς δὲ Νεμέαν ἥκων καὶ τὸν λέοντα ἰχνεύσας ⁴ ἐτόξευσε τὸ πρῶτον· ὡς δὲ ἐγίγνωσκεν αὐτὸν ἄτρωτον ⁵ ὄντα, ὡς κατακόψων τῷ ῥοπάλῳ ἐδίωξεν. Ὅτε δὲ φοβηθεὶς ὁ λέων εἰς ἄντρον ἔφευγεν, Ἡρακλῆς ἐπόμενος ἔπνιξεν ⁶ αὐτὸν καί, Διὶ Σωτῆρι θύσας, τὸ δέρμα ἐπὶ τῶν ὤμων εἰς 15 Μυκήνας ἐκόμισεν.

Β΄. Δεύτερον δ' ἆθλον ἐπέταξεν αὐτῷ Εὐρυσθεύς, τὴν Λερναίαν ὕδραν ⁷ φονεῦσαι, ἣ ἐν τῇ τῆς Λέρνης λίμνῃ ⁸ διατρίβουσα

---

¹ *I.e.* caused him to fall into a fit of madness. ² γενόμενος *having become; i.e.* when healed of his insanity. ³ *where he should* (or : *where to*) *take up his residence.* Gr. 179². ⁴ ἰχνεύω *track* or *trace out.* ⁵ *invulnerable;* also: *unwounded.* ⁶ πνίγω *choke, throttle, strangle.* ⁷ ἡ ὕδρα "hydra," *water-snake.* ⁸ ἡ λίμνη *lake, marsh.*

βοῦς καὶ αἶγας ἥρπαζε καὶ τὴν χώραν δεινὰ¹ ἔβλαπτεν. Ἦσαν
δὲ τῇ ὕδρᾳ κεφαλαὶ ἐννέα, αἱ μὲν ὀκτὼ θνηταί, ἡ δὲ μέση²
ἀθάνατος. Τὰς οὖν κεφαλὰς ἀποκόπτειν ἐπειράθη, ἀλλ᾽ ὁπότε³
μίαν ἀποκόπτοι, δύο ἄλλαι ἀνεφύοντο. Τότε δὴ⁴ Ἰόλαος ἑταῖρος,
5 ὑπὸ Ἡρακλέους πεισθείς, λαμπάσι τὰς τῶν ἀναφυομένων κεφαλῶν
ῥίζας διέφθειρεν, τὴν δὲ ἀθάνατον ἀποκόψας Ἡρακλῆς ἐν τῇ γῇ
κατώρυξεν. Τὸ δὲ σῶμα τῆς ὕδρας ἀνασχίσας⁵ ἐν τῇ χολῇ⁶
τοὺς οἰστοὺς ἔβαψεν.

Γ΄. Τρίτον δ᾽ ἆθλον ἐπέταξεν Εὐρυσθεὺς Ἡρακλεῖ, τὴν
10 Κερυνῖτιν ἔλαφον εἰς Μυκήνας ἔμπνουν⁷ κομίσαι· ἦν δὲ ἡ
ἔλαφος, χρυσᾶ τὰ κέρατα ἔχουσα, ἱερὰ τῆς Ἀρτέμιδος. Πρῶτον
μὲν οὖν, αὐτὴν τιτρώσκειν οὐ βουλόμενος, ἐδίωξεν ἐνιαυτὸν ὅλον,
εἶτα δὲ τοξεύσας ἐκράτησεν αὐτῆς. Φέρων δὲ τὸ θηρίον ἐπὶ τῶν
ὤμων διὰ τῆς χώρας συντυγχάνει τῇ Ἀρτέμιδι· ἡ μὲν οὖν μάλα
15 ὠργίσθη,⁸ Ἡρακλῆς δὲ λέγων Εὐρυσθέα εἶναι αἴτιον, ἔπαυσε τὴν
θεὰν τῆς ὀργῆς καὶ ἔμπνουν τὸ θηρίον εἰς Μυκήνας ἐκόμισεν.

Δ΄. Ἔπειτα Ἡρακλῆς ὑπ᾽ Εὐρυσθέως τὸν Ἐρυμάνθιον κά-
προν κομίσαι ἐπετάχθη, ὃς τὴν χώραν ἐλυμαίνετο⁹ τὴν περὶ τὸν
Ἐρύμανθον τὸ ὄρος. Πορευόμενος οὖν ἐπὶ¹⁰ τὸν κάπρον, Ἡρα-
20 κλῆς ἧκεν εἰς Φολόην, τὸ τοῦ Φόλου τοῦ Κενταύρου ἄντρον. Ὁ δὲ
ἐξένισεν αὐτὸν παντοίοις κρέασι καὶ οἴνῳ ἡδεῖ καὶ εὐώδει¹¹ ἐκ τοῦ
κοινοῦ τῶν Κενταύρων πίθου¹². Τῇ δὲ τοῦ οἴνου ὀσμῇ¹³ ἐπαχθέν-
τες οἱ ἄλλοι Κένταυροι ἧκον ἐπὶ τὸ ἄντρον, πέτραις ὡπλισμένοι
καὶ ἐλάταις¹⁴. Ἡρακλῆς δ᾽ αὐτοὺς ἐτρέψατο καὶ πολλοὺς ἐφόνευσε
25 διώκων. Ἐπανερχόμενος δὲ Φόλον ἔβλεψεν ἀποθνῄσκοντα· ὁ
γὰρ ἐξελκύσας¹⁵ οἰστὸν ἐκ τραύματός τινος ἄκων ἑαυτὸν¹⁶ ἐτραυ-
μάτισεν· αὐτίκα δὲ ἐτελεύτησεν, ὅτι ὁ οἰστὸς ἐν τῇ τῆς ὕδρας
χολῇ ἐβέβαπτο. Θάψας δὲ Φόλον ἐδίωξεν Ἡρακλῆς τὸν κάπρον,
καὶ μετ᾽ ὀλίγον χρόνον ἐν πολλῇ¹⁷ χιόνι ἀγρεύσας¹⁸ ἐκόμισεν
30 ἔμπνουν εἰς Μυκήνας.

---

¹δεινά terribly, frightfully. Gr. 137². ²μέσος, 3 in the middle or center.
³whenever. Gr. 190³ b. ⁴τότε δή in that predicament or emergency. ⁵ἀνα-σχίζω
rip up. ⁶ἡ χολή gall. ⁷ἔμ-πνους, 2 breathing; living, alive. ⁸ingressive aorist.
Gr. 168² d, became or grew angry, flew into a rage. ⁹was ravaging, laying waste,
infesting. ¹⁰ἐπί for = to go and bring, to fetch. ¹¹εὐώδης, -ῶδες. Gr. 45², fra-
grant, sweet-smelling, having an agreeable flavor, high-flavored. ¹²ὁ πίθος wine-jar.
¹³ἡ ὀσμή smell, odor, flavor. ¹⁴ἡ ἐλάτη fir, pine. ¹⁵ἐξελκύω draw out. ¹⁶se
ipsum. Gr. 62. ¹⁷we say: deep. ¹⁸ἀγρεύω take in the chase, catch.

Ε'. Πέμπτον ἐπέταξεν ἆθλον αὐτῷ Εὐρυσθεύς, ἐν μιᾷ ἡμέρᾳ τὴν τοῦ Αὐγείου αὐλὴν¹ μόνον καθαίρειν· ἦν δὲ Αὐγείας βασιλεὺς Ἤλιδος πολλὰ βοσκήματα κεκτημένος. Τούτῳ² Ἡρακλῆς, οὐ δηλώσας, ὅτι ὑπ' Εὐρυσθέως πεμφθείη, ὑπεδέξατο,³ ἐν μιᾷ ἡμέρᾳ τὴν κόπρον⁴ ἐκκομίζειν, εἰ τὴν δεκάτην τῶν βοσκημάτων 5 δέξοιτο, καὶ Αὐγείας ὡμολόγησεν.⁵ Ἡρακλῆς δέ, τὸ τῆς αὐλῆς τεῖχος διορύξας,⁶ τὸν Ἀλφειὸν καὶ τὸν Πηνειὸν σύνεγγυς⁷ ῥέοντας εἰς τὴν αὐλὴν ἐπῆγεν, ἔκρουν⁸ δι' ἄλλης ἐξόδου ποιήσας. Ἀκούσας δὲ Αὐγείας, ὅτι τοῦτο Εὐρυσθέως προστάξαντος⁹ διαπέπρακται, τὸν μισθὸν ἠρνήθη. 10

104.

Note : May be read after 68.

Στυμφαλίς, ίδος, ἡ *Stymphalian.* — Στύμφᾱλος, ου, ἡ *Stymphálus.* — Ἀρκαδία, ας, ἡ *Arcádia,* in the middle of the Peloponnésus. — Κρής, ητός, ὁ a *Cretan.* — Μίνως, ωος, and ω, ὁ *Minos.* — Κρήτη, ης, ἡ *Crete.* — Διομήδης, ους, ὁ *Díomede.* — Θρᾷξ, ᾳκός, ὁ a *Thracian.* — Βίστονες, ων, οἱ the *Bístones.* — Θράκη, ης, ἡ *Thrace.* — Ἄβδηρος, ου, ὁ *Abdḗros,* the armor-bearer of Héracles. — Ἄβδηρα, ων, τά *Abdḗra.* — Ἱππολύτη, ης, ἡ *Hippólyte,* queen of the Ámazons. — Ἀμαζών, όνος, ἡ *Ámazon.* — Θερμώδων, οντος, ὁ *Thermódon.* — Ἄρης, εως, ὁ; dat. Ἄρει, acc. Ἄρη, voc. Ἄρες *Ares* — Λαομέδων, οντος, ὁ *Laómedon.* ÷ Πέργαμον, ου, τό *Pérgamus* (or *Pérgamum*), the citadel of Troy.

Ϝ'. Ἡρακλεῖ πάντα, ἅ ἡμῖν¹⁰ ἄνω διεξήγηται,¹¹ διαπράξαντι ἕκτος ἐπετάχθη ἆθλος, τὰς Στυμφαλίδας ὄρνιθας ἐκδιῶξαι.¹² Ἦν δὲ ἐν Στυμφάλῳ, πόλει τῆς Ἀρκαδίας, ἡ Στυμφαλὶς λεγομένη λίμνη, περὶ ἣν πολλὴ ὕλη ἦν· ἐν ταύτῃ ἀνάριθμοι διέτριβον ὄρνιθες, αἳ τοὺς πλησίον ἀγροὺς ἔβλαπτον, καὶ ἀνθρώποις δὲ¹³ καὶ 5 θηρσὶν ἐπεβούλευον. Ἀποροῦντι δὲ τῷ Ἡρακλεῖ, ὅπως τὰς ὄρνιθας ἐκδιώξῃ, προσέφερεν Ἀθηνᾶ μεγάλα χαλκᾶ κρόταλα¹⁴ παρ' Ἡφαίστου δεξαμένη. Ταῦτα κρούων¹⁵ ἐπί τινος ὄρους ἐγγὺς ὄντος τὰς ὄρνιθας ἐτάραξεν· αἱ δὲ τὸν δοῦπον οὐχ ὑπομένουσαι ἀνεπέτοντο, καὶ τούτῳ τῷ τρόπῳ Ἡρακλῆς αὐτὰς κατετόξευσεν. 10

¹ *court, court-yard, cattle-* or *farm-yard.* ² *huic.* Gr. 65³. ³ ὑπο-δέχομαι *take upon myself, undertake a task, promise.* ⁴ ἡ κόπρος *dung.* ⁵ ὁμολογέω *agree.* ⁶ δι-ορύττω *dig through, make a breach in.* ⁷ σύνεγγυς *near* or *close together, quite near to one another.* ⁸ ὁ ἔκ-ρους *outflow; way for flowing out* or *off; drainage, exit, outlet.* ⁹ προσ-τάξαντος *on the commission of E.; at the behest of E.* ¹⁰ = ὑφ' ἡμῶν. Gr. 157². ¹¹ δι-εξ-ηγέομαι *tell at length, relate in full, set forth, explain;* ἥγημαι both m. and p. ¹² ἐκ-διώκω *scare, drive, frighten away.* ¹³ καὶ . . . δέ *and also, and even.* ¹⁴ τὸ κρόταλον *rattle.* ¹⁵ κρούω *strike together, clash, rattle.*

Ζ΄. Ἕβδομος ἆθλος ἐπετάχθη τῷ Ἡρακλεῖ ὑπ᾽ Εὐρυσθέως, τὸν Κρῆτα κομίσαι ταῦρον. Τοῦτον δὲ Ποσειδῶν ποτε Μίνωι τῷ Κρήτης βασιλεῖ ἔπεμψε κελεύσας θῦσαι· ὁ δὲ Μίνως, θεώμενος τοῦ ταύρου τό τε μέγεθος καὶ τὸ κάλλος τοῦτον μὲν πρὸς τὰ 5 ἑαυτοῦ βοσκήματα ἀποπέμπει, ἄλλον δὲ τῷ θεῷ θύει. Ὁ δὲ θεός, ὀργισθεὶς ἐφ᾽ οἷς[1] ἐκεῖνος δρᾶν ἐτόλμα, τὸν ταῦρον ἠγρίωσεν,[2] ὥστε τὴν χώραν ἐδῄου καὶ τοὺς ἐνοίκους ἐλυμαίνετο.[3] Ὁ δὲ Ἡρακλῆς εἰς τὴν Κρήτην ἥκων μόνος τὸν ταῦρον ζωγρεῖ καί, φερόμενος ἐπ᾽ αὐτοῦ ὥσπερ ἐπὶ πλοίου, εἰς τὴν Ἑλλάδα πρὸς 10 Εὐρυσθέα κομίζει.

Η΄. Ὄγδοον ἆθλον ἐπέταξεν Ἡρακλεῖ Εὐρυσθεύς, τὰς ἀνθρωποφάγους ἵππους Διομήδους τοῦ Θρᾳκὸς εἰς Μυκήνας κομίσαι. Ἦν δὲ οὗτος βασιλεὺς τῶν Βιστόνων, τοῦ μαχιμωτάτου ἔθνους τῶν Θρακῶν· αἱ δὲ ἵπποι αὐτοῦ τροφὴν ἐλάμβανον οὐ τὴν ἐκ 15 τῆς γῆς ἀναφυομένην, ἀλλὰ τὰ τῶν ξένων σώματα, ὅσοι[4] ἐπὶ τὴν τῶν Βιστόνων χώραν ἐφέροντο.[5] Ἡρακλῆς οὖν ὀλίγους κτησάμενος ἐθελοντὰς ἑταίρους ἐπὶ νεὼς ἧκεν εἰς τὴν Θρᾴκην, καὶ τοὺς ποιμένας βιασάμενος τὰς ἵππους ἐπὶ τὴν θάλατταν ἐκόμισεν. Τῶν δὲ Βιστόνων σὺν ὅπλοις βοηθούντων, τὰς μὲν ἵππους ἐπέτρεψε 20 δεσμευθείσας τῷ Ἀβδήρῳ φυλάξαι, τοῖς δὲ Βίστοσι μαχόμενος τοὺς μὲν ἐφυγάδευσε, τοὺς δέ, καὶ αὐτὸν τὸν Διομήδη, ἐφόνευσεν. Ἐν ᾧ δὲ οὗτοι ἐμάχοντο, αἱ ἵπποι τοὺς δεσμοὺς λύσασαι τὸν Ἄβδηρον ἀπέκτειναν. Ἡρακλῆς δέ, πόλιν κτίσας παρὰ τὸν τάφον τοῦ τελευτήσαντος Ἀβδήρου καὶ ἀπ᾽ ἐκείνου Ἄβδηρα ὀνομάσας, 25 τὰς ἵππους τῷ Εὐρυσθεῖ ἐκόμισεν.

Θ΄. Ἔνατον ἆθλον Εὐρυσθεὺς ἐπέταξεν Ἡρακλεῖ ζωστῆρα κομίσαι τὸν Ἱππολύτης. Αὕτη δὲ ἐβασίλευεν Ἀμαζόνων, αἳ ᾤκουν περὶ τὸν Θερμώδοντα ποταμὸν καὶ ἄρισται ἦσαν τὰ πολέμια,[6] ἤσκουν γὰρ τὴν ἀνδρείαν πολλάκις πολεμοῦσαι. Ἐκέκτητο 30 δὲ Ἱππολύτη τὸν Ἄρεως ζωστῆρα ὡς σύμβολον τοῦ πρωτεύειν ἁπασῶν. Ἐπὶ τοῦτον τὸν ζωστῆρα Ἡρακλῆς ἐπέμφθη, ἐπιθυμούσης τῆς Εὐρυσθέως θυγατρὸς αὐτὸν κτᾶσθαι. Συλλέξας οὖν

---

[1] ἐφ᾽ οἷς = ἐπὶ τούτοις, ἅ. Gr. 129². because of that which = because of what. [2] ἀγριόω make wild or mad, madden, infuriate. [3] λυμαίνομαι cause ruin, do harm, injure. [4] ὅσοι as many as; all who. Gr. 68. [5] here: were driven, borne or carried by winds and waves; driven ashore, stranded. [6] in military matters, in war or fighting.

συμμάχους ἐθελοντὰς Ἡρακλῆς, ἐν μιᾷ νηὶ ἔπλει εἰς τὴν Ἀσίαν, καὶ πρῶτον μὲν Ἱππολύτη, ἀκούσασα διὰ τί ἥκοι, ἐβούλετο αὐτῷ ἐπιτρέπειν τὸν ζωστῆρα. Αἱ δ' ἄλλαι Ἀμαζόνες Ἥρας κελευσάσης ἀντέτεινον [1] καὶ τὰ ὅπλα ἔχουσαι ἐπὶ τὴν ναῦν ἐφέροντο·[2] ὁρῶν δ' αὐτὰς ὡπλισμένας Ἡρακλῆς, φοβούμενος μὴ [3] δόλον τινὰ 5 μηχανῶντο, τὴν Ἱππολύτην κατακόπτει καὶ τοῦ ζωστῆρος κρατεῖ· τὰς δὲ λοιπὰς φυγαδεύσας εἰς τὴν Τροίαν ἀποπλεῖ.

Αὕτη δ' ἡ πόλις τότε δι' ὀργὴν Ἀπόλλωνος καὶ Ποσειδῶνος ἠτύχει· Λαομέδων γὰρ ὁ βασιλεὺς ἐκείνοις τοῖς θεοῖς, τειχίσασιν ἐπὶ μισθῷ [4] τὸ Πέργαμον, τὸν συγκείμενον [5] μισθὸν οὐκ ἀπετέλει.[6] 10 Διὰ τοῦτο Ἀπόλλων μὲν νόσον ἔπεμψε, Ποσειδῶν δὲ κῆτος,[7] ὃ τοὺς ἐν τῷ πεδίῳ ἥρπαζεν ἀνθρώπους. Ἔνθα δὴ Ἡρακλῆς τὴν γῆν τῶν συμφορῶν ἐλευθερώσειν ὑπεδέξατο,[8] ἐὰν Λαομέδων αὐτῷ τὰς καλλίστας ἵππους παρεγγυᾷ.[9] Ὅτε δὲ ὁ βασιλεὺς φονευθέντος τοῦ κήτους τὰς ἵππους παρέξειν ἠρνεῖτο, Ἡρακλῆς, 15 πολεμήσειν Τροίᾳ ἀπειλήσας, ἀνήχθη [10] κα` τὸν ζωστῆρα εἰς Μυκήνας ἐκόμισεν.

105.

Note: May be read after 76.

Γηρυόνης, ου, ὁ *Gérўon* or *Gerўones.* — Ἐρύθεια, ας, ἡ *Erythīa.* — τὰ Γάδειρα, ων *Gades,* the modern *Cadiz.* — Εὐρυτίων, ωνος, ὁ *Eurўtion.* — Ἀνθεμοῦς, οῦντος, ὁ *Ánthemus.* — αἱ Ἑσπερΐδες, ων *the Hespérides.* — Ἄτλας, αντος, ὁ *Atlas.* — Καύκασος, ου, ὁ *Caúcasus.* — Προμηθεύς, έως, ὁ *Prométheus.* — Κέρβερος, ου, ὁ *Cérberus.* — Ἅιδης, ου, ὁ *Hades,* ruler of the netherworld. — Ταίναρον, ου, τό *Taénarum,* the modern Cape Mátapan. — ἡ Λακωνική, ῆς *Lacónica* or *Lacónia.* — ὁ Θησεύς, έως *Théseus.* — Πειρίθοος, ου, ὁ *Piríthŏus.* — Περσεφόνη, ης, ἡ *Perséphone.* — Πλούτων, ωνος, ὁ *Pluto.* — Ἥβη, ης, ἡ *Hebe.*

Ι´. Δέκατος ἐπετάχθη ἆθλος Ἡρακλεῖ, τὰς Γηρυόνου βοῦς ἐξ Ἐρυθείας κομίσαι. Ἐρύθεια δὲ ἦν νῆσος ἐν Ὠκεανῷ [11] ἣ νῦν Γάδειρα καλεῖται· ᾤκει δ' αὐτὴν Γηρυόνης ὁ γίγας, τριῶν ἔχων ἀνδρῶν συμφυὲς [12] σῶμα· Ἦσαν δ' αὐτῷ φοινικαῖ βόες, ὧν ἦν νομεὺς Εὐρυτίων, φύλαξ δὲ κύων δικέφαλος.[13] Πορευθεὶς οὖν 5

---

[1] ἀντι-τείνω "strain against" = *resist, object, remonstrate, protest.* [2] here: *rushed, hastened;* a common meaning of φέρομαι. [3] *metuens ne.* [4] *for pay, hire, wages.* [5] *stipulated, promised, agreed upon.* [6] conative imperfect: *would not pay.* Gr. 168. [7] τὸ κῆτος *sea-monster.* [8] see p. 109, n. 3. [9] παρ-εγγυάω *hand over, give.* [10] ἀν-άγομαι *put to sea, set sail;* aor. ἀν-ήχθην. [11] the Atlantic Ocean. [12] *grown together,* συμ + φύομαι; *consisting of.* [13] *two-headed watch dog.*

διὰ τῆς Εὐρώπης ὡς ἦλθεν Ἡρακλῆς ἐπὶ τὸν Ὠκεανόν, σημεῖα τῆς πορείας ἵδρυσεν ἐπὶ τῶν Εὐρώπης καὶ Λιβύης ὅρων, δύο στήλας ἀλλήλαις ἐναντίας, τὰς Ἡρακλείας καλουμένας.

Ὡς δὲ πολλοὺς κινδύνους κινδυνεύσας εἰς Γάδειρα τὴν νῆσον 5 ἀφίκετο, ὁ κύων ἐπ' αὐτὸν ὥρμα· ὁ δὲ τῷ ῥοπάλῳ παίσας τὸν κύνα ἀπέκτεινεν· Εὐρυτίων δὲ προσελθὼν τῷ κυνὶ βοηθήσων καὶ αὐτὸς¹ κατεκόπη. Γηρυόνης δέ, ἐπεὶ ταῦτ' αὐτῷ ἠγγέλθη, Ἡρακλέα τὰς βοῦς ἀπάγοντα ἐδίωξε καὶ κατέλαβε παρὰ ποταμὸν Ἀνθεμοῦντα· μαχομένων δ' αὐτῶν ὁ γίγας ἡττήθη τοῦ ἥρωος 10 καὶ κατατοξευθεὶς ἀπέθανεν. Ἐντεῦθεν Ἡρακλῆς τὰς βοῦς πρὸς Εὐρυσθέα ἤγαγεν· ὁ δ' αὐτὰς τῇ Ἥρᾳ ἔθυσεν.

ΙΑ΄. Ἑνδέκατον ἆθλον ἐπέταξεν Εὐρυσθεὺς Ἡρακλεῖ, παρὰ τῶν Ἑσπερίδων μῆλα χρυσᾶ κομίσαι. Ταῦτα δὲ τὰ μῆλα ἦν ἐν τῇ Λιβύῃ, φυλαττόμενα ὑπὸ δράκοντος ἀθανάτου κεφαλὰς ἔχοντος 15 ἑκατόν, καὶ ὑπὸ τῶν Ἑσπερίδων, τῶν Ἄτλαντος θυγατέρων.

Ἀποσταλεὶς οὖν ἐπὶ τὰ μῆλα Ἡρακλῆς καὶ ἄλλα πολλὰ ἐκινδύνευσε, καὶ ἐπὶ Καυκάσου τοῦ ὄρους Προμηθέα ἠλευθέρωσε τοῦ ἀετοῦ τοῦ τὸ ἧπαρ² ἐσθίοντος. Ἀντὶ τούτων³ Προμηθεὺς αὐτῷ ἄλλα τε συμφέροντα συνεβούλευσε καὶ δὴ καὶ⁴ τόδε, μὴ αὐτὸν 20 τὰ μῆλα κλέψαι, ἀλλὰ τὸν Ἄτλαντα ἐπὶ ταῦτα πρὸς τὰς Ἑσπερίδας ἀποστεῖλαι.

Μετὰ ταῦτα ὡς πρὸς Ἄτλαντα ἀφίκετο, κατὰ τὴν Προμηθέως βουλὴν αὐτὸς μὲν ἐπὶ τὰ μῆλα οὐκ ἐπορεύθη, ἔπειθε⁵ δὲ Ἄτλαντα κλέψαι τὰ μῆλα, ἐν ᾧ αὐτὸς ἀντ' ἐκείνου τὸν πόλον⁶ 25 διαδεξάμενος⁷ φέροι. Καὶ Ἄτλας πεισθεὶς μὲν τρία μῆλα ἔκλεψεν, ἐπανελθὼν δὲ τὸν πόλον ἀναλαβεῖν οὐκέτι ἐβούλετο. Τότε δὴ Ἡρακλῆς δόλον μηχανησάμενος ᾔτησεν ἐκεῖνον τὸν πόλον ὀλίγον χρόνον διαδέξασθαι, ἕως αὐτὸς προσκεφάλαιον⁸ ποιήσαιτο εἰς τὸ ῥᾷον φέρειν. Ἐπεὶ δὲ Ἄτλας οὕτω σφαλεὶς ἐχαρίσατο⁹ 30 Ἡρακλῆς ἔχων τὰ μῆλα ἀπηλλάγη καὶ Εὐρυσθεῖ ἐκόμισεν.

---

¹ καὶ αὐτός *ipse quoque; likewise; too.* ² ἧπαρ, ατος *liver.* ³ *in return, as a reward for this (favor).* ⁴ a common Greek idiom : ἄλλα τε . . . καὶ δὴ καὶ τόδε; lit. *both other things and especially this.* Tr. : *Pr. gave him much useful advice; in particular he advised him not to . . .* ⁵ conative : *tried to persuade.* ⁶ *the pole = the heavens; the vault of heaven; sky, firmament.* ⁷ δια-δέχομαι *receive from, succeed to; take one's place, relieve.* ⁸ *cushion for the head, pillow.* ⁹ χαρίζομαι *comply, oblige, do a favor.*

ιβ'. Τέλος¹ δὲ δωδέκατος ἆθλος ἐπετάχθη Ἡρακλεῖ, Κέρβερον τὸν κύνα ἐξ Ἅιδου² κομίσαι. Ἦσαν δὲ τούτῳ τρεῖς μὲν κυνῶν κεφαλαί, ἡ δὲ οὐρὰ³ δράκοντος, ἐν δὲ νώτῳ παντοίων ὄφεων κεφαλαί. Μέλλων οὖν ἐπὶ τοῦτον κατελθεῖν παρεγένετο εἰς Ταίναρον τῆς Λακωνικῆς, ὅπου τῆς εἰς Ἅιδου καταβάσεως τὸ 5 στόμα ἦν, καὶ διὰ τούτου κατῆλθεν. Ἐγγὺς δὲ τῶν Ἅιδου πυλῶν γενόμενος⁴ ἀπήντησε Θησεῖ καὶ Πειρίθῳ τῷ Περσεφόνῃ ἐπιβουλεύσαντι καὶ διὰ τοῦτο δεσμευθέντι. Θεασάμενοι δὲ Ἡρακλέα ἐκεῖνοι τὰς χεῖρας ὤρεγον⁵ ὡς ἀπαλλαγησόμενοι⁶ διὰ τῆς ἐκείνου ῥώμης. Ὁ δὲ Θησέα μέν λαβόμενος⁷ τῆς χειρὸς ἀπήλλαξε, 10 Πειρίθουν δὲ κατέλιπεν ὡς εἰς ἀεὶ ζημιωθησόμενον.

Ἀφικόμενος δὲ πρὸς Πλούτωνα ᾐτήσατο τὸν Κέρβερον· ὁ δὲ ἐπηγγείλατο⁸ αὐτῷ παρέξειν τὸ θηρίον ἀπαγαγεῖν, εἰ κρατήσειεν αὐτοῦ ἄνευ⁹ ὧν ἔχοι ὅπλων. Ὁ οὖν Ἡρακλῆς ἐπεὶ τῷ κυνὶ συνέπεσε, τῷ τε θώρακι συμπεφραγμένος¹⁰ καὶ τῇ λεοντῇ¹¹ συνε- 15 σκεπασμένος,¹² περιέβαλε τῇ κεφαλῇ τὰς χεῖρας καὶ οὐκ ἐπαύσατο ἄγχων¹³ καὶ πονῶν, ἕως ἐκράτησεν. Ἀποκομίζων δὲ τὸ θηρίον ἐπανῆλθεν εἰς Μυκήνας· φήνας δὲ Εὐρυσθεῖ τὸν Κέρβερον πάλιν ἐκόμισεν εἰς Ἅιδου.

Πάντων οὖν τούτων περανθέντων Ἡρακλῆς, τῆς παρ' Εὐρυ- 20 σθεῖ δουλείας ἀπηλλαγμένος, ἄλλα τε πάμπολλα¹⁴ καὶ θαυμαστὰ ἐπέρανεν, ἕως ἀθάνατος γενόμενος εἰς τὸν Ὄλυμπον ἐδέχθη καί, Ἥρᾳ διαλλαγείς,¹⁵ τὴν ἐκείνης θυγατέρα Ἥβην ἠγάγετο γυναῖκα.¹⁶

---

¹ finally, last. ² ἐξ Ἅιδου, sc. οἴκου. ³ tail. ⁴ having come, a common meaning of γενέσθαι w. adv. or prep. ⁵ ὀρέγω stretch out. ⁶ Rule 30. ⁷ seizing (by the hand). ⁸ Rule 28: se traditurum esse; ἀπαγαγεῖν = (ad) abducendum. Gr. 199³. ⁹ ἄνευ τῶν ὅπλων ἃ ἔχοι. Gr. 129². ¹⁰ of συμ-φράττω : fenced round; incased; completely protected. ¹¹ ἡ λεοντῇ the lion's skin. ¹² συ-σκεπάζω cover entirely. ¹³ ἄγχω press tight, strangle, throttle. ¹⁴ see p. 102, n. 16. ¹⁵ δι-αλλάττομαι am reconciled. ¹⁶ duxit uxorem.

VOCABULARY TO ADDITIONAL LESSONS.

93.

ὁ κριός, οῦ	ram.
ὁ χρησμός, οῦ	oracle; prophecy.
τὸ δέρμα, ατος	skin, fleece.
ὁ δράκων, οντος	*dragon*; serpent.
ἁρπάζω	snatch up, seize, carry off, steal.
κατέχω	hold firmly or fast; keep, possess.
σώζομαι εἰς	arrive safe in.
ὅτε	when.
ὅπου	where.
οὖν	then, therefore, accordingly.

94.

σκευάζω	make ready; equip; furnish; build.
μνήμων, ονος	mindful of, remembering; *mnemonics*.
δια-βαίνω	go over; cross
ἀπο-βάλλω	cast off or away lose.
ταράττω	trouble, agitate, embarrass, disturb.
χρή w. acc.	it is necessary, one must.
δεῖ and inf.	Gr. 10⁴.
ἄριστος, 3	best; ablest; excellent.

ἔπειτα	then, next, thereupon.

95.

ἡ πεῖρα, ας	test, trial, proof.
ἡ ἀπορία, ας	embarrassment, perplexity, straits.
τὸ ζυγόν, οῦ	*yoke; iugum.*
ἔρχομαι	go; come.
σπείρω	sow.
ἀπο-πλέω	sail off, away, back, home.
ἀνα-φύομαι	grow or spring up.
ἔνοπλος, 2	in arms; armed.
ὕστερον	later, afterwards.

96.

ὁ ἡλικιώτης, ου	equal in age, comrade.
τὸ παιδίον, ου	infant, little child.
τὸ θάρσος, ους	courage, boldness, daring.
ἄπαις, αιδος	childless.
φθονερός, 3	envious, jealous.
εὑρίσκω	find, discover.
ἐκ-φέρω	carry out; expose.
ὥστε	so that; so as to.

97.

ἀπο-κρίνομαι	answer, reply, rejoin.
συν-τυγχάνω τινί	meet, encounter.
εἴκω	yield, give way, draw back, retire.
πρῶτον	in the first place, (at) first.

98.

τὸ αἴνιγμα, ατος	*enigma*, riddle, puzzle.
λύω	solve, answer.
ἀνα-κηρύττω	proclaim (by voice of herald).
δια-φθείρω	destroy utterly; make away with, kill.
κατα-βάλλω	throw, cast or strike down.
παρ-έρχομαι	pass by.
παρα-λαμβάνω	take into my possession; receive; succeed to.
προσ-λαμβάνω	take besides, receive in addition.

99.

τὸ τέμενος, ους	sacred grove or precinct.
τυφλός, 3	blind.
ἀνα-φαίνω	bring to light, show forth, declare; make known.
ἐκ-κόπτω	cut, knock, put, or gouge out.
κατα-φεύγω	flee for shelter, take refuge.

μνηστεύω	woo, court, seek in marriage; espouse.

100.

ὁ πτωχός, οῦ	beggar.
ἡ σίτησις, εως	feeding, public maintenance, entertainment.
περι-βάλλω	throw about, put on.
κρύφα adv.	secretly.

101.

ὁ κύριος, ου	one having power or authority; lord, master.
ἡ πολιτεία, ας	state; government; politics.
λῡπέω	grieve, pain, vex, annoy, molest, wound one's feelings, pique.
ἡ πομπή, ῆς	religious procession.
ἡ βασιλεία, ας	royalty, royal dignity; monarchy.
πομπὴν ἄγω	hold, celebrate, join or take part in, a procession.
ἡ ἑορτή, ῆς	feast, festival.
κοσμέω	arrange, marshal, direct the order of.
ὁ δορυφόρος, ου	spearman, *pl.* body-guard, satellites.

102.

λύω	break up; destroy.
παρα-σκευάζομαι	make preparations, get ready.

προσ-κτάομαι   acquire besides ; procure additional (help), or reinforcements.

συγ-χωρέω   give in ; yield ; make a concession.

ἡ πρεσβεία, ας   embassy.

ἐκ-στρατεύομαι   take the field ; *pf. pass.* am in the field.

ἡ εἰσβολή, ῆς   inroad, invasion, raid.

δῃόω   lay waste, ravage, destroy.

ἡ ἡγεμονία, ας   *hegemony*, supreme command, office of general or commander-in-chief.

δωρέομαι   give a present ; present ; make a gift of.

οἴκαδε   home, homeward, back to one's country.

στρατηγέω   am general, take command, command.

103.

ἡ μανία, ας   madness ; *mania.*

ὁ ἆθλος, ου   contest ; toil, labor ; *athlete.*

κατα-κόπτω   cut down, slay, kill.

τὸ ῥόπαλον   club, stick, cudgel.

τὸ ἄντρον   cave, cavern, hole, lair.

δεύτερος, 3   second.

τρίτος, 3   third.

πέμπτος, 3   fifth.

ἀπο-κόπτω   cut or strike off.

ἡ λαμπάς, άδος   torch, burning brand ; *lamp.*

ἡ ῥίζα   root.

κατ-ορύττω   bury in the ground, hide underground.

ὁ οἰστός, οῦ   arrow.

βάπτω   dip in ; *baptism.*

ὁ κάπρος, ου   boar.

ξενίζω   entertain (as a ξένος).

ἐπ-άγω   bring on ; entice, coax to come ; turn into.

τραυματίζω   wound.

ἐπ-αν-έρχομαι   return, go back to.

καθαίρω   cleanse, clear.

τὸ βόσκημα   fed or fatted beast; *pl.* cattle.

ἐκ-κομίζω   clear out, remove.

ἡ δεκάτη   the tenth part ; tithe.

ῥέω   flow ; run.

ἀρνέομαι, aor. ἠρνήθην   refuse ; deny.

104.

ἄνω   above, in an earlier part of the narrative.

δια-τρίβω   nest, roost.

πλησίον   near, close by, at hand ; neighboring, adjacent Gr. 120.

ἀπορέω   am in doubt, perplexed, at a loss.

ὁ δοῦπος, ου   noise, din, uproar.

ἀνα-πέτομαι   fly up or away.

κατα-τοξεύω   shoot down with arrows.

ζωγρέω   take or catch alive.

ἀνθρωπο-φάγος, 2 man-eating, feeding on the flesh of men.

ἡ ἵππος, ου   mare.

κτάομαι   procure for myself.

ὁ ἐθελοντής, οῦ   volunteer; adj. of one's own free will; volunteering one's services.

βιάζομαι   overpower.

δεσμεύω   bind, chain, fetter, strap.

ὁ δεσμός, οῦ   band, strap, halter, chain.

ἐν ᾧ sc. χρόνῳ   while.

ἀσκέω   practise, exercise or train (myself in).

τὸ σύμβολον, ου   symbol, sign, token, badge.

πρωτεύω   am the first of or among; excel, surpass.

πλέω   sail, take ship or passage.

κρατέω   get possession, get hold of.

ἡ νόσος, ου   pest, plague; any visitation of an angry deity; calamity.

ἀπειλέω   threaten.

105.

φοινικοῦς, 3   purple; red.

ἱδρύω   set up, erect, build.

ἡ στήλη, ης   pillar, stele, post, upright stone.

ἀλλήλων etc.   of one another, Gr. 63³.

ὁρμάω   rush, start.

κατα-λαμβάνω   catch up with, overtake, find, meet.

τὸ μῆλον, ου   apple, mālum.

ἐσθίω   eat, consume.

ἀνα-λαμβάνω   take back or up again.

ὁ ὄφις, εως   serpent.

κατ-έρχομαι   go down, descend.

συμ-πίπτω   meet, encounter; grapple, close with.

πονέω   work hard, toil, strain, labor, exert myself.

ἀπο-κομίζω   carry away or off.

SOME RULES OF SYNTAX.

1. **Attributive** phrases are placed between article and noun, or after the noun with the article repeated. Gr. 120 with note.

οἱ τοῦ βίου πόνοι = οἱ πόνοι οἱ τοῦ βίου = οἱ πόνοι τοῦ βίου.

2. A **neuter plural** subject takes the verb in the singular. Gr. 114, 1.

τὰ δῶρα καλὰ ἦν . . . *were* . . .

3. **Predicate** nouns and adjectives go without the article. Gr. 119, 1.

τὸν θάνατον λέγουσιν ἰατρὸν τῶν πόνων.   [Gr. 166, 2.

4. After **passive** verbs, ὑπό w. gen. (= *ab* w. abl.) denotes the agent.

ἄρχεσθε ὑπὸ τῶν ξένων.

5. The **article** may have the force of a **possessive** pronoun. Gr. 117, 1.

στέργετε τοὺς φίλους *love your friends.* ἡ πατρίς *one's country.*

6. The neuter (singular as well as plural) of an **adjective** may be used as a noun and, in consequence, is often rendered by an (abstract) noun or a phrase or clause. Gr. 124.

τὸ δίκαιον *justice,* τὰ ἀναγκαῖα *what is (was,* etc.) *necessary,* (τὰ) μικρά *little things.*

7. The instrumental **dative**, like the ablative in Latin, answers the question *by* (*with, through, by means of, owing* or *thanks to*) *what?* Gr. 159.

ἐν Σπάρτῃ βοῇ κρίνουσιν — βλάβαις οἱ ἀνόητοι παιδεύονται.

8. **Possessive** pronouns require the article. Gr. 64; 126.

ὁ ἐμὸς φίλος *my friend —* ὁ ἡμέτερος πατήρ.

9. Learn the following **prepositions.** Gr. 162. 163.

ἄνευ w. gen. *without:* ἄνευ πόνων.

ἀπό w. gen. *away from:* ἀπὸ τοῦ ποταμοῦ.

   down from: ἀπὸ τοῦ ἵππου.

διά w. gen. *through(out), across:* διὰ τοῦ πεδίου.

ὑπέρ w. gen. *for (the sake), in defence (behalf) of:* ὑπὲρ τῆς ἐλευθερίας.

ἐπί w. dat. *on, upon:* ἐπὶ τοῖς πλοίοις.

παρά w. dat. *at, near, by, beside, off:* παρὰ τῇ νήσῳ.

σύν w. dat. *together, (in alliance) with, cum:* σὺν τοῖς φίλοις.

μετά w. acc. *after, post:* μετὰ τὴν μάχην.

πρός w. acc. *to, towards, against:* πρὸς τοὺς Πέρσας.

(in a hostile or friendly sense).

Note the idiom in:

the battle of M. : ἡ ἐν Μαντινείᾳ μάχη — ἡ ἐν (off) Σαλαμῖνι ναυμαχία.

10. Names of **persons** are mostly without, names of **countries** mostly with, the article. Gr. 119, notes 3 and 4.

(ὁ) Σωκράτης — ἡ Ἀσία.

11. Learn: πᾶσα χώρα *every, any country.*

πᾶσα ἡ χώρα *all the (this) country, the whole of the (this) c.*

πᾶσαι αἱ χῶραι *all (the, these) countries.* Gr. 123.

12. A **participle** without the article is often equivalent in English to a clause with *while, as, when, if, because, although* etc. However, it may often be rendered by a participle as well. Gr. 203, 3.

βλέπων οὐ βλέπει.

13. The **genitive absolute** in Greek corresponds to the ablative absolute in Latin or the nominative absolute in English. Hence Κύρου βασιλεύοντος = *Cyro regnante, Cyrus being king, while (as, when, if, because, although* etc.) *Cyrus is (was* etc.) *king, in the reign of Cyrus.* Gr. 203, 2.

98

14. Ὁ παιδεύων (*he*) *who educates.*
ὁ μὴ παιδεύων (*he*) *who does not educate.* Gr. 201.
15. *Than* after a comparative is rendered by ἤ (= *quam*).
16. As in Latin the ablative, so in Greek the **genitive of comparison** may be used instead of ἤ with the nominative or accusative. Gr. 148.
οὐδὲν μητρὸς εὐμενέστερον = ἢ μήτηρ.
17. Learn the following **prepositions** (cp. Rule 9):

1. With the Genitive:

ἀντί *instead of:* ἀντὶ τοῦ ἀγαθοῦ.   πρό *before,* of place: πρὸ τῶν πυλῶν.
μέχρι *until, up to, as far as:* μέχρι θανάτου.   of time: πρὸ τῆς μάχης.

2. With the Accusative:

ἀμφί *about, around:* ἀμφὶ τὴν πόλιν.
ἀνά *up, up along, over, through:* ἀνὰ τὸν ποταμόν, ἀνὰ τὸ πεδίον.

3. With the Genitive and Accusative:

διά w. gen. *through(out), across; through (the aid of), per:* διὰ τοῦ πεδίου; δι' ἀγγέλου.
   w. acc. *on account of, owing to, by reason of:* διὰ τὴν νόσον.
κατά w. gen. *down (from above):* κατὰ τῶν ὀρῶν; *against:* λέγειν κατά τινος.
   w. acc. *down (along); throughout:* κατὰ τὸν ποταμόν; τὴν χώραν.
    in conformity, according to: κατὰ τοὺς νόμους.
μετά w. gen. *(in company, alliance) with, amid, cum:* μετὰ τῶν συμμάχων.
   w. acc. *after, next, post:* μετὰ τὴν μάχην.
περί w. gen. *about, concerning, on, de:* περὶ τῆς εἰρήνης.
   w. acc. *about, around:* περὶ τὸ τεῖχος, οἱ περὶ Κῦρον.
ὑπέρ w. gen. *over, above, super:* ὑπὲρ τῆς γῆς, κεφαλῆς.
    for (the sake), in defence (behalf) of, pro: ὑπὲρ τῆς πατρίδος, ψυχῆς.
   w. acc. *over, beyond:* ὑπὲρ τὸν Ἑλλήσποντον, ὑπὲρ δύναμιν.

4. With the Genitive, Dative and Accusative:

ἐπί w. gen. *on, upon:* ἐφ' ἅρματος, ἐπὶ τῆς κεφαλῆς.
   w. dat. *on, upon:* ἐπὶ πλοίοις, ἐπὶ τῇ κεφαλῇ.
    for, on account of; with a view to: ἐπὶ σοφίᾳ — ἐπὶ βλάβῃ.
   w. acc. *to, upon, towards:* ἐφ' ἵππον, ἐπὶ Σοῦσα.
    against, towards; in search of: ἐπὶ τοὺς Πέρσας; ἐφ' ὕδωρ.
παρά w. gen. *from (beside), on the part of:* παρὰ τῶν θεῶν.
   w. dat. *beside, near, at, by, with, among:* παρὰ τῇ νήσῳ, τοῖς πολεμίοις.
   w. acc. *to (the side of), towards; alongside of, by, past:* παρὰ τὸν ποταμόν.
    (beside and beyond =) contrary to: παρὰ τοὺς νόμους.
πρός w. gen. *looking towards, from (beside), on the part of:* πρὸς τοῦ ποταμοῦ.
   w. dat. *beside, at, near by:* πρὸς βασιλεῖ.
   w. acc. *to, towards, against:* πρὸς βασιλέα. (Rule 9.)
ὑπό w. gen. *by, at the hands of* (w. pass. verbs): ὑπὸ τοῦ πατρός. (Rule 4.)
    below, under, beneath: ὑπὸ τῆς γῆς.
   w. dat. *below, under, at the base of:* ὑπὸ τῇ γῇ, τῷ ὄρει.
   w. acc. *under, down under:* ὑπὸ τὴν γῆν.

18. Prohibitions and wishes, final and conditional clauses, as well as infinitives — excepting such as are equal to declaratory statements — are all rendered **negative** by μή. Gr. 206.
μὴ λέγε, μὴ λέγοι (Rule 22); ἵνα μὴ λέγῃ (Rule 27), εἰ μὴ λέγει; μὴ λέγειν.
19. **Aorist** Subjunctives, Optatives, Imperatives and Infinitives have of themselves no reference to the past (Gr. 169). Consequently, they are frequently rendered like the corresponding forms of the present.

Note in particular that the **imperative** (Gr. 169, 3) of the
aorist: expresses one *single* instance of a command ;
present: either one *single* command — which is then viewed in its continu-
ance — or a command to be obeyed *continually* or, at least, *repeatedly;*
hence also *general rules* and *maxims of life.*

20. Παίδευε or παίδευσον *educate!*
Μὴ παίδευε or μὴ παιδεύσῃς *do not educate!*
The Prohibitive Subjunctive. Gr. 173, 3.

21. Παιδεύωμεν, *erudiamus, let us educate!*
Μὴ παιδεύωμεν, *ne erudiamus, let us not educate!*
The Hortatory Subjunctive. Gr. 173, 1.

22. (Εἴθε) παιδεύοιτε, *utinam erudiatis, may you educate! O that (Would
that, O if) you were educating! I wish you would educate!*
(Εἴθε) μὴ παιδεύοιτε, *utinam ne erudiatis, may you not educate!* etc.
The Optative Proper. Gr. 174, 1.

23. Παιδεύοις (παιδεύσειας) ἄν *you can, might, would educate; perhaps you may e.*
Οὐκ ἄν παιδεύοις (παιδεύσειας) *you cannot (possibly) educate; you could,
would, might not educate; perhaps you may not educate.*
The Potential Optative. Gr. 174, 2.

24. Ἐάν, ὅταν and similar conjunctions, as well as relative pronouns with
ἄν, are always followed by the subjunctive : ἐὰν λέγῃς *if you say.* Gr. 187.
25. a) Ἐὰν (ὅταν) παιδεύητε, *si (cum) erudietis* or *eruditis.*
Ἐὰν (ὅταν) παιδεύσητε, *si (cum) erudiveritis* or *erudivistis.* Gr. 187, 2.
b) Ὅς ἄν παιδεύῃ, *quicunque erudiet* or *erudit.*
Ὅς ἄν παιδεύσῃ, *quicunque erudiverit* or *erudivit.* Gr. 191, 4. d.
26. In dependent clauses, the optative may take the place of the indica-
tive or subjunctive, whenever the principal sentence has the verb in an
historical tense.
The Indirect Optative. Gr. 176, 4.
ἔλεγεν ὅτι ὁ φίλος ἀπέθανεν or ἀποθάνοι.

27. **Final** clauses with ἵνα, ὡς, ὅπως, *ut, in order that,*
ἵνα μή, ὡς μή, ὅπως μή or μή, *ne, in order that not, lest,*
always take the subjunctive after a principal tense,
and generally the optative after an historical tense. Gr. 181.
ἡσυχίαν ἦγον, ἵνα πάντες ἀκούωσιν or ἀκούοιεν.
28. After verbs of saying or thinking, if the infinitive follows, the **nomi-
native** w. inf. is used when the subjects are the same, otherwise the accusative
w. inf. Gr. 197, 1. 2.
οἴομαι εἶναι σοφός — οἴομαι αὐτὸν εἶναι σοφόν.
29. An infinitive may be preceded by the article and thus be used as,
and declined like, a noun, without however losing its character as a verb. Gr.
τὸ τοῖς νόμοις πείθεσθαι *to obey (obedience to) the laws.* [198, 1.
30. The **future participle,** with or without ὡς, often conveys a final mean-
ing : *in order to, with a view to* etc. Gr. 203, 3. b.
οἱ Ἀθηναῖοι παρεσκευάζοντο ὡς πολεμήσοντες.
31. The **participle** with καίπερ, *although,* denotes opposition or concession.
[Gr. 189, n.
καίπερ εὐγενὴς ὢν κακός ἐστιν *in spite of his noble birth, he is a villain.*

LIST OF ABBREVIATIONS

COMPRISING THE LESSONS AND THE VOCABULARY.

a.	= use (or render by) the article.	Lat.	= Latin.
abs.	= absolute.	M., mid.	= middle.
acc.	= accusative.	mid.-pass.	= middle passive.
accdg.	= according.	M. P.	= middle passive.
Act., act.	= active.	n.	= neuter, note, number.
adj.	= adjective.	neut.	= neuter.
adv.	= adverb.	nom.	= nominative.
agt.	= against.	nt.	= neuter.
aor.	= aorist.	o.	= omit.
art.	= article.	opp.	= opposed to.
collect.	= in a collective sense.	opt.	= optative.
comp.	= comparative.	p., pp.	= page, pages.
constr.	= construction.	part.	= participle.
cp.	= compare.	pass.	= passive.
dat.	= dative.	perf.	= perfect.
dep.	= deponent.	pf.	= perfect.
dep. med.	= middle deponent.	pl.	= plural.
dep. pass.	= passive deponent.	plupf.	= pluperfect.
D. M.	= dep. med.	poet.	= poetic.
D. P.	= dep. pass.	postp.	= postpositive.
e.g.	= for example.	prep.	= preposition.
encl.	= enclitic.	pres.	= present.
esp.	= especially.	**R.**	= Rule.
etc.	= and so forth.	relat.	= relative.
ff.	= following.	sc.	= scilicet.
fut.	= future.	sg.	= singular.
gen.	= genitive.	subj.	= subject.
Gr.	= Grammar.	sthg.	= something.
i.	= intransitive.	sup., superl.	= superlative.
i.e.	= that is.	syll.	= syllabic.
imp., imper.	= imperative.	tr., trans.	= transitive.
impf.	= imperfect.	transl.	= translate.
ind.	= indicative.	usu.	= usual, -ly.
inf.	= infinitive.	verb. adj.	= verbal adjective.
intr.	= intransitive.	voc.	= vocative.
L. Less.	= Lesson.	**w.**	= with.

VOCABULARY.

Arranged According To Lessons.

The vowels *a*, *ι* and *υ*, whenever *long by nature*, are marked thus : ā, ī, ῡ, unless their quantity be already otherwise sufficiently indicated.

1.

βασιλεύω *w. gen.* am king, rule (over).

παιδεύω — educate.

πιστεύω *w. dat.* trust (in, to), believe.

θύω — sacrifice.

λύω — loose.

ἀγγέλλω — announce.

γιγνώσκω — perceive, learn (to know), know.

θαυμάζω — admire, wonder (at).

ἄγω — lead, drive. *i.* march.

ἔχω — have, hold.

λέγω — say, tell, speak (of), call.

φέρω — carry, bear, bring.

φεύγω — flee (from), shun.

γράφω — write.

φθείρω — corrupt, destroy.

ἐκ, ἐξ *w. gen.* out of, from. (*whence?* Gr. 24, 2.); in consequence of; *ex.*

ἐν *w. dat.* in, at, on, during, among. (*where? when?*)

εἰς *w. acc.* into, to, in, up to, on. (*whither?*)

ἀεί — always, ever.

πολλάκις — often, frequently.

καί — and, even, also, too.

οὐ, (οὐκ, οὐχ) not (no). Gr. 24, 3.

μή *w. imp.* not, *nē.*

2.

ὁ λόγος — word, speech, discourse.

ὁ βίος — life.

ὁ ἵππος — horse.

ὁ λίθος — stone.

ὁ νόμος — law; custom.

ὁ ξένος — stranger, mercenary.

ὁ πόνος — toil, hardship, suffering.

ὁ τρόπος — manner, way. *pl.* habits, character.

ὁ ὕπνος — sleep.

ὁ φίλος — friend.

ὁ χρόνος — time.

ὁ δῆμος *populus* people.

ὁ δοῦλος — slave, servant.

ὁ ἑταῖρος — companion.

ὁ πλοῦτος — riches.

ὁ ταῦρος — bull.

101

ὁ Δᾱρεῖος — Darius.
ὁ Κροῖσος — Crœsus.
ὁ Κῦρος — Cyrus.
ὁ Λυκοῦργος — Lycurgus.
ὁ Ἀθηναῖος — Athenian.
ὁ Ῥωμαῖος — Roman.
ὁ Θηβαῖος — Theban.
ὁ ἄνθρωπος *homo* man; *pl.* man, men, people, *homines*, mankind.
ὁ ἄγγελος — messenger.
ὁ ἄνεμος — wind.
ὁ ἥλιος — sun.
ὁ θάνατος — death.
ὁ κίνδῡνος — danger; *pl.* times of d.
ὁ πόλεμος — war; *sg.* & *pl.* times of war.
ὁ πολέμιος *hostis* enemy.
ὁ σύμμαχος — ally.
ὁ Διόνῡσος — Dionysus.
ὁ Ὅμηρος — Homer.
ὁ Φίλιππος — Philip.
ὁ Αἰγύπτιος — Egyptian.
ὁ Λακεδαιμόνιος — Lacedæmonian.

3.

ὁ ἀγρός — field; *sg.* & *pl.* country (*opp.* town).
ὁ ἀδελφός — brother.
ὁ ἀριθμός — number.
ὁ γεωργός — husbandman.
ὁ θεός — god.
ὁ θῡμός — courage, heart, soul; anger.
ὁ ἰᾱτρός — physician.
ὁ καρπός — fruit, *also collect.*
ὁ μισθός — wages; reward.

ὁ οὐρανός — sky, heaven(s).
ὁ ὀφθαλμός — eye.
ὁ στρατηγός — general, leader.
τὸ δῶρον — present, gift.
τὸ πλοῖον — vessel.
τὸ ἄστρον — star.
τὸ δένδρον — tree.
τὸ ἔργον — work, deed.
τὸ ὅπλον — weapon; *pl.* arms, armor.
τὸ τέκνον — child.
τὸ τόξον — bow.
τὸ φύλλον — leaf.
τὸ θηρίον — beast, (wild) animal.
τὸ πεδίον — plain.
τὸ εἴδωλον — image, picture.
τὸ στρατόπεδον — camp.
τὸ τρόπαιον — trophy.
τὸ φάρμακον — remedy.

4.

ἄρχω *w. gen.* — rule, reign, govern.
κρίνω — judge (of); try, decide.
θεραπεύω — attend to, wait upon, serve; heal, cure; honor, worship; till, cultivate.
κελεύω — urge, bid, command.
φυλάττω — guard, watch; keep, preserve, defend.
ἱδρύω — erect, build.
γίγνομαι *dep.* — am born, become, am made, happen.
ἕπομαι *dep. w. dat.* follow.
μάχομαι *dep. w. dat.* fight (with, agt.).
πείθομαι *w. dat.* obey.

πορεύομαι   march, travel.

ἀλλά   but, however.

μέν— δέ : Gr. 208. used to mark *contrasts* or *correlative* parts of sentences; frequently left untranslated, except by stress of the voice; *sometimes* = indeed — but.

καί—καί *et—et* both — and.

5.

See Gr. 31, 2.

ἡ ὁδός   way, road, path.

ἡ εἴσοδος   entrance, inroad.

ἡ ἔξοδος   march (out), expedition.

ἡ ἄμπελος   vine.

ἡ βίβλος   book.

ἡ ἤπειρος   mainland.

ἡ νῆσος   island.

ἡ νόσος   sickness, disease.

ἡ παρθένος   maiden.

ἡ τάφρος   ditch.

ἡ ψῆφος   pebble, ballot.

ἡ Αἴγυπτος   Egypt.

ὁ φόβος   fear.

ὁ οἶνος   wine.

ὁ Νεῖλος (ποταμός) the (river) Nile.

ὁ ἄργυρος   silver.

ὁ βάρβαρος   not Greek, barbarian, foreigner.

ὁ πρόγονος   forefather.

ὁ βωμός   altar.

ὁ ποταμός   river, stream.

ὁ στρατός   army.

ὁ χρυσός   gold.

τὸ σημεῖον   sign, ensign.

τὸ μέταλλον   mine.

τὸ Λαύρειον   Mt. Laurium.

6.

ἡ οἰκίᾱ (ῐ!)   house.

ἡ ἀδικία   injustice, wrong (-doing).

ἡ ἀπιστία   distrust.

ἡ ἀτυχία   unluckiness, misfortune, failure, evil luck.

ἡ ἐκκλησία   the people's assembly, meeting.

ἡ ἐλευθερία   liberty, freedom.

ἡ ἐπιθυμία   desire (for *gen.*).

ἡ εὐτυχία   good luck, prosperity, success.

ἡ ζημία   penalty, punishment.

ἡ ἡσυχία   quiet, rest.

ἡ πενία   poverty.

ἡ φιλία   friendship.

ἡ σοφία   wisdom.

ἡ Ἀρκαδία   Arcadia.

ἡ χώρᾱ   country, land, region.

ἡ ἀνδρεία   bravery.

ἡ παιδεία   training, education, attainments.

ἡ ἑσπέρα   evening.

ἡ ἡμέρα   day.

ἡ θύρα   door.

ἡ στρατιά   army.

ἡ ἀγορά   market-(place).

ἡ θεά   goddess.

ἡ μάχη   battle.

ἡ βλάβη   harm, damage, hurt.

ἡ δίκη   right, justice; satisfaction, punishment.

ἡ πύλη	gate.
ἡ τέχνη	art.
ἡ Σπάρτη	Sparta.
αἱ Θερμοπύλαι	Thermopylæ.
ἡ νίκη,	victory.
ἡ γνώμη	judgment, understanding, opinion.
ἡ λύπη	grief, sorrow, pain, distress.
ἡ ὕλη	forest.
ἡ αἰσχύνη	disgrace, shame.
ἡ εἰρήνη	peace.
ἡ σελήνη	moon.
ἡ Μεσσήνη	Messenia.
αἱ Ἀθῆναι	Athens.
ἡ τῑμή	honor.
ἡ ἀδελφή	sister.
ἡ ἀρετή	virtue, bravery; goodness, excellence.
ἡ ἀρχή	beginning; rule, power, command, sovereignty, empire; office, magistracy.
ἡ βοή	cry, shout, call.
ἡ βουλή	advice; plan; senate.
ἡ ἡδονή	pleasure, joy.
ἡ πηγή	source, fountain.
ἡ σκηνή	tent.
ἡ τελευτή	end; death.
ἡ φυγή,	flight.
ἡ ψῡχή,	soul, heart.

7.

ὁ σοφός	wise man.
ἡ ἀθῡμία, ας	faintheartedness.
ἡ αἰτία	cause; blame.
ἡ θυσία	sacrifice.

ἡ κακία	wickedness, pl. vices.
ἡ δόξα, ης	opinion; reputation, fame, renoun, glory.
ἡ Μοῦσα, ης	Muse.
ἡ γλῶττα, ης	tongue; language.
ἡ ἧττα, ης	defeat.
ἡ σφαῖρα, ας	globe.
ἡ θάλαττα, ης	sea.
ἡ ἄμαξα, ης	wagon.
ἡ γέφῡρα, ας	bridge.
ἡ ἀλήθεια, ας	truth(-fulness); reality.
ἡ ἀσέβεια	impiety.
ἡ ἀσφάλεια	security, safety.
ἡ βοήθεια	aid, help, succor.
ἡ εὐσέβεια	piety.
ἡ εὔνοια	kindness, good-will.
ἡ ὁμόνοια	concord, harmony.
ἡ ὠφέλεια	use, profit, advantage, benefit.
ἡ Χαιρώνεια	Chæronea.

8.

ὁ κόσμος	ornament, grace; honor; mundus, order; world.
ὁ ἡ διδάσκαλος	teacher.
τὸ μέτρον	(due) measure.
ἡ δυστυχία	ill luck, misfortune, failure, mishap.
ἡ πολῑτεία	constitution; state.
τέ (encl.) — καί	both (alike) — and; — as well as.
οὔτε — οὔτε neque — neque	neither — nor; after a negative: either — or.

9.

δειμαίνω	dread, fear.
ἐχθαίρω	hate.
νομίζω	think, believe, consider as.
σῴζω	save, preserve, rescue.
ἡ συμμαχία	alliance.
ἡ ἔχθρα	enmity.
ἡ σῑγή	silence.
ἡ ῥώμη	strength.
ἡ μέριμνα	care.
ἡ στρατεία	expedition.
ἡ δικαιοσύνη	justice.
ἡ σωφροσύνη	discretion, prudence; moderation, modesty, temperance, self-restraint.
ὁ νεᾱνίας	young man; pl. the young.
ὁ Παυσανίας	Pausanias.
ὁ πολῑτης	(fellow-) citizen.
ὁ γυμνήτης	light-armed foot-soldier; pl. light infantry.
ὁ δεσπότης	lord, master, ruler.
ὁ εὐεργέτης	benefactor.
ὁ ἱκέτης	suppliant.
ὁ ναύτης	sailor.
ὁ νομοθέτης	lawgiver.
ὁ οἰκέτης	of the household, slave, servant, domestic.
ὁ ὁπλῑτης	hoplite, heavy-armed foot-soldier; pl. heavy infantry.
ὁ στρατιώτης	soldier.
γάρ postp.	for, namely.
ὁ προδότης	traitor.
ὁ τοξότης	bowman.
ὁ Ἐφιάλτης	Ephialtes.

ὁ Καμβύσης	Cambyses.
ὁ Ξέρξης	Xerxes.
ὁ Πέρσης	Persian.
ὁ Σπαρτιάτης	Spartan.
ὁ δικαστής	judge.
ὁ ἀκοντιστής	javelin-man.
ὁ μαθητής	pupil.
ὁ πελταστής	peltast, light-armed foot-soldier; pl. light infantry.
ὁ ποιητής	poet.
ὁ Ἀτρείδης	son of Atreus.
ὁ Ἡρακλείδης	son (descendant) of Heracles.
ὁ Πηλείδης	son of Peleus.
ὁ Ἀριστείδης	Aristides.
ὁ Ἐπαμεινώνδας	Epaminondas.
ὁ Πελοπίδας	Pelopidas.
ὁ Λεωνίδας	Leonidas.

10.

ἀγαθός, ή, όν	good.
ἀληθινός, ή, όν	true, real, genuine.
δειλός, ή, όν	timid, cowardly.
δεινός, ή, όν	terrible, dreadful.
δυνατός, ή, όν	powerful; possible.
ἐσθλός, ή, όν	noble, good, excellent.
θερμός, ή, όν	warm, hot.
θνητός, ή, όν	mortal, perishable.
κακός, ή, όν	bad, evil, base, wicked.
καλός, ή, όν	beautiful, fair; good; noble.
κοινός w. gen. & dat.	common.
μεστός w. gen.	full (of).
πιστός, ή, όν	faithful.

σοφός, ή, όν   wise, judicious.

στενός, ή, όν   strait, narrow.

χαλεπός, ή, όν   difficult, hard,
heavy, grievous, troublesome, painful.

χρηστός, ή, όν   useful, clever;
worthy, good.

Ἑλληνικός   Hellenic, Greek,
Grecian.

Ἀττικός, ή, όν   Attic.

ἡ Ἀττική   Attica.

αἰσχρός, ά, όν   disgraceful, shameful, infamous; unsightly.

βλαβερός, ά, όν   hurtful, injurious.

ἐχθρός w. dat.   hated; hostile.

ἱερός (w. gen.)   holy, sacred (to).

ἰσχυρός, ά, όν   strong.

λαμπρός, ά, όν   bright, brilliant,
illustrious, magnificent, glorious, distinguished.

μακρός, ά, όν   long, tall, large.

μῑκρός, ά, όν   short, small, little.

πικρός, ά, όν   bitter.

πονηρός, ά, όν   bad, evil, base,
wicked.

ψῡχρός, ά, όν   cold.

ὁ φθόνος   envy.

τὸ ἀγαθόν   good (thing), blessing.

τὸ κακόν   evil, misery, misfortune.   Also τὸ καλόν, τὸ αἰσχρόν etc.
R. 6.

ὁ ἐχθρός inimicus   enemy.

τὸ ἱερόν   temple.

τὸ δάκρυον   tear.

ἡ σωτηρία   rescue, deliverance, safety, welfare.

II.

δῆλος, δήλη, δῆλον   clear, evident, manifest.

μόνος   alone, only.

φίλος   dear.

ὀλίγος   little, small; short; pl. (a) few.

ἀναγκαῖος, ᾱ, ον   necessary.

ἀρχαῖος antiquus, priscus   old, ancient.

σπουδαῖος   eager, earnest.

ἀνδρεῖος   brave.

θεῖος   divine.

παντοῖος   manifold, various, of all sorts, all kinds of, a variety of.

νέος   new, young.

ἐναντίος   opposite, opposed.

δίκαιος, ᾱ, ον   just. R. 6.

ἄγριας   wild.

αἴτιος w. gen.   to blame (for); cause, author (of), guilty.

ἀλλότριος   another's, strange, foreign.

ἄξιος w. gen.   worth(y), deserving.

ἐλεύθερος   free.

ἴδιος w. gen. & dat.   one's own, private.

ὅμοιος w. dat.   like, similar.

πολέμιος   the enemy's, hostile.

πλούσιος   rich.

ῥᾴδιος   easy.

ὁ τύραννος   tyrant.[1]

ἡ τύχη   luck, fortune, chance, destiny.

ἡ συμφορά   misfortune, calamity.

ἡ Λιβύη   Libya.

---

[1] For the exact meaning of the term, see the Lexicon.

12.

ἄβατος, ον	impassable, inaccessible.
ἄδηλος, ον	unknown, uncertain, doubtful.
ἄδικος, ον	unjust.
ἀδύνατος, ον	impossible.
ἀθάνατος, ον	immortal, everlasting.
ἄθυμος, ον	fainthearted.
ἄκαιρος, ον	ill-timed.
ἄλυπος, ον	griefless, sorrowless, painless.
ἀνάξιος, ον *w. gen.*	unworthy, undeserving.
ἀνάριθμος, ον	countless, innumerable.
ἀνόητος, ον	foolish, senseless.
ἄπιστος, ον	faithless, untrustworthy.
ἄτιμος, ον	inglorious, infamous.
ἄχρηστος, ον	useless, unserviceable.
βάρβαρος, ον	(not Greek), barbarian.
ἔντιμος, ον	honored, honorable, respected, esteemed.
ἔνδοξος, ον	famous, renowned, glorious, celebrated.
ἥμερος, ον	tame.
ἥσυχος, ον	quiet.
πρᾶος, ον	mild, gentle.
ὑπήκοος, ον *w. gen. & dat.*	subject.
φρόνιμος, ον	sensible, judicious, reasonable.
βέβαιος, 2 & 3	firm, lasting, certain, stable.
ἔρημος, 2 & 3	lonely, desert(ed).

χρήσιμος, 2 & 3	useful, valuable.
ὠφέλιμος, 2 & 3	useful, serviceable.
ἔνιοι, αι, α	some.
ἄλλοι, αι, α	others.
πολλοί, αί, ά	many (a).
ὁ ἐμός, ή, όν	my, mine.
ὁ σός, ή, όν	thy, thine, your, yours.
ὁ ἡμέτερος, ᾱ, ον	our, ours.
ὁ ὑμέτερος, ᾱ, ον	your, yours.

R. 8.

ὁ καιρός	right time, fitting moment.
ὁ λιμός	hunger.
τὸ φῦλον	tribe, nation, people.
ἡ τροφή	food.
τὸ ἱμάτιον	garment; *pl.* clothes.

13.

βουλεύω τινί	(take) counsel, advise.
βουλεύομαι	take counsel with myself, deliberate, hold a council; plan, resolve.
δουλεύω *w. dat.*	am a slave, subject (to), serve.
θηρεύω	hunt, chase.
κινδῡνεύω	run a risk; am in. encounter danger.
στρατεύω *& mid.*	take the field.
στρατοπεδεύομαι	encamp.
δακρύω	shed tears, weep (over).
κωλύω *w. inf.*	hinder, prevent, keep (from: *gen.*).
γυμνάζω	exercise.
δικάζω	am judge, dispense justice, pass sentence.

διώκω — pursue, persecute.
πέμπω — send; escort.
ὁ υἱός — son.
ὁ παράδεισος — park.
ὁ δυνάστης — ruler, sovereign.
ὁ σατράπης — satrap, governor.
ὅλος, η, ον — whole, entire, all.
βασίλειος, 3 — royal.
τὰ βασίλεια — royal palace.
γεραιός, 3 senex — old, aged.
παλαιός, 3 — ancient; ὁ π. the
    antiquus — Elder: maior.

14.

ἡ Ἀθηνᾶ — Athena.
ἡ γῆ — earth, land, country; Gaea.
ὁ Ἑρμῆς — Hermes.
ὁ νοῦς — mind, intellect, reason, sense.
ὁ πλοῦς — sailing, voyage.
ὁ περίπλους — s. round, circum-navigation.
τὸ ὀστοῦν — bone.
ἀργυροῦς, ᾶ, οῦν — of silver.
σιδηροῦς — of iron.
χρῡσοῦς, ῆ, οῦν — of gold, golden.
χαλκοῦς — of bronze (brass, metal), brazen.
ἁπλοῦς — simple, plain.
τριπλοῦς — triple, threefold.
εὔνους, ουν w. dat. — well-disposed, kind.
κακόνους w. dat. — evil-minded.
ἄνους — foolish, senseless.
ὁ τάφος — grave, tomb.
ὁ στέφανος — crown, garland.

ὁ νεκρός — dead man, corpse.
τὸ κύπελλον — cup, goblet.
τὸ δεῖπνον — (principal) meal (of the day).
ὁ κυβερνήτης — helmsman.
ἡ ἄκρα — height, citadel.
ἡ ὀργή — anger.
θαυμάσιος, 3 — wonderful.
παρέχω — hold near, afford, provide, furnish; give, grant; show; praebeo.
ὁ Σκύθης — Scythian.
ὁ Ἅιδης — Hades.
ὁ Εὔξεινος Πόν-τος — Black Sea.
ἡ Σικελία — Sicily.

15.

ὁ κόλπος — bosom, gulf.
ὁ ἐνιαυτός — year.
τὸ νῶτον — back.
τὸ ναυτικόν — fleet.
ἡ ναυμαχία — naval engagement.
πρότερος, 3 — former, previous, preceding, earlier.
ὕστερος, 3 — later, following, subsequent.
ἔνοικος, 2 — dwelling in, inhabitant.
πάροικος, 2 — dw. by, neighboring.
πεζός, 3 — on foot, foot-, land-.
βλέπω — look, see, behold.
τρέπω — turn.
βούλομαι dep. — wish, desire.
λαμβάνω — take, receive, seize.
    δίκην λαμβάνω inflict punishment.

φυγαδεύω — put to flight, drive away, banish, exile.

χαλεπαίνω — am angry (with, at). w. dat.

ἀπο-θνῄσκω — die (off, out); fall (in battle)

ἀπο-κτείνω — kill, slay.

κατα-λείπω — leave (behind), forsake, desert.

κατα-στρέφομαι — subdue, subject to myself, take (a city).

ὅτι quod — that, because.

ἐπεί cum, postquam — since, when, after.

16.

ὁ ἅλς, ἁλός — salt; usu. pl.

ὁ θήρ, θηρός — (wild) animal.

ὁ κρᾱτήρ, ῆρος — (mixing) bowl.

ὁ ζωστήρ, ῆρος — belt.

ὁ σωτήρ, ῆρος — savior, preserver, deliverer.

ὁ ἀήρ, έρος — (lower) air.

ὁ αἰθήρ, έρος — (upper) air.

ὁ ῥήτωρ, ορος — orator, speaker.

ὁ προπάτωρ — forefather.

Ἕκτωρ, ορος — Hector.

Νέστωρ, ορος — Nestor.

ὁ Κάρ, ᾱρός — Carian.

τὸ ἔαρ, αρος — spring.

τὸ νέκταρ, αρος — nectar.

μάκαρ, αρος — blessed, happy.

ὁ Ὠκεανός — Oceanus.

τὸ ἆθλον — prize.

στέργω — love.

εὐφραίνω — make glad, gladden.

εἰκάζω — compare; conjecture.

ὀνομάζω — name, call.

κολάζω — punish.

τιτρώσκω — wound.

ὁ Νάξιος — Naxian.

οἱ Δελφοί, ῶν. — οἱ Διόσκοροι: Castor and Polydeuces.

17.

ὁ φύλαξ, κος — guardian.

ὁ θώρᾱξ, κος — cuirass.

ὁ κῆρυξ, κος — herald.

ὁ φοῖνιξ, κος — palm-tree.

ἡ γλαῦξ, κός — owl.

ἡ αἴξ, γός — goat.

ἡ μάστῑξ, γος — scourge, whip.

ἡ πτέρυξ, γος — wing (of a bird).

ἡ σάλπιγξ, γγος — trumpet.

ἡ φάλαγξ, γγος — phalanx, line of battle.

ὁ ὄνυξ, χος — nail, hoof, talon, claw.

ὁ γύψ, πός — vulture.

ὁ Θρᾷξ, κός. — ὁ Αἰθίοψ, πος.

ὁ Φρύξ, γός. — ὁ Κύκλωψ, πος.

ὁ Φαίᾱξ, κος. — ὁ Ἄραψ, βος.

ὁ Φοίνῑξ, κος. — ὁ Μῆδος.

ὁ Κίλιξ, κος. — ὁ Ἰνδός.

ἡ Θρᾴκη. — ὁ Λῡδός.

ὁ λύκος — wolf.

ὁ ἀετός — eagle.

ἡ εὐδαιμονία — happiness.

πολεμικός, 3 — warlike.

φοβερός, 3 — formidable.

τὸ πρόβατον — sheep.

τίμιος, 3 — honored, prized.

ἐλαφρός, 3 — light, nimble, fast.

18.

ὁ γυμνής, ῆτος light-armed foot-soldier ; *pl.* light infantry.

ἡ ἐσθής, ῆτος dress, clothes.

ὁ Κρής, ητός Cretan.

ἡ νεότης, ητος *iuventus,* youth.

ὁ ἔρως, ωτος love.

ὁ ἱδρώς, ῶτος sweat.

ὁ νομάς, άδος nomad.

ἡ Ἑλλάς, άδος Greece.

ἡ ἀσπίς, ίδος shield.

ἡ ἐλπίς, ίδος hope.

ἔχω τὴν ἐλπίδα ἐν place my hope in.

ἡ κνημίς, ῖδος greave.

ἡ πατρίς, ίδος native (city, land, country), home. Gr. 54, n.

ἡ πῡραμίς, ίδος pyramid.

ἡ τυραννίς, ίδος tyranny.

See τύραννος.

ἡ φροντίς, ίδος care, solicitude.

ἡ ἔρις, ιδος strife, quarrel, contention.

ἡ Ἄρτεμις, ιδος Artemis.

ὁ, ἡ ὄρνῑς, ῑθος bird.

ἡ χάρις, ιτος grace, loveliness; thanks, gratitude ; love ; favor.

χάριν ἔχω *gratiam habeo* am grateful.

αἱ Χάριτες the Graces.

ἡ κόρυς, υθος helmet.

ἡ νύξ, κτός night.

τὸ γάλα, κτος milk.

ὁ σίδηρος iron.

ὁ, ἡ ἔλαφος stag, hind.

ὁ φιλόσοφος *philosopher,* wise man.

ἄσμενος, 3 glad(ly), with joy.

ἀνθρώπινος, 3 human, man's —.

ὑψηλός, 3 high.

τίκτω beget, bring forth.

τρέφω feed, nourish, maintain.

θάπτω bury.

σπένδω pour out, offer a libation.

χρῄζω desire, wish.

19.

τὸ σῶμα, τος body.

τὸ αἷμα blood.

τὸ ἅρμα chariot.

τὸ γράμμα letter (of the alphabet); *pl.* letters, learning, literary pursuits.

τὸ κτῆμα possession, property.

τὸ μνῆμα monument.

τὸ πνεῦμα breath, wind.

τὸ πρᾶγμα thing, deed, matter, affair ; trouble, difficulty.

τὸ σῆμα sign, (funeral) mound.

τὸ στόμα mouth.

τὸ τραῦμα wound.

τὸ χρῆμα thing; *pl.* money, property.

τὸ ἁμάρτημα fault, blunder, sin, offence.

τὸ ἀνάθημα votive offering.

τὸ ἄγαλμα statue, image.

τὸ μάθημα learning, knowledge; *pl.* accomplishments, attainments.

τὸ νόμισμα coin.

τὸ ὄνομα name.

τὸ στράτευμα army.
τὸ τόξευμα arrow
πένης, ητος poor (man).
φυγάς, άδος fugitive; exile.
ὁ πούς, ποδός foot.
ὁ τρίπους, οδος tripod.
τὸ φῶς, ωτός light.
τὸ γόνυ, νατος knee.
τὸ δόρυ, ρατος spear.
τὸ ὕδωρ, δατος water.
τὸ κέρας, ᾱτος horn, antler; wing
ἡ Λήθη Lethe. [(of an army).

20.

ὁ Ἕλλην, ηνος Hellene, Greek.
ὁ Ἀπόλλων, ωνος.
ὁ Σόλων, ωνος.
ὁ Πλάτων, ωνος.
ὁ Φαίδων, ωνος.
ὁ Πάν, Πᾱνός the god Pan.
ὁ μήν, μηνός month.
ὁ ἀγών, ῶνος contest, struggle, fight.
ὁ αἰών, ῶνος time; life; age, generation; eternity.
ὁ λειμών, ῶνος meadow, green.
ὁ χειμών, ῶνος storm; winter.
ὁ χιτών, ῶνος under garment.
ὁ, ἡ Μαραθών, ῶνος Marathon.
ὁ Τελαμών, ῶνος Telamon.
ὁ Ποσειδών, ῶνος Poseidon.
ὁ δαίμων, ονος god, deity.
ὁ γείτων, ονος neighbor.
ὁ τέκτων ονος artist.
ὁ Ἀγαμέμνων, ονος.
ὁ Ἀρίων, ονος.
ἡ Λακεδαίμων, ονος.

ὁ ποιμήν, ένος shepherd.
ὁ λιμήν, ένος harbor.
ὁ, ἡ ἡγεμών, όνος guide; leader.
ὁ Μακεδών, όνος Macedonian.
ἡ χιών, όνος snow.
ἡ χθών, ονός ground, earth.
ἡ Ἐλευσίς, ῑνος Eleusis.
ἡ Σαλαμίς, ῑνος Salamis.
ἡ ῥίς, ῥῑνός usu. pl. nose.
ὁ δελφίς, ῑνος dolphin.
εὐδαίμων, ον happy; wealthy.
ἐπιστήμων, ον skilled, expert. w. gen.
ἄφρων, ον senseless, foolish, unreasonable.
σώφρων, ον of sound mind, reasonable, sensible; temperate.
μέλᾱς, αινα, αν black, dark.

21.

ὁ γίγᾱς, αντος giant.
ὁ ἐλέφᾱς, αντος elephant; ivory.
ὁ Αἴᾱς, αντος Ajax.
ὁ ἀνδριάς, άντος man's statue.
ὁ ἱμάς, άντος thong, strap.
ὁ ὀδούς, όντος tooth, tusk.
ὁ γέρων, οντος old man; pl. the senex aged.
ὁ θεράπων, οντος servant.
ὁ λέων, οντος lion.
πᾶς, πᾶσα, πᾶν every, any; whole, entire, all. pl.
ἅπας, ασα, αν often: everybody, everything.
ἄκων, ἄκουσα, ἆκον unwilling(ly), reluctant(ly); unintentionally, invitus.

ἑκών, ἑκοῦσα, willing(ly), volun-
ἑκόν   tarily, of one's own
accord, ready(-ily).

λυθείς, εἶσα, ἑν loosed.

χαρίεις, εσσα, εν graceful, lovely;
agreeable, pleasant.

ὁ δασμός   tribute.

ὁ τεχνίτης   mechanic, artisan.

ἡ Ῥώμη   Rome.

Ὀλύμπιος, 3   Olympian.

22.

ὤν, οὖσα, ὄν being (εἰμί am). gen.
ὄντος, οὔσης, ὄντος : Gr. 36, 7. a.

ἀπ-ών, -οῦσα, being away, absent
-όν   (ἄπειμι am away).

παρ-ών, -οῦσα, -όν being here
(there), present (πάρειμι am here).

τὸ παρόν, όντος present.

μέλλων, ουσα, ον being about to
happen, future, coming, impending.

τὸ μέλλον, οντος future.

ὁ ἄρχων, οντος magistrate; pl.
chief magistrates (esp. of Athens).

ὁ θησαυρός   treasure.

ἡ ἀνάγκη   necessity, force;
distress.

ἕκαστος, 3   each (one), every
(one).

ἔμπειρος, 2   experienced, ac-
w. gen.   quainted.

ἄπειρος, 2   inexperienced, un-
w. gen.   acquainted.

ἀρέσκω w. dat. please.

23.

Learn τίς, τί: Gr. 67, 2.

ᾄδω   sing.

αἰσχύνω   make ashamed,
dishonor.

αὐξάνω   increase, trans.

εὔχομαι   pray (to τινί, for τί);
wish; vow, promise.

ἀναγκάζω   force, compel.

ἐλπίζω   expect, hope; wish.

ὀνειδίζω   blame (τινί for τί),
reproach (τινί with τί), throw up agt.

ὁπλίζω   arm, equip.

ὑβρίζω   am insolent, insult.

δι-άγω   spend, pass (time), live.

νέμω   divide up, portion
out, distribute.

δια-νέμω   divide up (among
τινί), distribute, deal out; award.

δια-φέρω   am different (from
τινός); surpass (τινός in τινί), am
noted (for τινί), distinguished.

βάλλω   throw, cast.

εἰς-βάλλω ⎫ tr. throw, cast into.
ἐμ-βάλλω ⎭ intr. empty; invade.

ἐπι-γράφω   write upon (τινί),
inscribe.

κατα-βαίνω   go down; descend.

παρ-άγω   lead aside, astray.

συγ-γράφω   write the history of,
describe.

συλ-λέγω   gather, collect;
raise, levy; pass. assemble, gather,
intr.

ὁ ὕμνος   hymn.

ἡ πέτρα   rock, stone.

τὸ μνημεῖον monument, memorial.

Πελοποννησιακός, 3 Peloponnesian.

Θουκῡδίδης, ου Thucydides.

Ἀρταξέρξης, ου Artaxerxes.

ὁ Ἀρμένιος Armenian.

ὁ Μεσσήνιος Messenian.

24.

τὸ ποτόν	drink.
ἡ δίψα	thirst.
ἡ ἐγκράτεια	mastery (esp. of self), self-control.
ἡ κεφαλή	head.
τὸ πῆμα	suffering, woe.
κοῖλος, 3	hollow.
ἄνυδρος, 2	waterless, arid.
ἀκούω	hear.
ὁδεύω	go, march.
παίω	strike, hit, beat.
πάσχω	experience, am treated, feel (esp. to my cost), suffer.
πίνω	drink.
πιέζω	press hard, oppress, straiten; pass. am in difficulty, suffer.
ἐν-τυγχάνω τινί	light, come upon; find.
περι-βλέπω	look round
προς-βλέπω	look on. [present.
προς-φέρω τινί	bring up to, offer,
ἔχω w. adv.	am (in a certain state or condition).
κακῶς adv.	ill, badly.
ἤδη	already, now.
πότε;	when?
ὅτε relat.	when.

τότε	then, at that time.
ποτέ encl.	at some time (in the past or future), once (upon a time), on one occasion; formerly; ever.
οὔποτε, οὐδέποτε	never, not (no) — ever.
μήποτε, μηδέποτε w. imper.	never.

25.

ὁ πατήρ, τρός	father.
ἡ μήτηρ, τρός	mother.
ἡ θυγάτηρ, τρός	daughter.
ἡ γαστήρ, τρός	stomach; belly.
ὁ ἀνήρ, ἀνδρός	man; husband.
ὁ χαρακτήρ, ῆρος	stamp, character.
ὁ ὅρκος	oath.
ὁ ἔπαινος	praise.
ὁ φόνος	murder, massacre.
ἡ ὁμῑλία	company, intercourse.
προσ-ήκει πρέπει } τινί	it is proper, becomes, belongs to.

26.

ἀληθεύω	speak the truth.
ἐπι-βουλεύω τινί	plot, intrigue, have designs agt., lay snares.
συμ-βουλεύω τινί	counsel, advise.
συμ-βουλεύομαί τινι	ask counsel, advice of; consult with; hold a council.
τοξεύω	shoot (kill) with a bow.
φονεύω	murder.
φυτεύω	plant.
παύω	cause to cease, stop, put an end to; depose (from τινός).

παύομαί τινος cease, stop, leave off, give up.

μηνύω τινί τι make known, report, inform one of, reveal.

φύω produce; beget.

ἀπο-λύω loose from; acquit, free.

δια-λύω dissolve, part, break up (off), do away with, put an end to.

κατα-λύω dissolve, do away with, put an end to, destroy, abolish.

μέλλω am about, going (to do), on the point of (doing); intend, purpose; hesitate, delay.

ἥκω adsum am come, arrived; am here, there. sometimes: come. Gr. 168, 1. note 3.

ὁ ἔκγονος descendant.

ἡ οὐσία property.

ἡ συνουσία intercourse, company.

ἡ ἐπιβουλή plot, intrigue, design, snare.

27.

ἄρχω τινός begin; rule over, command, have sway, reign, govern.

ἄρχομαί τινος begin. Gr. 147, 3.

δέχομαι receive, accept; abide.

πείθω persuade, prevail upon; convince.

πείθομαί τινι obey; trust.

σπεύδω make haste; press on.

ψεύδω deceive.

ψεύδομαι tell a lie.

φείδομαί τινος spare, am chary of.

δια-τρίβω spend, pass (time), live.

μετα-πέμπομαι send for, summon.

28.

τὸ γένος, ους race, family; tribe; genus sort, kind; age.

τὸ ἄλγος, ους pain.

τὸ ἄνθος, ους flower, blossom.

τὸ βάθος, ους depth.

τὸ βάρος, ους weight, burden.

τὸ βέλος, ους missile, arrow.

τὸ ἔθνος, ους nation, tribe, people.

τὸ ἔθος, ους habit, custom.

τὸ ἔπος, ους word, saying, tale.

τὸ ἔτος, ους year.

τὸ θέρος, ους summer.

τὸ κάλλος, ους beauty.

τὸ κέρδος, ους gain, profit.

τὸ κλέος, ους glory, fame, renown.

τὸ κράνος, ους helmet.

τὸ κράτος, ους strength.

τὸ μένος, ους spirit, ardor.

τὸ μέρος, ους part.

τὸ ξίφος, ους sword.

τὸ ὄρος, ους mountain.

τὸ πάθος, ους experience; suffering, woe. (πάσχω)

τὸ σκότος, ους darkness.

τὸ τάχος, ους speed, swiftness.

τὸ τέλος, ους end, issue, result.

τὸ ὕψος, ους height.

τὸ εἶδος, ους form, shape; look, appearance.

τὸ εὖρος, ους breadth, width.

τὸ ζεῦγος, ους yoke; pair (of animals).

τὸ ἦθος, ους habit, custom; pl. manners, morals, character.

τὸ μῆκος, ους length.
τὸ πλῆθος, ους (great) number, plenty, multitude.
τὸ τεῖχος, ους wall.
τὸ ψεῦδος, ους lie.
τὸ ψῦχος, ους cold.
τὸ μέγεθος, ους greatness, large size.

29.

τὸ κρέας, ως flesh.
τὸ γέρας, ως gift of honor, prize.
τὸ γῆρας, ως old age.
ἡ αἰδώς, οῦς sense of shame; respect, reverence; sense of honor.
μακάριος, 3 blessed.
ὁ καπνός smoke.
ὁ ὄνειρος dream.
ἡ ζωή life.
ἡ μῑκρότης shortness, small size.
ἡ ἐμπειρία experience.
ἡ ἀπειρία inexperience.
ἀριστερός, 3 left.
δεξιός, 3 right.
θάλλω bloom, flourish.
κηρύττω announce, proclaim.
ἥδομαι] τινί rejoice in, at; delight in, am pleased
χαίρω] ἐπί τινι with, enjoy. or

30.

εὐγενής, ές well born, of noble race, noble(-minded).
ἀληθής, ές true, real. τὸ ἀ R.6.
ἀσεβής, ές impious.
ἀσφαλής, ές safe, sure, secure, certain.

ἀφανής, ές unseen; doubtful; uncertain, unknown, obscure.
ἀτυχής, ές] unfortunate, unlucky, unhappy, unsuccessful.
δυστυχής, ές]
ἐγκρατής, ές having self-control, sober.
εὐμενής, ές well-minded (-disposed), kind.
εὐσεβής, ές pious.
εὐτυχής, ές fortunate, prosperous, happy, successful.
καταφανής, ές visible, clear.
σαφής, ές clear, plain.
συγγενής, ές akin, related.
ψευδής, ές false, untruthful.
ἐνδεής, ές needy.
εὐκλεής, ές famous, glorious.
εὐφυής, ές talented.
ὑγιής, ές healthy, sound.
πλήρης, πλῆρες full, abounding, τινός.
συνήθης, σύνηθες intimate, familiar with, τινί.
ἡ τριήρης, ους trireme.
ὁ Διογένης, ους.
ὁ Ἀριστομένης, ους.
ὁ Ἀριστοτέλης, ους Aristotle.
ὁ Δημοσθένης, ους.
ὁ Πολυκράτης, ους.
ὁ Σωκράτης, ους.
ὁ Τισσαφέρνης, ους.
ὁ Ἀχαιμένης, ους.
ὁ Περικλῆς, έους.
ὁ Ἡρακλῆς, έους.
ὁ Θεμιστοκλῆς, έους.
ὁ Σοφοκλῆς, έους.

31.

ἡ στάσις, εως   insurrection; discord, dissension.

ἡ κρίσις, εως (κρίνω) decision, trial.

ἡ κτῆσις, εως   acquisition, possession.

ἡ ὄψις, εως   look, appearance; sight.

ἡ πίστις, εως   faith(-fulness), confidence.

ἡ πόλις, εως   city; state.

ἡ πρᾶξις, εως   deed, enterprise, undertaking.

ἡ τάξις, εως   order; line of battle, rank; post, station.

ἡ ὕβρις, εως   insolence; outrage.

ἡ φύσις, εως   nature; nat. disposition, qualities; character.

ὁ μάντις, εως   seer, prophet.

ἡ αἴσθησις, εως perception.

ἡ ἀκρόπολις   acropolis, citadel.

ἡ ἀνάβασις   march upward from the coast to the interior, (inland) expedition.

ἡ κατάβασις   m. downward from the interior to the coast, retreat.

ἡ διάβασις   crossing; ford.

ἡ δύναμις   power, influence; force, troops.

ἡ φρόνησις   understanding, prudence, good sense.

ἡ Ἀμφίπολις, εως.

αἱ Σάρδεις, εων.

ὁ Ξενοφῶν, ῶντος.

32.

ὁ, ἡ σῦς, συός   hog, pig, boar.

ὁ ἰχθύς, ύος   fish.

ἡ ἰσχύς, ύος   strength.

ἡ Ἐρῑνύς, ύος   Erinys.

τὸ ἄστυ, εως   city (esp. of Athens).

ἡδύς, εῖα, ύ   sweet, agreeable.   adv. gladly.

βαθύς, εῖα, ύ   deep.

βαρύς, εῖα, ύ   heavy.

βραδύς, εῖα, ύ slow.

βραχύς, εῖα, ύ short.

γλυκύς, εῖα, ύ sweet.

δασύς, εῖα, ύ   thick, thickly set,   densus, spissus   shaggy.

εὐρύς, εῖα, ύ   broad, wide.

θρασύς, εῖα, ύ bold.

ὀξύς, εῖα, ύ   sharp.

παχύς pinguis   stout, fat, big, thick.

ταχύς, εῖα, ύ   swift, quick, fast.

τρᾱχύς, εῖα, ύ rough, uneven, rugged.

ἥμισυς, ἡμίσεια, ἥμισυ half.

ἡ πορεία   march.

ἡ ᾠδή   song.

λεπτός, 3   thin, fine.

ἀπ-έχω   tr. keep away, am distant

ἀπ-έχομαί   abstain, refrain

τινός   from.

33.

ὁ βασιλεύς, έως king.

ὁ γονεύς, έως   father; pl. parents.

ὁ ἑρμηνεύς, έως interpreter.

ὁ ἱερεύς, έως   priest.

ὁ ἱππεύς, έως   horseman, rider; pl. cavalry, horse.

ὁ νομεύς, έως shepherd.
ὁ φονεύς, έως murderer.
ὁ, ἡ βοῦς, βοός ox, cow; *pl.* cattle.
ὁ Ἀχιλλεύς, έως Achilles.
ὁ Θησεύς, έως Theseus.
ὁ Ὀδυσσεύς, έως Odysseus.
ὁ Προμηθεύς, έως Prometheus.
ὁ Ἐρετριεύς, έως Eretrian.
ὁ Εὐβοεύς, έως Euboean.
ὁ Πειραιεύς, έως Piraeus.
ὁ Πλαταιεύς, έως Plataean.
ὁ σύμβουλος counselor, adviser.
ὁ χῶρος place, (piece of) ground.
μάχιμος, 3 & 2 fighting, warlike.
σύμμαχος, 2 τινί allied with.
καθ-εύδω sleep, am asleep.

34.

ὁ ἥρως, ωος hero (also : demigod).
ὁ Τρώς, ωός Trojan.
ἡ πειθώ, οῦς gift of persuasion.
ἡ ἠχώ, οῦς echo.
ἡ Λητώ, οῦς.   ἡ Σαπφώ, οῦς.
ἡ Καλυψώ, οῦς.   ἡ Γοργώ, οῦς.
ὁ, ἡ παῖς, παιδός child (boy, son ; girl, daughter). *pl.* children (boys, etc.).
ἡ μάχαιρα (large) knife; dagger.
τὸ οὖς, ὠτός ear.
τὺ παράδειγμα example, model.
Τρωικός, 3 Trojan.
ἀπο-πέμπω send off (away, back), dismiss.
οὐ μόνον — not only (merely) —
ἀλλὰ καί but also.

35.

ἡ γυνή, γυναικός woman, wife.
ὁ Ζεύς, Διός Zeus.
ὁ, ἡ κύων, κυνός dog.
ὁ μάρτυς, υρος witness.
ἡ ναῦς, νεώς ship.
τὸ ὄναρ, ὀνείρατος dream.
ὁ πρεσβευτής, οῦ ambassador.
τὸ πῦρ, πυρός fire. *pl.* (watch-fires).
τὸ συμπόσιον drinking-party.
ὁ Λίβυς, νος Libyan.
καλὸς κἀγαθός noble and good, well-bred and honorable, honest, a gentleman.
οἴχομαι *absum* am gone, away ; also : go away. Gr. 168, 1. note 3.
ἰσχύω *valeo* am strong, able, powerful ; can effect ; have weight.
καίω burn, light.
μένω wait, await ; stay, halt, remain, (am) last(ing).
πράττω act, do.

36.

ὁ σῖτος grain ; food.
τὸ στάδιον stadium. Gr. 215, 1.
ἡ χείρ, χειρός hand.
πολύς, πολλή, much ; long (of
πολύ (12) time).
μέγας, μεγάλη,
μέγα great, large, tall.
ὁ ὦμος shoulder.
ἡ τράπεζα table.
τὸ ἄχθος burden.

37.

ὁ γάμος	wedding, marriage.
ἡ χερρόνησος	peninsula.
ἡ ἀπορία	doubt, perplexity, difficulty; want, lack.
ἡ βασίλεια	queen.
ἡ ἱέρεια	priestess.
ἡ νεφέλη	cloud.
ἁρπάζω	carry off, snatch; rob, plunder.
ὀργίζω	make angry.
ὀργίζομαί τινι	am angry with, at.
ἀπ-άγω	lead (carry, bring) off; march away.
ἀν-άγω	lead (carry, bring) up.
κατ-άγω	lead (carry, bring) down (back, home).
μαντεύομαι	prophesy, predict.
αὐτίκα	instantly, immediately, on the spot; suddenly.
ἐνταῦθα *ibi, eo.*	there, thither.

38.

τὸ σκῆπτρον	scepter, staff.
ἡ πληγή	stroke, blow.
λοιπός, 3 *reliquus,*	remaining; the other, rest.
πρόθῡμος, 2	willing, eager, inclined, ready.
κοῦφος, 3 *lĕvis,*	light.
ἀσθενής, ές	weak.
πρέσβυς, υ	old.
ἐλαύνω	drive, *tr. and i.,* ride, march.
ὑπο-μένω	encounter, endure; submit to; abide, stand my ground.

χρή	*w. (acc.*	it is necessary,
δεῖ	*and) inf.*	(one) must.

39 and 40.

τὸ μῖσος	hatred.
ἐπικίνδῡνος, 2	dangerous.
θέλω, ἐθέλω	am willing, inclined; wish.
ὁ κακοῦργος	evildoer.
τὸ ζῷον	living being; animal.
ἡ ὥρα	season (of the year).
ἡ διατριβή	sojourn, stay; delay.
οἴομαι, οἶμαι	think, believe, *w. (acc. and) inf.* agine.
οὐδείς, μηδείς	no, no one, none.
οὐδέν, μηδέν	nothing, not — anything.

41.

ἡ ἀναρχία *anarchy,*	lawlessness.
ἡ μνήμη	remembrance, memory, recollection.
κενός, 3	empty, hollow; groundless, idle.
κουφίζω	lighten.
φροντίζω τινός	am concerned, anxious, solicitous; take thought, care, heed: *curae mihi est.*
συμφέρει τινί	it is useful, of advantage, interest, importance: *interest alicuius.*
τὸ συμφέρον, οντος	what is useful, one's interests, advantage.
ἤ or,	ἤ — ἤ either — or.

42.

ὁ κύβος	die.
ὀρθός, 3	straight, right.
ἀχάριστος, 2	ungrateful.
ἐπιμελής, 2	careful.
γηράσκω	grow old.
πράττω *w. adv.*	am (in a certain state or condition), do, fare.
πίπτω	fall.
ὑπ-ακούω τινός	listen, am subject to.
οὕτω, οὕτως	so, thus, so much.
ὡς	as, like, how, that, because.
ὥσπερ	(just) as, as if, as it were.
ὡς *w. superl.*	= *quam w. superl.*
νῦν	now, nowadays.
πρότερον	formerly, before, previously.
τὰ πολλά	for the most part, generally, as a rule.

43.

ὁ λόφος	hill.
ὁ σταθμός	a day's march.
ὁ αὐτόμολος	deserter.
ὁ ναύαρχος	admiral.
ἡ κώμη	village.
ἡ γενεά	birth.
ἡ εὐεργεσία	benefit.
ἡ ὁρμή	setting out, departure.
ἀπ-αγγέλλω	bring (back) word, announce, report.
συ-στρατεύομαί τινι	take the field together with, join an expedition.
ἅμα τινί	at the same time, together with.
ἅμα τῇ ἡμέρᾳ	at daybreak.

44.

ἀγορεύω	speak (in the assembly).
βιοτεύω	live.
ἀπο-τρέπω	turn off.
κατ-έχω	hold (fast), occupy.
μαίνομαι	am mad, raving.
ἐπι-μέλομαί τινος	have charge, (take) care.
ἡ ἐπιμέλεια	care, attention.
ὁ τόπος	place; region.
εἰ	if, whether.
ἐάν *w. subj.*	if.
ὅταν } ὁπόταν } *w. subj.*	when, whenever.

45.

ὁ ψεύστης, ου	liar.
ἡ μαντεία	oracle, prophecy.
ἡ διαβολή	false accusation, slander.
διαβάλλω	accuse falsely, slander.
κλείω	shut, close.
ὀρέγομαί τινος	desire, strive for, reach after, (out to).

46.

ἡ τῑμωρία	vengeance, punishment.
ἡ βία	force, violence.
βίαιος, 3	violent, forcible.
τειχίζω	fortify.
μανθάνω	learn.

47.

ἡ διδασκαλία	teaching, instruction.
ἐπιτήδειος, 3 & 2	suited, fitted, qualified; necessary.

τὰ ἐπιτήδεια   provisions, supplies.

δια-πράττω   carry through, (out), accomplish.

προς-ελαύνω   advance, march (on, upon, against) ; drive, ride towards.

πέρᾱν *w. gen.*   on the further bank ; across.

ἔξω *w. gen.*   outside (of).

48.

ὁ ἁρμοστής, οῦ   administrator, governor.

ὁ ἔφορος   overseer.

παράνομος, 2   unlawful.

ἄφθονος, 2   abundant.

ἐκεῖ *illic*   there, at that place, yonder.

πλήν *w. gen.*   except, save.

49.

ἀπατάω   deceive, cheat.

γεννάω   beget.

δράω   do, act.

ἐάω   allow, suffer, let.

ἐρωτάω   question, ask, demand.

θηράω   hunt ; pursue.

θεάομαι, DM.   look on, watch, behold.

ἰάομαι, DM.   heal, cure.

κτάομαι, DM.   acquire, win, gain ; *pf.* have, possess.

μηχανάομαι, DM.   devise, scheme.

νῑκάω   am victorious, conquer ; prevail (over).

τελευτάω   *tr.* finish, end ; *intr.* die, fall.

τῑμάω   honor, esteem.

τολμάω   venture, dare, risk.

ὁ ὅρος   boundary.

ἡ ἀκτή   coast, shore.

ἡ ταφή   burial ; tomb, grave.

ἡ βασιλεία   kingdom, realm ; dominion.

τὸ θέᾱτρον   theatre.

50.

ἀδικέω   (do) wrong (to), injure ; am in the wrong ; *pass.* suffer wrong.

αἰτέω τινά τι   demand, ask, beg.

ἀριθμέω   count, number.

ἀτυχέω   ⎫
δυστυχέω   ⎬ L.30. am unfortunate, etc.

εὐτυχέω L. 30.   am fortunate, etc.

ἐπι-χειρέω τινί   undertake, attempt; attack, charge.

κοσμέω   adorn.

κρατέω τινός :   get the upper hand, am master, rule (over).

τινά :   conquer.

μῑσέω   hate.

νοσέω   am sick, ill.

οἰκέω τι or *w. prepp.*   inhabit, live, dwell.

οἰκοδομέω   build.

πλουτέω   am rich.

ποιέω   make, do.

πολεμέω τινί   make war upon, wage war agt.

πολιορκέω *obsidere*, besiege.

ἐκ-πολιορκέω *expugnare*, take by siege.

πορθέω   destroy.

φιλέω   love.

φρονέω   think, am minded.

κατα-φρονέω τινός despise.

μέγα φρονέω (ἐπί) τινι am proud, elated.

χωρέω   go.

ἀνα-χωρέω   go back, retreat.

ἀπο-χωρέω   go away, withdraw, depart.

ὠφελέω   help, assist, benefit; support; am of use (service) to.

51.

ἀξιόω   deem worthy; claim, ask, demand; wish.

δηλόω   make clear, known, evident, manifest; show.

δουλόω   make a slave of, enthrall, subjugate.

ἐλευθερόω   free.

ζημιόω   punish.

κυκλόω   surround, hem in.

κυκλόομαι mid. form a circle.

μαστῑγόω   scourge, whip.

μισθόω   let out (for hire): loco.

μισθόομαι mid. hire: conduco.
pass. am hired.

ὀρθόω   raise up, set up.

ἀν-ορθόω   build anew.

πληρόω   fill; man.

στεφανόω   crown, wreathe, garland.

ταπεινόω   humble, deject.

λούω   wash.

λούομαι   w. myself, take a bath.

52.

ἡττάομαι, DP. τινός am inferior to, surpassed, defeated by.

ὁρμάω   tr. set in motion, urge on.
i. start off, set out.

ὁρμάομαι, MP. start off, set out.

πειράω, usu.   try, attempt, endeavor.

πειράομαι   τινός: test, make trial of.

πλανάω   lead astray, deceive.

πλανάομαι, MP. am led astray; stray, wander.

ἀπο-πλανάομαί τινος stray from.

πορεύω   bring.

πορεύομαι, MP. march, travel.

φοβέομαι, MP. fear, dread.

θῡμόομαι, DP. τινί am angry.

ἡ λόγχη   lance.

ὁ χρησμός   oracle, prophecy.

ἡ φυλακή   guard, watch; garrison.

σπάνιος, 3   scarce, scanty.

ἐγγύς w. gen.   near.

οὖν   therefore, then, accordingly; now.

53.

ἀπιστέω τινί   distrust.

ἀπο-δημέω   am abroad.

ἐπι-θῡμέω τινός wish, long, desire, covet, crave.

περάω   go, pass through; cross.

πηδάω   leap.

ἐκ-πηδάω   leap out.

κατα-πηδάω   leap down.

σέβομαι   fear, stand in awe.

ἐπι-τρέπω give up, over; entrust; τινί: allow, permit, leave to.

ᾄδω (ἀείδω) sing. L. 23.

ὁ ἀοιδός singer, minstrel.

ἡ ἐπιστολή letter.

ἡ σκευή attire, dress; uniform, equipment.

οἴκαδε home(ward).

πάλιν *rursus* again.

ἐντεῦθεν *inde* thence.

εἶτα ⎫ then, and then, and in consequence; thereupon, afterwards.
ἔπειτα ⎭

54 and 55.

ὁ πῶλος foal, colt.

τὸ ἀκόντιον javelin.

τὸ τάλαντον talent.

τὸ πλέθρον plethron.

ὁ παρασάγγης parasang. ⊙⌣

ἡ ὀλυμπιάς, άδος olympiad.

ἡ μῡριάς *myriad*, the number 10,000.

ἀκοντίζω hurl (kill with) the javelin.

ἀνα-παύομαι rest, repose.

ἀπ-αντάω τινί meet, encounter.

56.

ἀκοντίζω	εἰκάζω	νομίζω
ἀναγκάζω	ἐλπίζω	ὀνειδίζω
ἁρπάζω	θαυμάζω	ὀνομάζω
γυμνάζω	κολάζω	ὁπλίζω
δικάζω	κουφίζω	τειχίζω
ὑβρίζω		φροντίζω
ὀργίζομαι, MP.:		ὠργίσθην
ἥδομαι, DP:		ἥσθην

ἀθροίζω collect, assemble.

ἀφανίζω blot out, annihilate.

ἐξετάζω examine, inspect, inquire into, review.

ἐρίζω τινί quarrel, vie with, strive, contend.

κομίζω bring, convey, *mid.* carry away for myself, obtain.

κτίζω found.

οἰκίζω found, colonize.

ὁρίζω define, determine; bound; appoint, ordain.

σκευάζω make ready, prepare, dress up.

κατα-σκευάζω arrange; fit out, furnish.

παρα-σκευάζω make ready, prepare; fit out, equip.

συ-σκευάζω pack up; *mid.* my own baggage.

φράζω make signs; say, tell.

χωρίζω separate, detach, set apart.

βιάζομαι, DM. (use) force, compel.

λογίζομαι, DM. consider, reflect, reason.

ψηφίζομαι, DM. decree, vote, resolve.

ἡ ἀποικία colony.

οἱ μέν — οἱ δέ some — others.

57.

πράττω — διαπράττω
κηρύττω — φυλάττω

ἀλλάττω (ἀλλαγ-) alter, change.

ἀπ-αλλάττω & *mid.* free, rid; depart.

ἀπο-κηρύττω forbid.

ταράττω (ταραχ-) throw into dis-
order, trouble, disturb.

τάττω (ταγ-) order, arrange, (set
in) array, draw up; place, station.

ἀντι-τάττω (set in) array agt.;
mid. face, oppose.

δια-τάττω *dispono* place here and there,
draw up, array.

ἐπι-τάττω τινί enjoin upon, give
orders, order, command.

συν-τάττω place together, form,
draw up in array.

φυλάττομαί τινα am on my guard
against, beware of.

σπένδω L. 18 make a drink-offer-
ing.

σπένδομαί τινι (πρός τινα) make
peace, a treaty.

ὁ δόλος *dolus* fraud, cunning.

ὁ οἶκος house.

ἡ ἄνοια (ἄνους) folly.

ἕτοιμος, 3 ready, prepared.

ἔτι yet, still.

οὐκέτι, μηκέτι no longer, no more.

οὔπω, μήπω not (as) yet.

ἄγᾱν *nimis* too much.

58.

ἀνα-γράφω record, chronicle.

βλάπτω (βλαβ-) injure, (do) harm
(to), hurt, damage.

καλύπτω (καλυβ-) cover, veil; hide,
conceal.

ἐκ-καλύπτω uncover, unveil, reveal.

κρύπτω (κρυφ-) hide, conceal.

ῥίπτω (ῥῑπ-) throw, cast.

ἀπορρίπτω throw, cast away.

κατα-πέμπω send down.

ὁ νησιώτης islander.

τὸ ξύλον *lignum* wood.

ἡ διάνοια thought, sentiment.

ἄτακτος, 2 in disorder.

πολλοῦ ἄξιος, 3 worth much; valu-
able.

59.

ἡ ξενία hospitality; friend-
ship.

φθονερός, 3 envious, jealous.

φθονέω τινί envy; grudge (one
τινί something τινός).

εἰς-άγω lead into, introduce.

εὑρίσκω find.

ἐκ-κομίζω carry, draw out.

(ἀπο-)στερέω deprive.

τέμνω cut (up); ravage.

δωρέομαι, DM. present.

πορίζω give; supply, fur-
nish; procure, help one to.

πορίζομαι supply etc. myself
with, procure, get for myself.

ἐν-θῡμέομαι, DP. lay to heart, con-
sider.

πείθομαι, MP. obey; *pf.* am con-
vinced, trust, believe.

λῡπέω make sad, grieve.

λῡπέομαι, MP. am sad, grieved.

ὧδε *hoc modo* so, thus, as follows.

ὥστε (so) that.

ἵνα, ὡς, ὅπως *ut* in order that.

ἵνα μή, ὡς μή } *ne* in order that
ὅπως μή or μή } not. R. 27.

60.

ἀγαπάω	love; am well content.
βοάω	cry out, shout, call aloud.
γελάω	laugh.
ἐράω τινός	love, am fond of.
ὁράω	see.
σῑγάω ⎤	i. am silent, hold my peace; tr. keep
σιωπάω ⎦	silent, secret.
ἐπι-τῑμάω τινί	blame, censure, find fault.
αἰτιάομαι, DM.	blame, accuse, charge.
ἀτῑμάζω	disgrace, dishonor.
ἀπαίδευτος, 2	uneducated, ignorant.
ὁ λογισμός	calculation, reasoning, consideration.
ἡ φωνή	tone, sound; voice; language.
τὰ Ὀλύμπια	the Olympian games.
πότερον — ἤ	whether — or.
utrum — an	

61.

ἀμελέω τινός	neglect, slight.
βοηθέω τινί	help, aid, succor.
δοκέω	believe; seem.
δοκεῖ videtur	it seems good, best, advisable; it is resolved.
ἐν-οικέω	dwell, live in, inhabit.
ἐπ-αινέω	praise.
εὐεργετέω (εὐεργ. 9)	do good (a kindness) to.
ζητέω	seek, search.

θαρρέω	am courageous, confident, fearless.
κῑνέω	move.
ὁμῑλέω τινί	associate with.
τῑμωρέω τινί	help, assist.
τῑμωρέομαί τινα	punish, take vengeance on.
ἡγέομαι, DM. τινός	lead, head, guide; think, believe (in), consider as.
μῑμέομαι, DM.	imitate, copy.
ψαύω τινός	touch.
ἡ συγγνώμη	pardon, forgiveness.
σεμνός, 3	grave, august, venerable.
τυφλός, 3	blind.
παραπλήσιος, 3	resembling, like.

62.

βεβαιόω L. 12.	strengthen, secure.
δῃόω	ravage.
ζηλόω	emulate, rival; desire, strive after.
ὁμοιόω	compare.
σκηνόω & mid.	go into quarters; am encamped.
ἐναντιόομαι, DP. τινί	oppose, withstand, face, meet.
ἐπι-ορκέω	swear falsely.
ὑπο-χωρέω	make way, withdraw; yield.
ἡ σπονδή	drink-offering.
αἱ σπονδαί L. 57.	treaty.
ἴσος, 3	equal, like.
οἰκεῖος, 3	household, — one's own, private, domestic; familiar, intimate.

63-68.

ἐνίοτε	sometimes.
πωλέω	sell.
συμ-πράττω τινί	coöperate with, help.
μετ-έχω τινός	(have a) share (in), partake.
ζηλωτός, 3	desirable, enviable.
ψέγω	blame, find fault.
προ-τρέπω	urge on, spur on.
ὀφείλω	owe.
πατρῷος, 3	father's, hereditary; the country's, native.
ὁ κατήγορος	accuser.
ἡ δειλία	cowardice.
ὅσῳ — quanto	
τοσούτῳ — tanto	the — the.

69.

ἡ καταφυγή	(place of) refuge, rest.
ὁ ἕτερος, 3 alter	the other, one (of two).
μοχθηρός, 3	toilsome; in distress.
οἰκτρός, 3	pitiable, lamentable.
μακαρίζω	pronounce happy, bless.
προς-πίπτω	fall upon, befall, rush towards.
ἐπειδή L. 15	when, after.
γέ (encl.) quidem	at least, at any rate; indeed, surely, certainly. Gr. 208. note 2.

70.

ὁ ἰδιώτης	private person.
ἡ ἑορτή	festival, feast.
ἡ εὐχή	prayer, wish.

ἡ ταραχή	confusion, disorder.
ἡ φήμη fama	fame, repute.
μέτριος, 3	moderate.
ὄλβιος, 3	happy, prosperous.
ἀνόλβιος, 2	unhappy, unfortunate.
ἱκανός, 3	sufficient, enough.
οἷός τέ εἰμι	am able, can.
ἐπ-ερωτάω	ask besides; question; inquire.
θεωρέω & mid.	look at, view, behold, study.
σκοπέω & mid.	look to, consider, see.
κοιμάω	lay to rest.
κοιμάομαι, MP.	go to rest, lie down to sleep.
ξενίζω	receive as a guest, entertain.
παρα-γίγνομαι	come to, arrive, show up.
περι-άγω	lead round, about.
προσ-άγω	lead (bring) to (towards, upon, agt.); march agt., advance towards.
προ-γιγνώσκω	learn (know) beforehand.
τυγχάνω τινός	hit (the mark); obtain, get.
ὑπ-άρχω	am on hand, a resource, at disposal; am already.
ἕνεκα w. gen.	for the sake, on account.
ἐντός w. gen.	within; on this side.
ἐκτός w. gen.	outside, on the further side.
παντάπᾱσι(ν)	wholly, altogether.
δή Gr. 208, 12.	just, now, just now; then, therefore, accordingly, evidently, of course.

71.

ἐπ-αγγέλλω	announce, proclaim.
ἐπ-αγγέλλομαι	offer myself, promise, engage, profess.
παρ-αγγέλλω	command, give orders.
ἀμύνω	ward off.
ἀμύνομαι, DM. τινά	w. off from myself, defend myself agt.
αἰσχύνω L. 23.	make ashamed.
αἰσχύνομαι, MP. τινά	am ashamed, feel shame before.
ἀπο-βάλλω	throw away, lose.
καθαίρω	purify, cleanse, purge, clear.
κερδαίνω	gain, profit.
ἀπο-κρίνομαι	answer.
οἰκτίρω	pity.
ἀνα-μένω	stay, remain; wait (for).
νέμω	divide up, portion out, distribute, assign, award.
νέμομαι	graze; enjoy, possess; dwell in, occupy.
σημαίνω	give a sign; make known, indicate.
σφάλλω	make fall (fail); disappoint, foil, balk, baffle.
σφάλλομαι, MP.	fall, fail; am disappointed etc.; err, am mistaken.
ὑγιαίνω	am sound, healthy, well.
φαίνω	show; prove.
φαίνομαι	show myself; appear; prove, turn out.
ἀπο-φαίνω & mid.	show forth, make known, declare.

δια-φθείρω	corrupt, destroy; pass. perish.
ὁμονοέω τινί	live in harmony.
ὁ πέπλος	(festive) robe.

72.

μιαίνω	stain.
περαίνω	carry out, perform, end; accomplish.
ὑφαίνω	weave.
ἀγείρω, συναγ.	gather, assemble, collect.
στέλλω	send; equip.
ἀπο-στέλλω	send away.
σπείρω	sow ¹seed, ²a field.
δια-σπείρω	scatter about, disperse.
τείνω	stretch, extend; draw (the bow).
ἀνα-τείνω	stretch up; hold up; display.
ὁ δράκων, οντος	dragon.
βροτός, 3	mortal.
ξύλινος, 3	of wood.
ἕως	while, as long as; until.
πρίν	before, until.
ἐκεῖθεν illinc	thence.
ἐπειδάν w. subj.	after, when.

73.

λυμαίνομαι	maltreat, disfigure, outrage.
κείρω	cut (short, off), shave, shear.
δια-φθείρω	bribe.
ὀρύττω (ὀρυχ-)	dig.

ἐξ-ορύττω	dig out, up.
ὁ προστάτης	chief, president.
ἡ ἐλαία	olive tree.
ἡ μνᾶ, ᾶς	mina. L. 55. B. 3.

74.

ἐκ-βάλλω	throw out, cast out.
ὑπερ-βάλλω	pass over, cross; surpass.
κατα-καίνω	kill, slay.
ἀπο-λείπω	leave (behind); forsake, abandon.
ἀπο-φεύγω ⎫ τινά ἐκ-φεύγω ⎭	effugio, flee, escape from.
κατα-φεύγω	flee (down, for help), take refuge.
παρα-λαμβάνω	receive, succeed to.
ἔρχομαι	go, come.
προς-έρχομαι	go, come to; approach.
ἐπ-αν-έρχομαι	go, come back; return.
περι-πίπτω	get, fall into; fall in with.
ἐπι-σιτίζομαι	procure supplies, victual the army.
ἡ ἀνομία	lawlessness.
μήτε — μήτε ne — neve	not (neither) — nor.

75.

δι-αρπάζω	sack, pillage.
κόπτω	cut, strike.
κατα-κόπτω	strike down, break (cut) in pieces.
κατα-σκαπτω	raze, demolish.
κατα-σφάττω	slaughter, slay, kill.
ὑπο-δέχομαι	receive a refugee.

μῶρος (μωρός), 3	stupid, foolish.
κρύφα	secretly.
τὸ αἴνιγμα	riddle.

76.

ἀνα-τρέφω	bring up, rear, educate.
συν-άγω	lead, bring together; collect, assemble.
ὁ συγγραφεύς	historian.

77.

ἡ θήρα	chase, hunt.
ἡ αἰχμή	point; spear.
ἡ δαπάνη	expenses, cost.
ὁ ἡλικιώτης, ου	comrade.
ἡ νέμεσις, εως	retribution, vengeance.
ἀβλαβής, 2	safe and sound.
ἐπιχώριος, 2	in, of the country.
κωφός, 3	deaf.
μνήμων, 2.	mindful.
ἀπορέω τινός	lack, am in want; am in doubt, at a loss.
ἐξ-εγείρω	awake, rouse.
παρ-έρχομαι	go etc. past, by; come to, arrive at.
προ-σημαίνω	announce, indicate beforehand.
προ-τείνω	stretch forth, hold out.
συμ-πέμπω	send along.
θέω	run.
ἁμαρτάνω τινός	miss the mark; fail, err, sin.
πόθεν, ὁπόθεν	whence.
ὄπισθεν	behind; in, at, from the rear.
πάλαι	of old; long since; all along.

78.

ἐθίζω	accustom.
ἐργάζομαι	work, labor; cultivate.
ἀν-οίγω	open.
ἔοικά τινι	am, look like; resemble; seem.
δια-λέγομαι, DP. τινί	speak, converse.
καθέζομαι	sit down; am sitting.
καθίζω	make sit down.
ἀν-έχομαι	tolerate, endure, suffer, can bear.
ἐμ-πίπτω τινί	seize, fall upon; befall.
ὁ εἴλως, ωτος	Helot.
τὸ δεσμωτήριον	prison.
τὸ δικαστήριον	court of justice.
τὸ πρυτανεῖον	town-hall.
ἡ ἑστία	hearth.

79.

βιβάζω	cause to go.
δια-βιβάζω	cause to cross: lead, conduct, ship over; convey across.
καλέω	call.
τελέω	end, finish, accomplish.
αἴρω	lift up, raise.
ἐπ-αίρω	raise up; stir up, excite; elate, puff up.
σπουδάζω	am eager, in earnest, strive after.
τὸ στάδιον L. 36.	stadium, race-course.
ὁ ἀθλητής	athlete, prize-fighter.
ἡ δουλεία	slavery.
μέσος, 3	middle, (midst).

80.

ζάω	live.
χράομαί τινι utor,	use; treat.
πλέω	sail, go by sea.
ἀπο-πλέω	sail off, home.
ἐπι-πλέω	sail against.
πνέω	blow.
ῥέω	flow, stream.
περιρρέω	flow round.
δέομαί τινος	need; beg, ask.
ἀριστάω	breakfast.
ἀθῡμέω	am disheartened.
ναυμαχέω	engage in a naval battle.
ὁ κύκλος	circle.
κύκλῳ	in a circle, on all sides, all round.

81.

σπάω	draw.
ἀπο-σπάω	draw off, tear away.
δια-σπάω	tear to pieces; separate.
αἰδέομαί τινα	have respect for, fear, am ashamed.
ἀρκέω	suffice.
παρ-αινέω τινί	encourage, exhort.
δέω	bind, fetter.
δύω	wrap up, put on; cause to sink.
κατα-κλείω	shut in, up; enclose, hem in.
πονέω	undergo hardship, toil, suffer.

82.

ἕλκω, ἑλκύω	trail behind, draw, drag.
κατα-καίω	burn down.
κλαίω	weep (over).
καλέω	call, name; invite.
συγ-καλέω	call together.
κλίνω	cause to lean, incline; *pass.* am situated.
κρίνω L. 4.	judge, consider as.
δια-κρίνω	distinguish.
ἐκ-τείνω	stretch out, protract.
ἡσυχάζω	am at rest, keep quiet.
τὸ ἱερεῖον	victim for sacrifice.
τὸ ἱστίον	sail.
ἡ πολιορκία	siege.
ὁ μνηστήρ, ῆρος	suitor.
φανερός, 3	evident, visible, manifest.

83.

ἅπτω	fasten; set on fire.
ἅπτομαί τινος	grasp, seize, touch.
προ-άγω	*tr.* lead, (drive, conduct) forward; *intr.* march on.
ὁ κριτής	judge.
ἡ φλόξ, γός	flame.
ἑκάτερος, 3 *uterque*, each of two, either, both.	
ὁ νεώς	temple.
ἡ ἕως	dawn, daybreak, morning, east.
ἵλεως, ων	propitious, gracious, kind.
ὁμοῦ	at the same place or time, together.

84.

τὸ γέρρον	(wicker-)shield.
τὸ χωρίον	place.
πυκνός, 3	close together, thick, compact.
δια-κελεύομαί τινι	urge, encourage.
ἐξ-ικνέομαι	reach (the mark), hit.
ἐπι-καλέω	call (to a place); appeal to.
ὁδοποιέω	cut a road, make passable.
παρα-τάττω	draw up (side by side, in line of battle).
εὐθύς	at once, straightway, immediately.
ἐξ-έρχομαι	go, come, get out.
εὖ ποιέω τινά	do good to.
κακῶς ποιέω τινά	do wrong to.

85.

αἱρέω	take.
αἱρέομαι	take for myself; choose.
ζωγρέω	take alive.
ἀνα-βιβάζω	cause to go up.
κατα-βιβάζω	cause to go down.
ἡ πυρά	(funeral-)pyre.
ἡ πέδη	fetter, shackle.
χαρίζομαί τινι	oblige, do a favor.
ἐξ-απατάω	deceive (thoroughly), cheat.
τὸ χρηστήριον L. 52.	oracle.
ἡ ἀπόκρισις, εως	answer.
τὸ μαντεῖον	oracle.
ἡ ἀχαριστία	ingratitude.
ἡ Μοῖρα Moera,	Fate.
ὑπ-έχω	undergo, endure, submit to.
ἡ ἅλωσις, εως	capture, conquest.

86.

ὁ ἄποικος	settler, colonist.
ἀποικίζω	colonize; cause to emigrate to.
ἡ πρόσοδος	revenue, profit.
συγ-κλείω	shut in, to.
ἡ προδοσία	treason.
ἀνδραποδίζω	make a slave of, sell into slavery.
κατα-λαμβάνω	take; seize, come upon, find, meet.
ἡ σπουδή	zeal; haste, speed.
ἡ ἔφοδος	approach; attack.
καρτερός, 3	strong, mighty, sturdy.
ἀμφότεροι, 3	utrique, both (parties).
ἡ προθῡμία	eagerness, readiness.
ὁ λόχος	company (of 100 men).

87.

παρα-δέχομαι	receive, succeed to.
τὸ ἐρώτημα	question.
παιδικός, 3	boyish, childish.
οὐδέ ⎫	neque, nor, and not, neither.
μηδέ ⎬	ne-quidem, ¹not even, ²likewise not.
ἡ ἡγεμονία	hegemony, leadership.
ἀκολουθέω τινί	follow, accompany.
ἡ παρασκευή	preparation.
ὁ στόλος	preparation, equipment; expedition, armament.

88.

ὅμορος, 2	adjoining, neighboring.
αὐτόνομος, 2	independent.
ἡ πάροδος	passage, pass.
ἡ λεία	booty.

ὀπίσω	back, backwards.
πόρρω ⎫	forward, on, in advance;
πρόσω ⎭	far, at a distance.
προ-πέμπω	send in advance.
ἡ νάπη	woody dell, ravine.
ἐπι-γίγνομαί τινι	come to, upon, after; fall upon; draw near.
ἡ δίωξις, εως	pursuit.
δι-έρχομαι	go, come, pass through.
ἡ ἀπόβασις, εως	landing.
δια-βαίνω	go across, cross.
πρόσοικος, 2	dwelling at, near, on, by.
ἐπ-άγω	tr. lead to, agt.; i. advance.
ἡ ἵππος	cavalry, horse.
προς-βάλλω	advance towards; attack, charge.
ἡ προσβολή	attack, charge.
ἡ τόλμα	daring act; boldness.
προ-χωρέω	go forward, move on, advance.
ἡ ὄχθη	(high) bank, bluff.
ἀπ-αιτέω	demand (back, as due).
ὀχυρός, 3	tenable, strong.

89.

ἡ ἀγγελία	message, news.
ἡ ἀπόστασις, εως	revolt, insurrection.
ἡ φρουρά	watch, guard; garrison.
φρουρέω	(keep) watch, guard; garrison.
ὁ φρούραρχος	commander of a w. or g.

πρόσθεν	before, formerly, previously.
ὑστεραῖος, 3	following, subsequent.
τὸ τέμενος	precincts of a temple.
πρεσβεύομαι	send an embassy.
ἡ πρεσβεία	embassy.
ἐκ-θέω	run, rush out of; sally forth.
οἱ προφύλακες	vanguard; outposts.
οἱ ὀπισθοφύλακες	rearguard, rear.
περι-έρχομαι	go, march round.
ἀπο-τειχίζω	wall off, fortify, blockade.
πλησιάζω τινί	go, come near; approach.
ἀπο-κομίζω	carry off, away.
ἐπι-στρέφω	turn about.
εἴργω	press; shut in, enclose.
εἴσω w. gen.	within, inside of.
ἱκετεύω	supplicate, entreat.
(ὑπο)-λείπομαι	am left behind, over.
αἰχμάλωτος, 2	captured, taken prisoner.
σφόδρα, σφοδρῶς	very (much), exceedingly.
ἐκ-λέγω	pick out, select.
σῶς, σῶν Gr. 60.	in good health.
φιλάνθρωπος, 2	good, benevolent, kind.
ἐξ-αιτέω	demand (the surrender of).
φάσκω	say, assert, maintain.
αὖθις	again, once more.

90.

οἴκοθεν	from home.
ἀπ-έρχομαι	go, march away,
μεταξύ w. gen.	between.
ὁ μισθοφόρος	mercenary.
σκευοφόρος, 2	carrying baggage.
τὰ σκευοφόρα	sumpters; baggage-train.
εἰκός (ἔοικα)	probable, likely.
πλησίον w. gen.	near.
αὐλίζομαι DM. & DP.	bivouac, pass the night.
αὔριον	to-morrow.
ἀκίνδυνος, 2	without danger, safe.
ἀπότομος, 2	steep.
ἀμφοτέρωθεν	from (on) both sides.
πανταχόθεν	from (on) all sides.
προς-μένω	await, wait for.
ἀνα-βαίνω	go up, ascend.
ἀνα-πηδάω	leap up, spring to.
ἐμ-βαίνω	go into, enter.
ἀλαλάζω	raise the battle-cry (ἀλαλά).
ἄνω	up, above.
κάτω	down, below.
ἄνωθεν	from above; up, above.
κάτωθεν	from beneath; down, below.
ἡ ἔκβασις, εως	landing.
ἡ πεζομαχία	encounter of foot-soldiers.
ἀγωνίζομαι	fight, engage in battle.
τὸ πρόσωπον	face, countenance.
κατα-βάλλω	strike, bring down.
ἐπ-ελαύνω	march, ride up to, agt.

ἀπο-κόπτω — cut, strike off.

τὸ στέρνον — breast.

ἀντ-έχω — offer resistance, hold out.

ἐγ-κλίνω — incline towards; give way, yield.

προ-κρίνω τινός — prefer to.

τραυματίζω — wound.

ἡ πανοπλία *panoply*, full armor of a hoplite.

τὸ ἐπίγραμμα *epigram*, inscription.

κατ-οικέω — live, dwell in; inhabit.

91.

ἐγ-χειρίζω — hand in, entrust, surrender.

ὁ φόρος — tribute, tax.

ἀμαχεί — without fighting.

μήν — in truth, indeed, surely.

ἐπίπονος, 2 toilsome, laborious, hard.

πράγματα παρέχω give trouble, cause difficulties.

ὁ πύργος — tower.

λίθινος, 3 — (made) of stone.

δυσάλωτος, 2 — hard to conquer, take.

προσ-κτάομαι — acquire besides.

ἐκ-πέμπω — send out, off, away.

νεωστί — lately, recently.

ἀν-έρχομαι — go, come up, ascend.

τὸ ζυγόν — yoke.

ὁ δεσμός — strap, band, knot.

γενναῖος, 3 — excellent, eminent (for valor); high-minded.

ἄλυτος, 2 not loosed, not dissolved.

δια-κόπτω — cut through.

ἡ βροντή — thunder.

τὸ λουτρόν — bath.

ἀνα-γιγνώσκω read.

92.

τὸ ἀργύριον — silver; money.

ἐπι-βάλλω — throw upon, impose.

ἔνθεν ⎫
      ⎬ *hinc* thence.
ἐνθένδε ⎭

ἀνα-λαμβάνω take up, to myself, along w. me.

ἡ ὁμολογία agreement, terms of surrender.

ὁ σύλλογος meeting, assembly.

σύμφορος, 2 L. 41. advantageous, favorable.

ἅμα μέν—ἅμα δέ partly—partly, both—and.

ἡ πομπή festal procession. See p. 92, 3.

ὁ κατάσκοπος scout, spy.

ὁ λοχᾱγός L. 86. captain.

ὀνομαστί by name.

ταύτῃ here; in this manner (regard).

συγ-χωρέω concede, grant.

ἡ θεραπεία a waiting on, service, attention; *collect.* body of attendants, suite.

LIST OF GREEK WORDS.

Ἄβατος 12.
ἀβλαβής 77.
ἀγαθός 10.
ἄγαλμα 19.
Ἀγαμέμνων, ονος, ὁ.
ἄγαν 57.
ἀγαπάω 60.
ἀγγελία 89.
ἀγγέλλω 1.
ἄγγελος 2.
ἀγείρω 72.
ἀγορά 6.
ἀγορεύω 44.
Ἀγριᾶνες, ων, οἱ.
ἄγριος 11.
ἀγρός 3.
ἄγω 1.
ἀγών 20.
ἀγωνίζομαι 90.
ἀδελφή 6.
ἀδελφός 3.
ἄδηλος 12.
ἀδικέω 50.
ἀδικία 6.
ἄδικος 12.
ἀδύνατος 12.
ᾄδω 23. 53.
ἀεί 1.
ἀετός 17.
ἀήρ 16.
ἀθάνατος 12.
Ἀθηνᾶ, ᾶς, ἡ.
Ἀθῆναι, ῶν, αἱ.
Ἀθηναῖος, ου, ὁ.
ἀθλητής 79.
ἆθλον 16.
ἀθροίζω 56.

ἀθυμέω 80.
ἀθυμία 7.
ἄθυμος 12.
Αἰάκης, ους, ὁ.
Αἰακός, οῦ, ὁ.
Αἴας, αντος, ὁ.
Αἴγινα, ης, ἡ.
Αἰγινήτης, ου, ὁ.
Αἰγύπτιος, ου, ὁ.
Αἴγυπτος, ου, ἡ.
αἰδέομαι 81.
Ἅιδης 14. L. 14.
n. 4.
αἰδώς 29.
αἰθήρ 16.
Αἰθίοψ, πος, ὁ.
αἷμα 19.
αἴνιγμα 75.
αἴξ 17.
αἱρέω & M. 85.
αἴρω 79.
αἴσθησις 31.
αἰσχρός 10.
αἰσχύνη 6.
αἰσχύνω 23, M. 71.
αἰτέω 50.
αἰτία 7.
αἰτιάομαι 60.
αἴτιος 11.
αἰχμάλωτος 89.
αἰχμή 77.
αἰών 20.
ἄκαιρος 12.
Ἀκαρνάν, ᾶνος, ὁ.
ἀκίνδυνος 90.
ἀκολουθέω 87.
ἀκοντίζω 54.

ἀκόντιον 54.
ἀκοντιστής 9.
ἀκούω 24.
ἄκρα 14.
ἀκρόπολις 31.
Ἀκταίων, ωνος, ὁ.
ἀκτή 49.
ἄκων 21.
ἀλαλάζω 90.
ἄλγος 28.
Ἀλέξανδρος, ου, ὁ.
ἀλήθεια 7.
ἀληθεύω 26.
ἀληθής 30.
ἀληθινός 10.
Ἀλκιβιάδης, ου, ὁ.
ἀλλά 4.
ἀλλάττω 57.
ἄλλος 12. 69.
ἀλλότριος 11.
ἅλς 16.
ἄλυπος 12.
Ἅλυς, υος, ὁ.
ἄλυτος 91.
ἅλωσις 85.
ἅμα 43.
ἅμα μέν—ἅμα δέ 92.
Ἀμανός, οῦ, ὁ &
Ἀμανόν, οῦ, τό.
ἄμαξα 7.
ἁμαρτάνω 77.
ἁμάρτημα 19.
ἀμαχεί 91.
ἀμελέω 61.
ἄμπελος 5.
ἀμύνω & M. 71.
Ἀμφικτύονες, ων, οἱ.

Ἀμφίπολις, εως, ἡ.
ἀμφότερος 86.
ἀμφοτέρωθεν 90.
ἀναβαίνω 90.
ἀνάβασις 31.
ἀναβιβάζω 85.
ἀναγιγνώσκω 91.
ἀναγκάζω 23.
ἀναγκαῖος 11.
ἀνάγκη 22.
ἀναγράφω 58.
ἀνάγω 37.
ἀνάθημα 19.
ἀναλαμβάνω 92.
ἀναμένω 71.
ἀνάξιος 12.
ἀναπαύομαι 55.
ἀναπηδάω 90.
ἀνάριθμος 12.
ἀναρχία 41.
ἀνατείνω 72.
ἀνατρέφω 76.
ἀναχωρέω 50.
ἀνδραποδίζω 86.
ἀνδρεία 6.
ἀνδρεῖος 11.
ἀνδριάς 21.
ἄνεμος 2.
ἀνέρχομαι 91.
ἀνέχομαι 78.
ἀνήρ 25.
ἄνθος 28.
ἀνθρώπινος 18.
ἄνθρωπος 2.
ἀνόητος 12.
ἄνοια 57.
ἀνοίγω 78.

133

ἀνόλβιος 70.
ἀνομία 74.
ἀνορθόω 51.
ἄνους 14.
ἀντέχω 90.
ἀντιτάττω 57.
ἄνυδρος 24.
ἄνω 90.
ἄνωθεν 90.
ἄξιος 11. 58.
ἀξιόω 51.
ἀοιδός 53.
ἀπαγγέλλω 43.
ἀπάγω 37.
ἀπαίδευτος 60.
ἀπαιτέω 88.
ἀπαλλάττω 57.
ἀπαντάω 55.
ἅπας 21.
ἀπατάω 49.
ἄπειμι 22.
ἀπειρία 29.
ἄπειρος 22.
ἀπέρχομαι 90.
ἀπέχω & Μ. 32.
ἀπιστέω 53.
ἀπιστία 6.
ἄπιστος 12.
ἁπλοῦς 14.
ἀποβάλλω 71.
ἀπόβασις 88.
ἀποδημέω 53.
ἀποθνῄσκω 15.
ἀποικία 56.
ἀποικίζω 86.
ἄποικος 86.
ἀποκηρύττω 57.
ἀποκομίζω 89.
ἀποκόπτω 90.
ἀποκρίνομαι 71.
ἀπόκρισις 85.
ἀποκτείνω 15.
ἀπολείπω 74.
Ἀπόλλων, ωνος, ὁ.
ἀπολύω 26.

ἀποπέμπω 34.
ἀποπλανάομαι 52.
ἀποπλέω 80.
ἀπορέω 77.
ἀπορία 37.
ἀπορρίπτω 58.
ἀποσπάω 81.
ἀπόστασις 89.
ἀποστέλλω 72.
ἀποστερέω 59.
ἀποτειχίζω 89.
ἀπότομος 90.
ἀποτρέπω 44.
ἀποφαίνω & Μ. 71.
ἀποφεύγω 74.
ἀποχωρέω 50.
ἅπτω & Μ. 83.
ἀπών 22.
Ἄραψ, βος, ὁ.
ἀργύριον 92.
ἄργυρος 5.
ἀργυροῦς 14.
ἀρέσκω 22.
ἀρετή 6.
ἀριθμέω 50.
ἀριθμός 3.
ἀριστάω 80.
Ἀριστείδης, ου, ὁ.
ἀριστερός 29.
Ἀρίων, ονος, ὁ.
Ἀρκαδία, ας, ἡ.
Ἀρκάς, άδος, ὁ.
ἀρκέω 81.
ἅρμα 19.
Ἀρμένιος, ου, ὁ.
ἁρμοστής 48.
ἁρπάζω 37.
Ἀρταξέρξης, ου, ὁ.
Ἄρτεμις, ιδος, ἡ.
ἀρχαῖος 11.
ἀρχή 6.
ἄρχω & Μ. 4. 27.
ἄρχων 22.
ἀσέβεια 7.
ἀσεβής 30.

ἀσθενής 38.
Ἀσία, ας, ἡ.
ἄσμενος 18.
ἀσπίς 18.
ἄστρον 3.
ἄστυ 32.
Ἀστυάγης, ους, ὁ.
ἀσφάλεια 7.
ἀσφαλής 30.
ἄτακτος 58.
ἀτιμάζω 60.
ἄτιμος 12.
Ἀττικός, -κή 10.
ἀτυχέω 50.
ἀτυχής 30.
ἀτυχία 6.
αὖθις 89.
αὐλίζομαι 90.
αὐξάνω 23.
αὔριον 90.
αὐτίκα 37.
αὐτόμολος 43.
αὐτόνομος 88.
αὐτοῦ 91.
ἀφανής 30.
ἀφανίζω 56.
ἄφθονος 48.
ἄφρων 20.
ἀχαριστία 85.
ἀχάριστος 42.
ἄχθος 36.
Ἀχιλλεύς, έως, ὁ.
ἄχρηστος 12.

Βαβυλών, ῶνος, ἡ.
Βαβυλώνιος, ου, ὁ.
βάθος 28.
βαθύς 32.
βάλλω 23.
βάρβαρος 5. 12.
βάρος 28.
βαρύς 32.
βασίλεια, ἡ 37.
βασίλεια, τά 13.
βασιλεία, ἡ 49.

βασίλειος 18.
βασιλεύς 33.
βασιλεύω 1.
βέβαιος 12.
βεβαιόω 62.
βέλος 28.
βία 46.
βιάζομαι 56.
βίαιος 46.
βιβάζω 79.
βίβλος 5.
βίος 2.
βιοτεύω 44.
Βίτων, ωνος, ὁ.
βλαβερός 10.
βλάβη 6.
βλάπτω 58.
βλέπω 15.
βοάω 60.
βοή 6.
βοήθεια 7.
βοηθέω 61.
Βοιωτία, ας, ἡ.
Βοιωτός, οῦ, ὁ.
βουλεύω & Μ. 13.
βουλή 6.
βούλομαι 15.
βοῦς 33.
βραδύς 32.
βραχύς 32.
βροντή 91.
βροτός 72.
βωμός 5.

Γάλα 18.
Γαλάτης, ου, ὁ.
γαμβρός 90.
γάμος 37.
γάρ 9.
γαστήρ 25.
γέ 69.
γείτων 20.
γελάω 60.
γενεά 43.
γενναῖος 91.

γεννάω 49.
γένος 28.
γεραιός 13.
γέρας 29.
γέρρον 84.
γέρων 21.
γέφυρα 7.
γεωργός 3.
γῆ 14.
γῆρας 29.
γηράσκω 42.
Γηρυόνης, ου, ὁ.
γίγας 21.
γίγνομαι 4.
γιγνώσκω 1.
γλαῦξ 17.
γλυκύς 32.
γλῶττα 7.
γνώμη 6.
γονεύς 33.
γόνυ 19.
Γοργώ, οῦς, ἡ.
Γοργών, όνος, ἡ.
γράμμα 19.
Γρᾱνικός, οῦ, ὁ.
γράφω 1.
γυμνάζω 13.
γυμνής 18.
γυμνήτης 9.
γυνή 35.
γύψ 17.

Δαίμων 20.
δάκρυον 10.
δακρύω 13.
δαπάνη 77.
δαρεικός Gr. 215, 3.
Δαρεῖος, ου, ὁ.
δασμός 21.
δασύς 32.
Δᾱτις, ιδος, ὁ.
δεῖ 38.
δειλία 65.
δειλός 10.
δειμαίνω 9.

δεινός 10.
δεῖπνον 14.
δελφίς 20.
Δελφοί, ῶν, οἱ.
δένδρον 3.
δεξιός 29.
δέομαι 80.
δεσμός 91.
δεσμωτήριον 78.
δεσπότης 9.
δέχομαι 27.
δέω 81.
δή 70.
δηόω 62.
Δῆλος, ου, ἡ.
δῆλος 11.
δηλόω 51.
δῆμος 2.
Δημοσθένης, ους, ὁ.
διαβαίνω 88.
διαβάλλω 45.
διάβασις 31.
διαβιβάζω 79.
διαβολή 45.
διάγω 23.
διακελεύομαι 84.
διακόπτω 91.
διακρίνω 82.
διαλέγομαι 78.
διαλύω 26.
διανέμω 23.
διάνοια 58.
διαπράττω 47.
διαρπάζω 75.
διασπάω 81.
διασπείρω 72.
διατάττω 57.
διατριβή 40.
διατρίβω 27.
διαφέρω 23.
διαφθείρω 71. 73.
διδασκαλία 47.
διδάσκαλος 8.
διέρχομαι 88.
δικάζω 13.

δίκαιος 11.
δικαιοσύνη 9.
δικαστήριον 78.
δικαστής 9.
δίκη 6.
Διομήδης, ους, ὁ.
Διόνυσος, ου, ὁ.
Διόσκοροι, ων, οἱ.
δίψα 24.
διώκω 13.
δίωξις 88.
δοκέω 61.
δόλος 57.
δόξα 7.
δόρυ 19.
δουλεία 79.
δουλεύω 13.
δοῦλος 2.
δουλόω 51.
δράκων 72.
δράω 49.
δύναμις 31.
δυνάστης 13.
δυνατός 10.
δυσάλωτος 91.
δυστυχέω 50.
δυστυχής 30.
δυστυχία 8.
δύω 81.
δωρέομαι 59.
δῶρον 3.

Ἐάν 44.
ἔαρ 16.
ἐάω 49.
ἐγγύς 52.
ἐγκλίνω 90.
ἐγκράτεια 24.
ἐγκρατής 30.
ἐγχειρίζω 91.
ἐθέλω 39.
ἐθίζω 78.
ἔθνος 28.
ἔθος 28.
εἰ 44.

εἶδος 28.
εἴδωλον 3.
εἴθε R. 22.
εἰκάζω 16.
εἰκός 90.
εἵλως 78.
εἴργω 89.
εἰρήνη 6.
εἰς 1.
εἰσάγω 59.
εἰσβάλλω 23.
εἴσοδος 5.
εἴσω 89.
εἶτα 53.
ἐκ 1.
ἕκαστος 22.
ἑκάτερος 83.
ἐκβάλλω 74.
ἔκβασις 90.
ἔκγονος 26.
ἐκεῖ 48.
ἐκεῖθεν 72.
ἐκθέω 89.
ἐκκαλύπτω 58.
ἐκκλησία 6.
ἐκκομίζω 59.
ἐκλέγω 89.
ἐκπέμπω 91.
ἐκπηδάω 53.
ἐκπολιορκέω 50.
ἐκτείνω 82.
ἐκτός 70.
Ἕκτωρ, ορος, ὁ.
ἐκφεύγω 74.
ἑκών 21.
ἐλαία 73.
Ἐλάτεια, ας, ἡ.
ἐλαύνω 38.
ἔλαφος 18.
ἐλαφρός 17.
ἐλευθερία 6.
ἐλεύθερος 11.
ἐλευθερόω 51.
Ἐλευσίς, ῖνος, ἡ.
ἐλέφας 21.

136

ἑλκύω, ἕλκω 82.
Ἑλλάς, άδος, ἡ.
Ἕλλην, ηνος, ὁ.
Ἑλληνικός 10.
ἐλπίζω 23.
ἐλπίς 18.
ἐμβαίνω 90.
ἐμβάλλω 23.
ἐμός 12.
ἐμπειρία 29.
ἔμπειρος 22.
ἐμπίπτω 78.
ἐν 1.
ἐναντιόομαι 62.
ἐναντίος 11.
ἐνδεής 30.
ἔνδοξος 12.
ἕνεκα 70.
ἔνθα δή Gr. 69. n. 1.
ἔνθεν 92.
ἐνθένδε 92.
ἐνθυμέομαι 59.
ἐνιαυτός 15.
ἔνιοι 12.
ἐνίοτε 63.
ἐνοικέω 61.
ἔνοικος 15.
ἐνταῦθα 37.
ἐντεῦθεν 53.
ἔντιμος 12.
ἐντός 70.
ἐντυγχάνω 24.
ἐξ 1.
ἐξαιτέω 89.
ἐξαπατάω 85.
ἐξεγείρω 77.
ἐξελαύνω 92.
ἐξετάζω 56.
ἐξικνέομαι 84.
ἔξοδος 5.
ἐξορύττω 73.
ἔξω 47.
ἔοικα 78. 90.
ἑορτή 70.
ἐπαγγέλλω & M. 71.

ἐπάγω 88.
ἐπαινέω 61.
ἔπαινος 25.
ἐπαίρω 79.
Ἐπαμεινώνδας, ου, ὁ.
ἐπανέρχομαι 74.
ἐπεί 15.
ἐπειδάν 72.
ἐπειδή 69.
ἔπειτα 53.
ἐπελαύνω 90.
ἐπερωτάω 70.
ἐπιβάλλω 92.
ἐπιβουλεύω 26.
ἐπιβουλή 26.
ἐπιγίγνομαι 88.
ἐπίγραμμα 90.
ἐπιγράφω 23.
ἐπιθυμέω 53.
ἐπιθυμία 6.
ἐπικαλέω 84.
ἐπικίνδυνος 39.
ἐπιμέλεια 44.
ἐπιμελής 42.
ἐπιμέλομαι 44.
ἐπιορκέω 62.
ἐπιπλέω 80.
ἐπίπονος 91.
ἐπισιτίζομαι 74.
ἐπιστήμων 20.
ἐπιστολή 53.
ἐπιστρέφω 89.
ἐπιτάττω 57.
ἐπιτήδειος 47.
ἐπιτιμάω 60.
ἐπιτρέπω 53.
ἐπιχειρέω 50.
ἐπιχώριος 77.
ἕπομαι 4.
ἔπος 28.
ἐράω 60.
ἐργάζομαι 78.
ἔργον 3.
Ἐρετριεύς, έως, ὁ.
Ἐρεχθεύς, έως, ὁ.

ἔρημος 12.
Ἐριγών, όνος, ὁ.
ἐρίζω 56.
Ἐρινύς, ύος, ἡ.
ἔρις 18.
ἑρμηνεύς 33.
Ἑρμῆς, οῦ, ὁ.
ἐρρωμένος Gr. 56,
4. c.
ἔρχομαι 74.
ἔρως 18.
ἐρωτάω 49.
ἐρώτημα 87.
ἐσθής 18.
ἐσθλός 10.
ἑσπέρα 6.
ἑστία 78.
ἑταῖρος 2.
Ἐτεοκλῆς, έους, ὁ.
ἕτερος 69.
ἔτι 57.
ἕτοιμος 57.
ἔτος 28.
Εὐβοεύς, έως, ὁ.
Εὔβοια, ας, ἡ.
εὐγενής 30.
εὐδαιμονία 17.
εὐδαίμων 20.
εὐεργεσία 43.
εὐεργετέω 61.
εὐεργέτης 9.
εὐθύς 84.
εὐκλεής 30.
εὐμενής 30.
εὔνοια 7.
εὔνους 14.
Εὔξεινος πόντος 14.
Εὐριπίδης, ου, ὁ.
εὑρίσκω 59.
εὖρος 28.
εὐρύς 32.
Εὐρώπη, ης, ἡ.
εὐσέβεια 7.
εὐσεβής 30.
εὐτυχέω 50.

εὐτυχής 30.
εὐτυχία 6.
εὐφραίνω 16.
Εὐφράτης, ου, ὁ.
εὐφυής 30.
εὐχή 70.
εὔχομαι 23.
Ἐφιάλτης, ου, ὁ.
ἔφοδος 86.
ἔφορος 48.
ἐχθαίρω 9.
ἔχθρα 9.
ἐχθρός 10.
ἔχω 1. 24.
ἕως, ἡ 83.
ἕως 72.

Ζάω 80.
Ζέλεια, ας, ἡ.
ζεῦγος 28.
Ζεύς, Διός, ὁ.
ζηλόω 62.
ζηλωτός 65.
ζημία 6.
ζημιόω 51.
ζητέω 61.
ζυγόν 91.
ζωγρέω 85.
ζωή 29.
ζῷον 40.
ζωστήρ 16.

Ἦ, ἤ — ἤ 41. R. 15.
ἡγεμονία 87.
ἡγεμών 20.
ἡγέομαι 61.
ἤδη 24.
ἥδομαι 29. 56.
ἡδονή 6.
ἡδύς 32.
ἦθος 28.
ἥκω 26.
ἡλικιώτης 77.
ἥλιος 2.
ἡμέρα 6.

ἥμερος 12.
ἡμέτερος 12.
ἥμισυς 32.
ἤπειρος 5.
Ἥρα, ας, ἡ.
Ἡρακλῆς, έους, ὁ.
ἥρως 34.
ἡσυχάζω 82.
ἡσυχία 6.
ἥσυχος 12.
ἧττα 7.
ἡττάομαι 52.
ἠχώ 34.

Θάλαττα 7.
Θαλῆς, οῦ, ὁ.
θάλλω 29.
θάνατος 2.
θάπτω 18.
θαρρέω 61.
θαυμάζω 1.
θαυμάσιος 14.
θαυμαστός 70.
θεά 6.
θεάομαι 49.
θέατρον 49.
θεῖος 11.
θέλω 39.
Θεμιστοκλῆς, έους, ὁ.
θεός 3.
θεραπεία 92.
θεραπεύω 4.
θεράπων 21.
Θερμοπύλαι, ῶν, αἱ.
θερμός 10.
θέρος 28.
Θετταλία, ας, ἡ.
Θετταλός, οῦ, ὁ.
θέω 77.
θεωρέω 70.
Θῆβαι, ῶν, αἱ.
Θηβαῖος, ου, ὁ.
θήρ 16.
θήρα 77.
θηράω 49.

θηρεύω 13.
θηρίον 3.
θησαυρός 22.
Θησεύς, έως, ὁ.
θνητός 10.
Θράκη, ης, ἡ.
Θρᾷξ, κός, ὁ.
Θρασύβουλος, ου, ὁ.
θρασύς 32.
θυγάτηρ 25.
θυμόομαι 52.
θυμός 3.
θύρα 6.
θυσία 7.
θύω 1.
θώραξ 17.

Ἰάομαι 49.
ἰατρός 3.
Ἴβυκος, ου, ὁ.
ἴδιος 11.
ἰδιώτης 70.
ἱδρύω 4.
ἱδρώς 18.
ἱέρεια 37.
ἱερεῖον 82.
ἱερεύς 33.
ἱερός 10.
Ἱέρων, ωνος, ὁ.
ἱκανός 70.
ἱκετεύω 89.
ἱκέτης 9.
ἵλεως 83.
Ἴλιον, ου, τό.
ἱμάς 21.
ἱμάτιον 12.
ἵνα 58. R. 27.
Ἰνδική, ῆς, ἡ.
Ἰνδός, οῦ, ὁ.
ἱππεύς 33.
Ἱππίας, ου, ὁ.
ἵππος 2. ἡ ἵππος 88.
Ἰσθμός, οῦ, ὁ.
ἴσος 62.
ἱστίον 82.

ἰσχυρός 10.
ἰσχύς 32.
ἰσχύω 35.
Ἰταλία, ας, ἡ.
ἰχθύς 32.
Ἴων, ωνος, ὁ.

Κάδμος, ου, ὁ.
καθαίρω 71.
καθέζομαι 78.
καθεύδω 33.
καθίζω 78.
καί 1. καί — καί 4.
καιρός 12.
καίω 35.
κακία 7.
κακόνους 14.
κακός 10. κακῶς 24.
κακοῦργος 40.
καλέω 79. 82.
Καλλιόπη, ης, ἡ.
κάλλος 28.
καλός 10.
καλὸς κἀγαθός 35.
καλύπτω 58.
Καλυψώ, οῦς, ἡ.
καπνός 29.
Κάρ, ρός, ὁ.
Καρδοῦχοι, ων, οἱ.
καρπός 3.
καρτερός 86.
Καρχηδόνιοι, ων, οἱ.
καταβαίνω 23.
καταβάλλω 90.
κατάβασις 31.
καταβιβάζω 85.
κατάγω 37.
κατακαίνω 74.
κατακαίω 82.
κατακλείω 87.
κατακόπτω 75.
καταλαμβάνω 86.
καταλείπω 15.
καταλύω 26.
καταπέμπω 58.

καταπηδάω 53.
κατασκάπτω 75.
κατασκευάζω 56.
κατάσκοπος 92.
καταστρέφομαι 15.
κατασφάττω 75.
καταφανής 30.
καταφεύγω 74.
καταφρονέω 50.
καταφυγή 69.
κατέχω 44.
κατήγορος 66.
κατοικέω 90.
κάτω, -θεν 90.
κείρω 73.
κελεύω 4.
κενός 41.
κέρας 19.
Κέρβερος, ου, ὁ.
κερδαίνω 71.
κέρδος 28.
Κερκυραῖοι, ων, οἱ.
κεφαλή 24.
κήρυξ 17.
κηρύττω 29.
Κίμων, ωνος, ὁ.
κινδυνεύω 13.
κίνδυνος 2.
κινέω 61.
κλαίω 82.
Κλέαρχος, ου, ὁ.
κλείω 45.
Κλέοβις, ιος, ὁ.
Κλεοπάτρα, ας, ἡ.
κλέος 28.
κλίνω 82.
κνημίς 18.
κοῖλος 24.
κοιμάω & Μ. 70.
κοινός 10.
κολάζω 16.
κόλπος 15.
κομίζω 56.
κόρυς 18.
κοσμέω 50.

138

κόσμος 8.
κουφίζω 41.
κοῦφος 38.
κράνος 28.
κρατέω 50.
κρατήρ 16.
κράτος 28.
κρέας 29.
Κρής, τός, ὁ.
Κρήτη, ης, ἡ.
κρίνω 4. 82.
κρίσις 31.
κριτής 83.
Κριτίας, ου, ὁ.
Κροῖσος, ου, ὁ.
κρύπτω 58.
κρύφα 75.
κτάομαι 49.
κτῆμα 19.
ῆσις 31.
κτίζω 56.
κυβερνήτης 14.
κύβος 42.
Κυζικηνός, οῦ, ὁ.
Κύζικος, ου, ἡ.
κύκλος, κύκλῳ 80.
κυκλόω 51.
Κύκλωψ, ωπος, ὁ.
κύπελλον 14.
Κῦρος, ου, ὁ.
κύων 35.
κωλύω 13.
κώμη 43.
κωφός 77.

Λακεδαιμόνιος, ου, ὁ.
Λακεδαίμων, ονος, ἡ.
Λακωνική, ῆς, ἡ.
λαμβάνω 15.
λαμπρός 10.
Λαύρειον, ου, τό.
λέγω 1.
λεία 88.
λειμών 20.
λεπτός 32.

Λεῦκτρα, ων, τά.
λέων 21.
Λεωνίδας, ου, ὁ.
Λητώ, οῦς, ἡ.
Λιβύη, ης, ἡ.
Λίβυς, υος, ὁ.
λίθινος 91.
λίθος 2.
λιμήν 20.
λιμός 12.
λογίζομαι 56.
λογισμός 60.
λόγος 2.
λόγχη 52.
λοιπός 38.
Λοκρός, οῦ, ὁ.
λουτρόν 91.
λούω & Μ. 51.
λόφος 43.
λοχαγός 92.
λόχος 86.
Λύγινος, ου, ὁ.
Λυδός, οῦ, ὁ.
λυθείς 21.
Λύκιος, ου, ὁ.
λύκος 17.
Λυκοῦργος, ου, ὁ.
λυμαίνομαι 73.
λυπέω & Μ. 59.
λύπη 6.
λύσις 91.
λύω 1.

Μάθημα 19.
μαθητής 9.
μαίνομαι 44.
μάκαρ 16.
μακαρίζω 69.
μακάριος 29.
Μακεδονία, ας, η.
Μακεδών, όνος, ὁ.
μακρός 10.
μανθάνω 46.
μαντεία 45.
μαντεῖον 85.

μαντεύομαι 37.
μάντις 31.
Μαραθών, ῶνος, ὁ
and ἡ.
μάρτυς 35.
μαστιγόω 51
μάστιξ 17.
μάχαιρα 34.
Μαχάων, ονος, ὁ.
μάχη 6.
μάχιμος 33.
μάχομαι 4.
μέγας 36.
μέγα φρονέω 50.
μέγεθος 28.
μέλας 20.
μέλλον 22.
μέλλω 26.
μέλλων 22.
μέν — δέ 4.
Μενέλεως, ω, ὁ.
μένος 28.
μένω 35.
μέριμνα 9.
μέρος 28.
μέσος 79.
Μεσσήνη, ης, ἡ.
Μεσσήνιος, ου, ὁ.
μεστός 10.
μέταλλον 5.
μεταξύ 90.
μεταπέμπομαι 27.
μετέχω 65.
μέτριος 70.
μέτρον 8.
μέχρι Gr. 162, 5.
μή 1. R. 18. 27.
μηδέ 87.
μηδείς 40.
μηδέν 40.
μηδέποτε 24.
Μῆδος, ου, ὁ.
μηκέτι 57.
μῆκος 28.
μήν 20. 91.

μηνύω 26.
μήποτε 24.
μήπω 57.
μήτε — μήτε 74.
μήτηρ 25.
μηχανάομαι 49.
μιαίνω 72.
μικρός 10.
μικρότης 29.
Μιλτιάδης, ου, ὁ.
μιμέομαι 61.
μισέω 50.
μισθός 3.
μισθοφόρος 90.
μισθόω & Μ. 51.
μῖσος 39.
μνᾶ 73. Gr. 215, 3.
μνῆμα 19.
μνημεῖον 23.
μνήμη 41.
μνήμων 77.
μνηστήρ 82.
μοῖρα 85.
μόνος 11.
μοῦσα 7.
μοχθηρός 69.
μυριάς 55.
Μυρμιδών, όνος, ὁ.
μῶρος, μωρός 75.

Νάξος, ου, ἡ.
νάπη 88.
ναύαρχος 43.
ναυμαχέω 80.
ναυμαχία 15.
ναῦς 35.
ναύτης 9.
ναυτικόν 15.
νεανίας 9.
Νεῖλος, ου, ὁ.
νεκρός 14.
νέκταρ 16.
νέμεσις 77.
νέμω 23, Μ. 71.
νέος 11.

νεότης 18.
Νέστωρ, ορος, ὁ.
νεφέλη 37.
νεώς 83.
νεωστί 91.
νησιώτης 58.
νῆσος 5.
νικάω 49.
νίκη 6.
νομάς 18.
νομεύς 33.
νομίζω 9.
νόμισμα 19.
νομοθέτης 9.
νόμος 2.
νοσέω 50.
νόσος 5.
νοῦς 14.
νῦν 42.
νύξ 18.
νῶτον 15.

Ξενία 59.
ξενίζω 70.
ξένος 2.
Ξενοφῶν, ῶντος, ὁ.
Ξέρξης, ου, ὁ.
ξίφος 28.
ξύλινος 72.
ξύλον 58.

Ὁδεύω 24.
ὁδοποιέω 84.
ὁδός 5.
ὁδούς 21.
Ὀδρύσαι, ῶν, οἱ.
Ὀδυσσεύς, έως, ὁ.
οἱ μέν — οἱ δέ 56.
Οἰδίπους, ποδος, ὁ.
οἴκαδε 53.
οἰκεῖος 62.
οἰκέτης 9.
οἰκέω 50.
οἰκία 6.
οἰκίζω 56.

οἰκοδομέω 50.
οἴκοθεν 90.
οἶκος 57.
οἰκτίρω 71.
οἰκτρός 69.
οἶνος 5.
οἴομαι, οἶμαι 40.
οἷός τέ εἰμι 70.
οἴχομαι 35.
ὄλβιος 70.
ὀλίγος 11.
ὅλος 13.
Ὀλύμπια, τά 60.
ὀλυμπιάς 55.
Ὀλύμπιος 21.
Ὄλυμπος, ου, ὁ.
Ὅμηρος, ου, ὁ.
ὁμιλέω 61.
ὁμιλία 25.
ὅμοιος, ὁμοῖος 11.
ὁμοιόω 62.
ὁμολογία 92.
ὁμονοέω 71.
ὁμόνοια 7.
ὅμορος 88.
ὁμοῦ 83.
ὄναρ 35.
ὀνειδίζω 23.
ὄνειρος 29.
ὄνομα 19.
ὀνομάζω 16.
ὀνομαστί 92.
ὄνυξ 17.
ὀξύς 32.
ὄπισθεν 77.
ὀπισθοφύλαξ 89.
ὀπίσω 88.
ὁπλίζω 23.
ὁπλίτης 9.
ὅπλον 3.
ὁπόθεν 77.
ὅποι 45.
ὁπόταν 44.
ὁπότε 67.
ὅπου 27.

ὅπως 59. R. 27.
ὁράω 60.
ὀργή 14.
ὀργίζομαι 37. 56.
ὀργίζω 37.
ὀρέγομαι 45.
Ὀρέστης, ου, ὁ.
ὀρθός 42.
ὀρθόω 51.
ὁρίζω 56.
ὅρκος 25.
ὁρμάω & M. 52.
ὁρμή 43.
ὄρνις 18.
ὄρος 28.
ὅρος 49.
ὀρύττω 73.
Ὀρφεύς, έως, ὁ.
(ὅσος Gr. 68.)
ὀστοῦν 14.
ὅσῳ — τοσούτῳ 67.
ὅταν 44.
ὅτε 59.
ὅτι 15.
οὐ, οὐκ, οὐχ 1.
οὐδέ 87.
οὐδείς, οὐδέν 40.
οὐδέποτε 24.
οὐκέτι 57.
οὐ μόνον 34.
οὖν 52.
οὔποτε 24.
οὔπω 57.
οὐρανός 3.
οὖς 34.
οὐσία 26.
οὔτε — οὔτε 8.
οὕτω, οὕτως 42.
ὀφείλω 66.
ὀφθαλμός 3.
ὄχθη 88.
ὀχυρός 88.
ὄψις 31.

Πάθος 28.

παιδεία 6.
παιδεύω 1.
παιδικός 87.
παῖς 34.
παίω 24.
πάλαι 77.
παλαιός 13.
πάλιν 53.
Πάν, νός, ὁ.
πανοπλία 90.
Παντάγνωτος, ου, ὁ.
παντάπασιν 70.
πανταχόθεν 90.
παντοῖος 11.
παραγγέλλω 71.
παραγίγνομαι 70.
παράγω 23.
παράδειγμα 34.
παράδεισος 13.
παραδέχομαι 87.
παραινέω 81.
παραλαμβάνω 74.
παράνομος 48.
παραπλήσιος 61.
παρασάγγης 54.
παρασκευάζω 56.
παρασκευή 87.
παρατάττω 84.
πάρειμι 22.
παρέρχομαι 77.
παρέχω 14. 91.
παρθένος 5.
πάροδος 88.
πάροικος 15.
Παρύσατις, ιδος, ἡ.
παρών 22.
πᾶς 21.
πάσχω 24.
πατήρ 25.
πατρίς 18.
Πάτροκλος, ου, ὁ.
πατρῷος 66.
παύομαι 26.
Παυσανίας, ου, ὁ.
παύω 26.

παχύς 32.
πέδη 85.
πεδίον 3.
πεζομαχία 90.
πεζός 15.
πείθομαι 4. 27. 59.
πείθω 27.
πειθώ 34.
Πειραιεύς, ῶς, ὁ.
πειράω & M. 52.
Πελοπίδας, ου, ὁ.
Πελοποννησιακός 23.
Πελοποννήσιος, ου, ὁ.
Πελοπόννησος, ου, ἡ.
Πέλοψ, πος, ὁ.
πελταστής 9.
πέμπω 13.
πένης 19.
πενία 6.
πέπλος 71.
περαίνω 72.
πέραν 47.
περάω 53.
περιάγω 70.
περιβλέπω 24.
περιέρχομαι 89.
Περικλῆς, έους, ὁ.
περιπίπτω 74.
περίπλους 14.
περιρρέω 80.
περιφέρω 64.
Πέρσης, ου, ὁ.
πέτρα 23.
πηγή 6.
πηδάω 53.
Πηλείδης, ου, ὁ.
Πηλεύς, έως, ὁ.
πιέζω 24.
πικρός 10.
Πίνδαρος, ου, ὁ.
πίνω 24.
πίπτω 42.
πιστεύω 1.
πίστις 31.
πιστός 10.

πλανάω & M. 52.
Πλαταιαί, ῶν, αἱ.
Πλαταιεύς, έως, ὁ.
Πλάτων, ωνος, ὁ.
πλέθρον 54.
πλέω 80.
πληγή 38.
πλῆθος 28.
πλήν 48.
πλήρης 30.
πληρόω 51.
πλησιάζω 89.
πλησίον 90.
πλοῖον 3.
πλοῦς 14.
πλούσιος 11.
πλουτέω 50.
πλοῦτος 2.
πνεῦμα 19.
πνέω 80.
πόθεν 77.
ποιέω 50.
εὖ π. } 84.
κακῶς π.
ποιητής 9.
ποιμήν 20.
πολεμέω 50.
πολεμικός 17.
πολέμιος 2. 11.
πόλεμος 2.
πολιορκέω 50.
πολιορκία 82.
πόλις 31.
πόλισμα 91. n.
πολιτεία 8.
πολίτης 9.
πολλάκις 1.
πολλοί 12.
Πολυδαμίδας, ου, ὁ.
Πολυνείκης, ους, ὁ.
πολύς 36.
πομπή 92.
πονέω 81.
πονηρός 10.
πόνος 2.

Πόντος, ου, ὁ.
πορεία 32.
πορεύομαι 4. 52.
πορεύω 52.
πορθέω 50.
πορίζω & M. 59.
πόρρω 88.
Ποσειδῶν, ῶνος, ὁ.
ποταμός 5.
πότε, ποτέ 24.
Ποτείδαια, ας, ἡ.
πότερον — ἤ 60.
ποτόν 24.
ποίς 19.
πρᾶγμα 19. 91.
πρᾶξις 31.
πρᾷος 12.
πράττω 35. 42.
πρέπει 25.
πρεσβεία 89.
πρεσβεύομαι 89.
πρεσβευτής 35.
πρέσβυς 38.
πρίν 72.
προάγω 83.
πρόβατον 17.
προγιγνώσκω 70.
πρόγονος 5.
προδοσία 86.
προδότης 9.
προθυμία 86.
πρόθυμος 38.
προκρίνω 90.
Προμηθεύς, έως, ὁ.
προπάτωρ 16.
προπέμπω 88.
προσάγω 70.
προσβάλλω 88.
προσβλέπω 24.
προσβολή 88.
προσελαύνω 47.
προσέρχομαι 74.
προσήκει 25.
προσημαίνω 77.
πρόσθεν 89.

προσκτάομαι 91.
προσμένω 90.
πρόσοδος 86.
πρόσοικος 88.
προσπίπτω 69.
προστάτης 73.
προσφέρω 24.
πρόσω 88.
πρόσωπον 90.
προτείνω 77.
πρότερον 42.
πρότερος 15.
προτρέπω 66.
προφύλαξ 89.
προχωρέω 88.
πρυτανεῖον 78.
Πρωταγόρας, ου, ὁ.
πτέρυξ 17.
Πυθαγόρας, ου, ὁ.
Πυθόδημος, ου, ὁ.
πυκνός 84.
πύλη 6.
πῦρ 35.
πυρά 85.
πυραμίς 18.
πύργος 91.
Πύρρος, ου, ὁ.
πωλέω 63.
πῶλος 54.

Ῥάδιος 11.
ῥέω 80.
ῥήτωρ 16.
ῥίπτω 58.
ῥίς 20.
Ῥωμαῖος, ου, ὁ.
Ῥώμη, ης, ἡ.
ῥώμη 9.

Σαλαμίς, ῖνος, ἡ.
σάλπιγξ 17.
Σάμος, ου, ἡ.
Σαπφώ, οῦς, ἡ.
Σάρδεις, εων, αἱ.
σατράπης 13.

σαφής 30.
σέβομαι 53.
σελήνη 6.
Σεμίραμις, ιδος, ἡ.
σεμνός 61.
σῆμα 19.
σημαίνω 71.
σημεῖον 5.
σιγάω 60.
σιγή 9.
σίδηρος 18.
σιδηροῦς 14.
Σικελία, ας, ἡ.
Σικυών, ῶνος, ἡ.
σῖτος 36.
σιωπάω 60.
σκευάζω 56.
σκευή 53.
σκευοφόρος 90.
σκηνή 6.
σκηνόω & Μ. 62.
σκῆπτρον 38.
σκοπέω & Μ. 70.
σκότος 28.
Σκύθης, ου, ὁ.
Σκῦρος, ου, ἡ.
Σόλων, ωνος, ὁ.
σός 12.
σοφία 6.
Σοφοκλῆς, έους, ὁ.
σοφός 7. 10.
σπάνιος 52.
Σπάρτη, ης, ἡ.
Σπαρτιάτης, ου, ὁ.
σπάω 81.
σπείρω 72.
σπένδομαι 57.
σπένδω 18.
σπεύδω 27.
σπονδή, σπονδαί 62.
σπουδάζω 79.
σπουδαῖος 11.
σπουδή 86.
στάδιον 36. 79.
σταθμός 43.

στάσις 31.
στέλλω 72.
στενός 10.
στέργω 16.
στερέω 59.
στέρνον 90.
στέφανος 14.
στεφανόω 51.
στόλος 87.
στόμα 19.
στρατεία 9.
στράτευμα 19.
στρατεύω & Μ. 13.
στρατηγός 3.
στρατιά 6.
στρατιώτης 9.
στρατοπεδεύομαι 13.
στρατόπεδον 3.
στρατός 5.
Συβαρίτης, ου, ὁ.
συγγενής 30.
συγγνώμη 61.
συγγραφεύς 76.
συγγράφω 23.
συγκαλέω 82.
συγκλείω 86.
συγχωρέω 92.
συλλέγω 23.
σύλλογος 92.
Συλοσῶν, ῶντος, ὁ.
συμβουλεύω & Μ.26.
σύμβουλος 33.
συμμαχία 9.
σύμμαχος 2. 33.
συμπέμπω 77.
συμπόσιον 35.
συμπράττω 64.
συμφέρει 41.
συμφορά 11.
σύμφορος 92.
συναγείρω 72.
συνάγω 76.
συνήθης 30.
συνουσία 26.
συντάττω 57.

σῦς 32.
συσκευάζω 56.
συστρατεύομαι 43.
σφαῖρα 7.
σφάλλω & Μ. 71.
σφάττω 75.
σφόδρα,σφοδρῶς 89.
σώζω 9.
Σωκράτης, ους, ὁ.
σῶμα 19.
σῶς 89.
σωτήρ 16.
σωτηρία 10.
σωφροσύνη 9.
σώφρων 20.

Ταίναρον, ου, τό.
τάλαντον 54.
τάξις 31.
ταπεινός L. 62. n.
ταπεινόω 51.
ταράττω 57.
ταραχή 70.
Ταρσοί, ῶν, οἱ.
Τάρταρος, ου, ὁ.
τάττω 57.
Ταυλάντιοι, ων, οἱ.
ταῦρος 2.
ταύτῃ 92.
ταφή 49.
τάφος 14.
τάφρος 5.
τάχος 28.
ταχύς 32.
τέ — καί 8.
τείνω 72.
τειχίζω 46.
τεῖχος 28.
τέκνον 3.
τέκτων 20.
τελευτάω 49.
τελευτή 6.
τελέω 79.
τέλος 28.
τέμενος 89.

τέμνω 59.
τέχνη 6.
τεχνίτης 21.
τίκτω 18.
τιμάω 49.
τιμή 6.
τίμιος 17.
τιμωρέω & Μ. 61.
τιμωρία 46.
Τισσαφέρνης, ους, ὁ.
τιτρώσκω 16.
τόλμα 88.
τολμάω 49.
τόξευμα 19.
τοξεύω 26.
τόξον 3.
τοξότης 9.
τόπος 44.
τότε 24.
τράπεζα 36.
τραῦμα 19.
τραυματίζω 90.
τραχύς 32.
τρέπω 15.
τρέφω 18.
τρέω 91.
τριήρης 30.
τριπλοῦς 14.
τρίπους 19.
Τριπτόλεμος, ου, ὁ.
Τροία, ας, ἡ.
τρόπαιον 3.
τρόπος 2.
τροφή 12.
Τρωικός 34.
Τρώς, ωός, ὁ.
τυγχάνω 70.
τυραννίς 18.
τύραννος 11.
τυφλός 61.
τύχη 11.

Ὑβρίζω 23.
ὕβρις 31.
ὑγιαίνω 71.

ὑγιής 30.
ὕδωρ 19.
υἱός 13.
ὕλη 6.
ὑμέτερος 12.
ὕμνος 23.
ὑπακούω 42.
ὑπάρχω 70.
ὑπερβάλλω 74.
ὑπέχω 85.
ὑπήκοος 12.
ὕπνος 2.
ὑποδέχομαι 75.
ὑπολείπομαι 89.
ὑπομένω 38.
ὑποχωρέω 62.
ὗς = σῦς.
Ὑστάσπης, ου and
ους, ὁ.
ὑστεραῖος 89.
ὕστερον (42).
ὕστερος 15.
ὑφαίνω 72.
ὑψηλός 18.
ὕψος 28.

Φαίαξ, κος, ὁ.
φαίνω & M. 71.
φάλαγξ 17.
φανερός 82.
φάρμακον 3.
φάσκω 89.
Φειδίας, ου, ὁ.
φείδομαι 27.
φέρω 1.
φεύγω 1.

φήμη 70.
φθείρω 1.
φθονερός 59.
φθονέω 59.
φθόνος 10.
φιλάνθρωπος 89.
φιλέω 50.
φιλία 6.
Φίλιππος, ου, ὁ.
Φιλοκτήτης, ου, ὁ.
φίλος 2. 11.
φιλόσοφος 18.
φλόξ 83.
φοβέομαι 52.
φοβερός 17.
φόβος 5.
φοίνιξ 17.
Φοίνιξ, κος, ὁ.
φονεύς 33.
φονεύω 26.
φόνος 25.
φόρος 91.
φράζω 56.
φρονέω 50.
φρόνησις 31.
φρόνιμος 12.
φροντίζω 41.
φροντίς 18.
φρουρά 89.
φρούραρχος 89.
φρουρέω 89.
Φρύξ, γός, ὁ.
φυγαδεύω 15.
φυγάς 19.
φυγή 6.
φυλακή 52.

φύλαξ 17.
φυλάττω 4. M. 57.
φύλλον 3.
φῦλον 12.
φύσις 31.
φυτεύω 26.
φύω 26.
φωνή 60.
φῶς 19.

Χαίρω 29.
Χαιρώνεια, ας, ἡ.
χαλεπαίνω 15.
χαλεπός 10.
χαλκοῦς 14.
χαρακτήρ 25.
χαρίεις 21.
χαρίζομαι 85.
χάρις 18.
Χάριτες, ων, αἱ.
χειμών 20.
χείρ 36.
Χείρων, ωνος, ὁ.
χερρόνησος 37.
χθών 20.
Χίος, ου, ἡ.
Χῖος, ου, ὁ.
χιτών 20.
χιών 20.
χράομαι 80.
χρή 38.
χρῄζω 18.
χρῆμα 19.
χρήσιμος 12.
χρησμός 52.
χρηστήριον 85.

χρηστός 10.
χρόνος 2.
χρυσός 5.
χρυσοῦς 14.
χώρα 6.
χωρέω 50.
χωρίζω 56.
χωρίον 84.
χῶρος 33.

Ψαύω 61.
ψέγω 65.
ψευδής 30.
ψεῦδος 28.
ψεύδω & M. 27.
ψεύστης 45.
ψηφίζομαι 56.
ψῆφος 5.
ψυχή 6.
ψῦχος 28.
ψυχρός 10.

Ὧδε 59.
ᾠδή 32.
Ὠκεανός, οῦ, ὁ.
ὦμος 36.
ὦν 22.
ὥρα 40.
ὡς 42. 59. R. 27.
ὥσπερ 42.
ὥστε 59.
ὠφέλεια 7.
ὠφελέω 50.
ὠφέλιμος 12.

LIST OF ENGLISH WORDS.

Proper names are included in the Greek List.

Abandon 74.
abide 27. 38.
able = powerful, = worthy. am 35. 70.
abounding 30.
about, am 26. — to happen 22.
above 90. from 90.
abroad, am 53.
absent, am 22.
abstain 32.
abundant 48. = many.
acceptable = agreeable.
accompany 87.
accomplish 47. 72. 79.
accomplishments 19.
accord, of one's own 21.
accordingly 52. 70.
account, on 70. write an 23.
accusation, false 45.
accuse 60. — falsely 45.
accuser 63.
accustom 78.
achieve = accomplish.
acquainted 22.
acquire 49. — besides 91.
acquisition 31.
acquit 26.
acropolis 31.
across 47.
act 35. 49. daring 88.
action = work.
adjoining 88.
administrator 48.
admiral 43.
admire 1.
adorn 50.
advance 47. 70. 88. = march. in 88.
advantage 41. 7. it is of 41.
advantageous 92.
adversity = misfortune.
advice 6. ask 26.
advise 13. 26.

adviser 33.
affair 19.
afflicted = unfortunate.
afford 14.
afraid, am = fear.
after 15. 69. 72.
afterwards 53.
again 53. 89.
age 20. 28. old 29. of equal 77.
aged 13. 21.
ago, long 77.
agreeable 21. 32.
agreement 92.
aid 7. 61.
air 16.
akin 30.
alike — and 8. = both — and.
all 13. 21. — along 77. of — sorts, — kinds of 11.
alliance 9.
allied 33.
allow 49. 53.
ally 2.
alone 11.
already 24. am 70.
also 1.
altar 5.
alter 57.
altitude 28.
altogether 70.
always 1.
am 22. 24. 42.
ambassador 35.
among 1.
amusement = pleasure.
anarchy 41.
ancestors = forefathers.
ancient 11. 13.
and 1. alike — 8. both — 4. 8. — not 87.
anger 3. 14.
angry, am 15. 37. 52. make 37.
animal 3. 40. 82. wild 3. 16.
annihilate 56.
announce 1. 29. 43.

71. — beforehand 77.
annoyance = suffering.
another 12. 69. —'s 11.
answer 71. 85.
antler 19.
anxious, am 41.
any 21.
anything 40.
appeal 84.
appear 71.
appearance 28. 31. make my = appear.
appoint 56.
approach 74. 86. 89. = march against or towards.
archer = bowman.
archon 22.
ardor 28.
arid 24.
arm 23.
armament 87.
armor 3. — of hoplites 90.
arms 3.
army 5. 6. 19.
arrange 56. 57.
array, set in 57.
arrive 70. 77. am —d 26.
arrow 19. 28.
art 6.
artist 20.
artisan 21.
as, as if, as it were, just as 42. — yet 57. — follows 59. — well — 8.
ascend 91.
ashamed, am 81. make 23. 71.
aside, lead 23.
ask 49. 50. 51. 80. 88. — advice, counsel 26. —besides 70.
asleep, am 33.
assemble 23. 56. 72. 76.
assembly 6. 92.

assert 89.
assign 71.
assist 50. 61.
associate 61.
astray, lead 23.
at 1.
Athenian 2.
athlete 79.
attack 50. 86. 88.
attainments 6. 19.
attempt 50. 52.
attend 4.
attendants, body of 92.
attention 44. 92.
Attic 10.
attire 53.
august 61.
author 11.
avoid = shun.
await 35. 90.
awake 77.
award 23. 71.
away, am 22. 35. do 26.
awe, stand in 53.

Back 15. 88.
backwards 88.
bad 10. = base.
badly 24.
baffle 71.
baggage-carrying 90.
baggage-train 90.
balk 71.
ball = globe.
ballot 5.
band 91.
banish 15. [ther 47.
bank 88. on the furbarbarian 5. 12.
base 10. = bad.
basis, am a 70.
bath 91. take a 51.
battalion = rank.
battle 6. raise the — cry 90.
bay = gulf.
beach = coast.
bear 1. can 78.
beast 3. = animal.
beat 24.
beautiful 10.
beauty 28.

because 9. 15. 42.
become 4. 25.
befall 69. 78.
before 42. 72. 89.
beg 50. 80.
beget 18. 26. 49.
begin 27.
beginning 6.
begrudge = grudge.
behind 77. leave 15.
behold 15. 49. 70.
being 22. living 40.
believe 1. 9. 40. 59.
61.
belly 25.
belong, it —s to 25.
below 90.
belt 16.
beneath, from 90.
benefactor 9.
benefit 7. 10. 43. 50.
= blessing. be-
stow a 84.
benevolent 89.
bequeath = leave
behind.
besiege 50.
betray = reveal.
betrayer = traitor.
between 90.
beware 57.
bid 4. big 32.
bind 81.
bird 18.
birth 43.
bitter 10.
bivouac 90.
black 20. — Sea 14.
blame 7. 23. 60. 63.
to — for 11.
bless = pronounce
happy.
blessed 16. 29.
blessing 10.
blind 61.
blockade 89.
blood 19.
bloom 29.
blossom 28.
blot out 56.
blow 38. 80.
bluff 88.
blunder 19.
boar 32.
body 19.
bold, am = dare.
boldness 88.
bone 14.
book 5.
booty 88.
born, am 4 well- 30.

bosom 15.
both 83. — and 4.
8. 92. — (parties)
86.
bound 56.
boundary 49.
bow 3. shoot w. a
26.
bowl, mixing 16.
bowman 9.
boy 34.
boyish 87.
brass, of 14.
brave 11.
bravery 6.
brazen 14.
breadth 28.
break, in pieces 75.
— up, off 26.
breakfast 80.
breast 90.
breastplate = cui-
rass.
breath 19.
bribe 73. = gift.
bridge 7.
brief = short.
bright 10.
brilliant 10.
bring 1. 24. 52. 56.
— away 37. —
down 37. 51. 90.
— forth 18. —out
59. — to 70. —
together 76. —up
37. 76. = educate.
— word 43. = an-
nounce.
broad 32.
bronze, of 14.
brother 3.
build 4. 50. — anew
51.
bull 2.
burial 49.
burden 28. 36.
burdensome = trou-
blesome.
burn .35. — down
82.
bury 18.
but 4. — also 34.

Calamity 11. = fail-
ure.
calculation 60.
call 1. 6. 16. 79. 82.
—aloud 60. — to,
upon 84. — to-
gether 82.
camp 3.

campaign = expedi-
tion. set out on a
= take the field.
can 70. —effect 35.
captain 92.
capture 85.
captured 89.
care 9. 18. 44. take
41. 44.
careful 42.
careless = griefless.
carry 1. — down 37.
— off, away 37.
56. 89. — up
37. — out 59. —
through, out 47.
72.
cast 23. 58. — into
23. — off 71.
— out 74.
cattle 33.
cause 7. 11. — to
cease 26. — to
cross 79. — to go
down, up 85. —
to emigrate 86.
— the fall of =
make fall.
cavalry 33. 88.
celebrated 12.
censure 60.
certain 12. 30.
certainly 69.
chance 11.
change 57.
chant = sing.
character 2. 25. 28.
31.
charge 50. 60. 88.
= blame. have
44.
charger = horse.
chariot 19.
chary, am 27.
chase 13. 77.
cheat 49. 85.
check = prevent.
cheer, of good = con-
fident.
chief 73.
child 3. 34.
childish 87.
chiton 20.
choose 85.
chronicle 58.
citadel 14.
city 31. 32.
claim 51. claw 17.
cleanse 71.
clear 11. 30. 71.
clever 10. [make 51.

close 45. = end.
= stable. — to-
gether 84.
clothes 12. 18.
clothing = clothes.
cloud 37.
coast 49.
coin 19.
cold 10. 28.
collect 23. 56. 72. 76.
colonist 86.
colonize 56. 86.
colony 56.
colt 55.
come 70. 74. 77.
am 26. — after
88. — near 89.
— out 84. —
through 88. —
to 88. — up 91.
—upon 86. 88. 24.
coming 22.
command 4. 6. 27.
57. 71. = rule.
commander-in-chief
= leader, general.
commander of a watch
or garrison 89.
commence = begin.
common 10.
compact 84.
companion 2.
company 25. 26. 86.
compare 16. 62.
compel 23. 56.
comrade 77. = com-
panion.
conceal 58.
concede 92.
concerned, am 41.
concord 7.
conduct = send. =
lead. — forward
83. — over 79.
confidence 31. have
1. = trust.
confident, am 61.
confusion 70.
conjecture 16.
conquer 49. 50.
conquest 85.
consecrated=sacred.
consequence, in —
of 1. and in 53.
consider 56. 59. 70.
—as 9. 61. 82.
consideration 60.
console = raise up.
constant = stable.
constitution 8.
consult 26.

contend 56.
content, am well 60.
contention 18.
contest 20. = quarrel.
control = rule.
converse 78.
convey 56. —across 79.
convince 27. am —d 59.
coöperate 63.
copy 61. corpse 14.
Corinth ἡ Κόρινθος.
corrupt 1. 71.
cost 77.
council = senate. hold a 13. 26.
counsel 26. = advice. ask 26. take 13.
counselor 33.
count 50.
countenance 90.
countless 12.
country 3. 6. 14. the —'s 66. in, of the 77. native 18.
courage 3.
courageous, am 61.
courier=messenger.
course, of 70.
court of justice 78.
cover 58.
covet 53.
cow 33.
cowardice 63.
cowardly 10.
crave 53.
craving = desire.
credit = honor.
cremate = burn (down).
Cretan 18.
criticise = judge.
cross 53. 74. 88. cause to 79.
crossing 31.
crown 14. 51. = empire.
cry 6. — out 60.
cuirass 17.
cultivate 4. 78.
cunning 57.
cup 14.
cure 4. 49.
custom 2. 28.
cut 59. 75. —a road 84. — off 73. 90. — short 73. —

L

through 91. — up 59.
Dagger 34.
damage 6. 58.
danger 2. encounter 13. face = run a risk. without 90.
dangerous 40. = heavy.
dare 49.
daring 88.
dark 20.
darkness 28.
daughter 25. 34.
dawn 83.
day 6. a —'s march 43.
daybreak 83. at 43.
dead man 14.
deaf 77.
deal out 23.
dear 11.
death 2. 6. put to = kill.
deceive 27. 49. 52. 85.
decide 4.
decision 31.
declare 71.
decree 56.
deed 3. 19. 31.
deem worthy 51.
deep 32.
deer = stag.
defeat 7. am —ed 52.
defend 4. — myself 71.
define 56.
deformed=unsightly.
deity 20. = god.
deject 51.
delay 26. 40.
deliberate 13.
delight 29. = gladden. = pleasure.
delightful = agreeable.
deliverance 10.
deliverer 16.
dell, woody 88.
demand 49. 50. 51. 88. — the surrender 89.
demigod 34.
democracy=people.
demolish 75.
depart 50. 57.
departure 43.

depose 26.
deprive 59.
depth 28.
descend 23.
descendant 26.
describe 23.
desert, —ed 12.
deserter 43.
deserving 11.
design 26. have —s upon 26.
desirable 63.
desire 6. 15. 18. 45. 53. 62.
despatch = send.
despise 50.
destiny 11.
destroy 1. 26. 50. 71.
detach 56.
determine 56.
die off, out 15. 42. 49.
different, am 23.
difficult 10.
difficulty 19. 37. am in 24. cause 91.
dig 73.
dinner = meal.
disappoint 71.
discern = perceive.
discord 31.
discourse 2.
discretion 9.
discussion 2.
disease 5.
disfigure 73.
disgrace 6. 60.
disgraceful 10.
disheartened, am 80.
dishonor 23. 60.
dismiss 34.
disorder 70. in 58. throw into 57.
dispense = deal out. — justice 13.
disperse 72.
display 72.
disposal, am at 70.
disposition = character.
dissolve 26. not —d 91.
distance, at a 88.
distant, am 32.
distinguish 82. am —ed 10. 23.
distress 6. = sufferings.
distribute 23. 71.
distrust 6. 53.
disturb 57.

ditch 5.
divest of = depose from.
divide up 23. 71.
divine 11.
divinity = god.
do 35. 42. 49. 50. — away 26. — good, a kindness 61.
doctor = physician.
dog 35.
dolphin 20.
domestic 9. 62.
dominion 49. = empire.
door 6.
doubt 37. am in 77.
doubtful 12. 30.
down 90.
drag 82.
dragon 72.
draw 81. 82. — the bow 72. — near 88. — out 59. — up 57. 84.
dread 9. 52.
dreadful 10.
dream 29. 35.
dress 18. 53. — up, out 56.
drill = exercise.
drink 24. —ing party 35. — offering 62. make a — offering 57.
drive 38. 47. — away 15. — forward 83.
drug = medicine.
due measure 8.
during 1.

Each (one) 21. 22. — of two 83.
eager 11. 38. am 79.
eagerness 86.
eagle 17.
ear 34.
earlier 15.
early = ancient.
earnest 11. am in 79.
earth 14. 20.
east 83.
easy 11.
echo 34.
educate 1. 76.
education 6.
effect, can 35.
efficient = strong.

Gain 28. 49. 71.
make = gain.
gallant = brave.
games, Olympian
60.
garland 14. 51.
garment 12. under
20.
garrison 52. 89.
gate 6.
gather 23. 72.
general 3. = leader.
generally 42.
generation 20.
gentle 12.
gentleman 35.
genuine 10.
get 59. 70. — into
74. — out 84.
giant 21.
gift 3. — of honor
29. — of persua-
sion 34.
girl 34. = maiden.
give 14. 59. — or-
ders 57. — over
53. — up 26. 53.
glad 18. make 16.
gladden 16.
gladly 18. 32.
globe 7. = earth.
glorious 10. 12. 30.
glory 7. 28.
go 23. 24. 50. 74.
am going 26. am
gone 35. —
across 88. —
away 35. 50. —
back 50. — by
77. cause to 79.
cause to — down
85, to — up
85. 91. — for-
ward 88. — into
90. — into quar-
ters 62. — near
89. — out 84. —
round 89. —
through 53. 88.
— to rest 70.
goat 17.
goblet 14.
god 3. 20.
goddess 6.
godliness = piety.
godly 30. = pious.
gold 5. of 14.
golden 14.
good 10. do 61. 84.
in — health 89. it
seems 61. — luck

6. of — cheer =
confident. —
thing 10. —will 7.
govern 4. 27.
governor 13. 48.
grace 18. 49.
graceful 21.
Graces, the 18.
gracious 83.
grain 36.
grant 14. 92.
grasp 83.
grateful, am 18
gratitude 18.
grave 14. 61.
graze 71.
great 36.
greatness 28.
greave 18.
Grecian 10.
Greece 18.
Greek 10. 20.
green 20.
grief 6.
griefless 12.
grieve 59.
grievous 10.
ground 20. 33.
stand my 38.
groundless 41.
grow old 42.
grudge 59.
guard 4. 52. 89.
am on my 57.
guardian 17.
guest, receive as a
70.
guide 20. 61.
guilty 11.
gulf 15.

Habit 2. 28.
half 32.
halt 35.
hand 36. am on
70. get the upper
50. — in 91.
handsome = fair.
happen 4. am about
to 22.
happiness 17.
happy 16. 20. 30.
70. am 50. pro-
nounce 69.
harangue 44.
harbor 20.
hard 10. press 24.
— to conquer,
take 91.
hardship 2. under-
go 81.

harm 6. 58. 85. =
evil. do 58.
harmony 7. live in
71.
harmost 48.
haste 86. make 27.
hasten = make
haste.
hate 9. 50.
hated 10.
hateful = hated.
hatred 40. = en-
mity.
have 1. 49. —
weight 35.
head 24. 61.
heal 4. 49.
healer = physician.
health, in good 89.
healthy 30. am 71.
hear 24.
hearer = (one) hear-
ing.
heart 3. 6. lay to 59.
hearth 78.
heaven 3.
heavy 10. 32. —
armed foot-sol-
dier — infantry 9.
heed, take 41.
hegemony 87.
height 14. 28.
Hellene 20.
Hellenic 10.
helmet 18. 28.
helmsman 14.
Helot 78.
help 7. 50. 59. 61. 63.
hem in 51. 81.
herald 17.
here 92. am 22. 26.
hereditary 63.
hero 34.
hesitate 26.
hide 58.
high 18. — minded
91.
hill 43.
hind 18.
hinder 13.
hire 51.
historian 76.
history, write the —
of 23.
hit 24. 84. — the
mark 70.
hog 32.
hold 1. — beside,
near 14. — fast
44. — out 77. 90.
— up 72. — a

council 13. 26. —
my peace 60.
hollow 24. 41.
holy 10.
home 18. from 90.
— ward 53.
honest 35. = just.
honor 4. 6. 8. 49.
gift, sense of 29.
honorable 12. 35.
honored 12. 17.
hoof 17.
hope 18. 23.
hoplite 9.
horn 19.
horse 2. 33. 88.
horseman 33.
hospitality 59.
hostile 10. 11.
hot 10.
hound = pursue.
house 6. 57.
household 9.
how 42.
however 4.
human 18.
humble 51.
hunger 12.
hunt 13. 77.
hurl the javelin 55.
hurt 6. 58. 84.
hurtful 10.
husband 25.
husbandman 3.
hymn 23.

Idle 41.
if 44.
ignorant 60.
ill 24. am 50.
luck 8.
illness = sickness.
ill-timed 12.
illustrious 10.
image 3. 19.
imagine 40.
imitate 61.
immediately 37. 84.
immense = count-
less.
immortal 12.
impassable 12.
impending 22.
impiety 7.
impious 30.
implant = plant.
importance, of 41.
impose 92.
impress = stamp.
impression 28.
in 1.

man 2. 25. 51. —'s 18. dead 14. — of-war = trireme.

mangle = tear in pieces.

manifest 11. 82. make 51.

manifold 11.

mankind = men.

manlike = like men.

manner 2. 28. in this 92.

many 12.

march 1. 4. 24. 32. 38. 47. 52. — against 70. 90. a day's 43. — away 37. 90. — on 83. — out 5. — round 89. — up to 90.

market (-place) 6.

marriage 37.

marvellous = wonderful.

massacre 25.

master 9. am 50.

mastery 24.

matter 19.

meadow 20.

meal 14.

measure 8.

mechanic 21.

medicine = remedy.

meet 27. 55. 62. 86.

meeting 6. 92.

memorial 23.

memory 41.

mercenary 2. 90.

merely 34.

message 89.

messenger 2.

metal, of 14.

middle 79.

midst 79.

mighty 86. = great.

mild 12.

milk 18.

mina 73.

mind 14.

mindful 77.

minded, am 50.

mine 5. 12.

minstrel 53.

miserable = in distress.

misery 10.

misfortune 6. 8. 10. 11.

mishap 8. = misfortune.

miss (the mark) 77.

missile 28. = arrow.

mistaken, am 71.

mixing bowl 16.

model 34.

moderate 70.

moderation 9.

modesty 9.

Moera 85.

moment, fitting 12.

money 19. 92. — for spending 77.

month 20.

monument 19. 23.

moon 6.

morals 28. = manners.

more, no 57.

morning 83.

mortal 10. 72.

mother 25.

motion, set in 52.

mound, funeral 19.

mountain 28.

mouth 19.

move 61. — on 88.

Mt. Laurium 5.

much 36. too 57.

multitude 28.

murder 25. 26.

murderer 33.

Muse 7.

must, one 38.

my 12.

myriad 55.

Nail 17.

name 16. 19. 82. by 92.

namely 9.

narrow 10.

nation 12. 28.

native 63. — city, country, land 18.

natural disposition 31.

naval, engagement 15. engage in a — battle 80.

navy = fleet. = ships.

Naxian 16.

near 52. 90.

necessaries 47.

necessary 11. 38. 47.

necessity 22.

nectar 16.

need, am in = need.

need 80.

needy 30.

neglect 61.

neighbor 20.

neighboring 15. 88.

neither 87. — nor 8. 74.

never 24.

new 11.

news 89.

night 18. pass the 90.

nimble 17.

no 1. 40. — one 40.

noble 10. — minded, of — race 30.

nomad 18.

none 40.

nor 87. neither 8.

nose 20.

not 1. 40. and 87. likewise 87. — even 87. — only 34.

noted, am 23.

nothing 40.

nourish 18.

nourishment = food.

now 24. 42. 52.

nowadays = now.

number 3. 28. 50.

numberless = countless.

numerous = many.

Oath 25.

obey 4. 27. 59.

oblige 85.

obscure 30.

obtain 56. 70.

occasion, on one 24.

occupy 44. 71.

offence 19. give — = do wrong.

offer 24. — a libation 18. — myself 71. — resistance 90. = bring.

offering = gift. = sacrifice. votive 19.

office 6.

often 1. as — as 59.

old 11. 13. 38. grow 42. — man 21. of 77.

olive tree 73.

Olympiad 55.

Olympian 21. — games 60.

on 1. 88.

once (upon a time) 24. at 84. — more 89.

one's own 11. 62.

only 11. not 34.

open 78.

opinion 6. 7.

opportunity = right time.

oppose 62.

opposed 11.

opposite 11.

oppress 24.

or 41. either 8. 41. whether 60.

oracle 45. 52. 85.

orator 16.

ordain 56.

order 8. 31. 57. = command. give 57. 71. in — that 59.

ornament 8.

other 12. 38. 56. 69.

our 12.

out of 1.

outpost 89.

outrage 23. 31. 73.

outside of 47. 70.

overcome = conquer.

overseer 48.

overthrow = dissolve.

owe 63.

owl 17.

ox 33.

Pack up 56.

pain 6. 28. 59.

pained, am 59.

painful 10.

painless 12.

pair 28.

palace, royal 13.

palm-tree 17.

panoply 90.

parasang 55.

pardon 61.

parentage = race.

parents 33.

park 13.

part 26. 28. for the most 42.

partake 63.

partly — partly 92.

pass 88. — by 77. — over 74. — through 53. 88. — sentence 13. — the night 90. — time 23. 27.

passable, make 84.

passage 88.

passions = desires.

path 5.
pathless = impassable.
pay = wages.
peace 6. = concord. hold my 60. make 57.
pebble 5.
peculiar = private.
peltast 9.
penalty 6.
peninsula 37.
people 2. 12. 28.
perceive 1.
perception 31.
perform 72.
peril = danger.
perish 71.
perishable 10.
permit 53.
perplexity 37.
persecute 13.
person, private 70.
persuade 27.
persuasion, gift of 34.
phalanx 17.
philosopher 18.
physician 3.
pick out 89.
picture 3.
piety 7.
pig 32.
pillage 75.
pilot = helmsman.
pious 30.
pitch a camp = encamp.
pitiable 69.
pity 71.
place 33. 44. 57. 84. at that 48. at the same 83. — my hope in 18.
plain 3. 14. 30.
plan 6. 13.
plant 26.
pleasant 21. = agreeable.
please 22. am —d 29.
pleasing = agreeable.
pleasure 6.
plenty 28.
plethron 55.
plot 26.
plunder 37.
poet 9.
point 77. am on the 26.

poor man 19.
portion 23. — out 71.
possess 49. 71.
possession 19. 31.
possible 10.
post 31.
posterity = descendants.
potion = medicine.
pour out 18.
poverty 6.
power 6. 31.
powerful 10. am 35.
praise 25. 61.
pray 23.
prayer 70.
preceding 15.
precincts of a temple 89.
precious = prized.
predict 37.
prefer 90.
preparation 87.
prepare 56. —d 57.
present 3. 22. 24. 59.
preserve 4. 9.
preserver 16.
president 73.
press 89. — hard 24. — on 27.
prevail, over 49. — upon 27.
prevent 13.
previous 15.
previously 42. 89.
priest 33.
priestess 37.
prince = ruler.
prison 78.
prisoner, taken 89.
private 11. 62. — person 70.
prize 16. — fighter 79.
prized 17.
probable 90.
procession, solemn 92.
proclaim 29. 71.
procure 59. — supplies 74.
produce 26.
profess 71.
profit 7. 28. 71. 86.
promise 23. 71.
pronounce happy 69.
proper 25.
property 19. 26.
prophecy 45. 52.
prophesy 37.

prophet 31.
propitious 83.
prosperity 6.
prosperous 30. 70. am 50.
protect = preserve.
protector = savior.
protract 82.
proud, am 50.
prove 71.
provide 14.
provisions 47.
prowess = bravery.
prudence 9. 31.
prytanēum 78.
puff up 79.
punish 16. 51. 61.
punishment 6. 46. inflict 15.
pupil 9.
purge 71.
purify 71.
purpose 26.
pursue 13. 49.
pursuit 88. literary 19.
put, on 81. — an end to 26. — put to death = kill. — to flight 15.
pyramid 18.
pyre, funeral 85.

Qualified 47.
qualities, natural 31.
quarrel 18. 56.
quartered, am = am encamped.
quarters, go into 62.
queen 37. am — = am king.
question 49. 70. 87.
quick 32.
quiet 6. 12. keep 82.

Race 28. — course 79. of noble 30.
raise 23. 79. — again, up 51. — the battle-cry 90.
rank 31.
rare = scarce.
rate, at any 69.
ravage 59. 62.
ravine 88.
raving, am 44.
raze 75.
reach 45. 84.
read 91.
readily 21.
readiness 86.

ready 57. = willing. am 70. make 56.
real 10. 30.
reality 7.
realm 49.
rear 76. 89. in, at, from the 77.
rearguard 89.
reason 14. 56.
reasonable 12. 20.
reasoning 60.
receive 15. 27. 70. 74. 87.
recently 91.
recollection 41.
record 58.
recovery = deliverance.
reduce to slavery = enthrall.
reflect 56.
refrain 32.
refuge 69. take 74.
refugee 19.
region 6. 44.
reign 4. 27. = rule.
rejoice 29.
related 30.
reliable = faithful.
reluctant 21.
rely on = trust.
remain 35. 71.
remaining 38.
remedy 3.
remembrance 41.
remove 59.
renown 7. 28. 70.
renowned 12.
report 26. 43. = announce.
repose 55.
reproach 23.
reputation 7.
repute 70.
rescue 9. 10.
resemble 78. 11. 61. = similar.
residence = sojourn.
residence, king's 13. = royal palace.
resistance, offer 90.
resolve 13. 56.
resource 70.
respect 29. have 81.
respected 12.
rest 6. 38. 55. am at 82. go, lay to 70.
result 28.
retreat 31. 50.
retribution 77.
return 74.

reveal 26. 58.
revenue 86.
reverence 29.
review 56.
revolt 89.
reward 3.
rich 11. am 50.
riches 2.
rid 57.
riddle 75.
ride 38. 90.
rider 33.
right 6. 29. 42. — time 12.
righteous = just.
righteousness = justice.
risk 49. run a 13.
rival 62.
river 5.
road 5. cut a 84.
roam = wander.
rob 37.
robe = dress. festive 71.
rock 23. = stone.
rough 32.
round, all 80. sailing 14.
rouse 77.
rout = turn.
royal 13. — palace 13.
rugged 32.
ruin 1. 71. = corrupt.
rule 1. 4. 6. 27. 50. as a 42.
ruler 9. 13.
rumor = word.
run 77. 89. — a risk 13.
rush 77. 89.

Sack 75.
sacred 10.
sacrifice 1. 7.
sad, am 59. make 59.
safe 30. 89. — and sound 77. 89.
safety 7. 10.
sail 80. 82.
sailing 14.
sailor 9.
sake, for the 70.
sally forth 89.
salt 16.
same, at the — place or time 83.
sanctuary = temple.

satisfaction 6.
satrap 13.
save 9. 48.
savior 16.
say 1. 56. 89.
saying 28. = word.
scanty 52.
scarce 52.
scatter about 72.
sceptre 38.
scheme 49.
scourge 17. 51.
scout 92.
sea 7. Black 14. go by 80.
search 61.
season 40.
seat, take a 78.
seated, am 78.
secret, keep 60.
secretly 75.
secure 30. 62. = preserve.
security 7.
seduce 23. = lead aside.
see 15. 60. 70.
seek 61.
seem 61. 78.
seer 31.
seize 15. 78. 83. — upon 86.
select 89.
self-control 24. having 30.
self-restraint 9.
sell 63. — into slavery 86.
senate 6.
send 13. 72. — along 77. — away, off 72. — away, back, off 34. — away, off, out 91. — down 58. — for 27. — in advance 88.
sense 14. good 31. — of honor, of shame 29.
senseless 12. 14. 20.
sensible 12. 20.
sentence, pass 13.
sentiment 58. = heart.
separate 56. 81.
servant 2. 9. 21.
serve 4. 13.
service 92. am of 50.
serviceable 12.
set, apart 56. — in

array 57. — in motion 52. — on fire 83. — out 52. — out on a campaign = take the field. — up 51. = erect. — up again 51.
setting out 43.
settlement = colony.
settler 86.
shackle 85.
shaggy 32.
shame 6. feel 71.
shameful 10.
shape 28.
share 63. have a 63.
sharp 32.
shave 73.
shear 73.
shed tears 13.
sheep 17.
shepherd 20. 33.
shield 18. wicker 84.
ship 3. 35. = vessel. — over 79.
shoot (down) with a bow 26.
shore 49.
short 10. 11. 32.
shortness 29.
shoulder 36.
shout 6. 60.
show 14. 51. 71. — forth 71. — up 71.
shrine = temple.
shun 1.
shut 45. — in 89. — in, up 81. — in, to 86.
sick, am 50.
sickness 5.
side, on this 70. on the further 70.
sides, on all 80. on (from) all 90. on (from) both 90.
siege 82. take by 50.
sight 31.
sign 5. 19. give a 71. make signs 56.
signal 5. = sign. give a 71.
signify 71.
silence 9.
silent, am 60. keep 60.
silver 5. 92. of 14.
similar 11.
simple 14.
sin 19. 77.

since 15. long 77.
sincere = true.
sincerity = truthfulness.
sing 23. 53.
singer 53.
single, not a — one = no one.
sink, cause to 81.
sister 6.
sit down 78. make 78.
situated, am 82.
size 28. 29.
skilled 20.
sky 3.
slaughter 75.
slave 2. 9. am a 13. make a — of 51. 86.
slavery 79. reduce to = enthrall.
slay 15. 74. 75.
sleep 2. 33.
slender 32.
slight 61.
slow 32.
sluggish = slow.
small 10. 11.
smoke 29.
snare 26. lay snares for 26.
snow 20.
so 42. 59. — much 42. — that 59.
sober 30.
soft = gentle.
soil = earth.
sojourn 40.
soldier 9.
sole 11. = only.
solemn procession 92.
solicitous, am 41.
solicitude 18.
some 12. — others 56.
sometimes 63.
son 13. 34. song 32.
soon = quickly.
sordid = shameful.
sorrow 6.
sorrowless 12.
sort 28. of all sorts 11.
soul 6.
sound 30. 60. am 71.
source 6.
sovereign 13.
sovereignty 6.
sow 72.

spare 27.
speak 1. 44. 78. — the truth 26.
speaker 16.
spear 19. 77.
spearman = javelin-man.
speech 2.
speed 28. 86.
spend 23. 27.
spirit 28.
splendid = brilliant.
spoil 71. = corrupt.
spot, on the 37.
spring 16. 90. = source.
spur on 63.
spy 92.
stable 12.
stadium 36. 79.
staff 38.
stag 18.
stain 72.
stamp 25.
stand, in awe 53. — my ground 38.
star 3.
start off 52.
state 8. 31.
statement = word.
station 31. 57.
statue 19. 21.
stay 40. 71.
steed = horse.
steep 90.
step down 23.
still 57.
stir up 79.
stomach 25.
stone 2. 23. made of 91.
stop 26.
storm 20.
stout 32.
straight 42.
straightway 84.
strain = song.
strait 10.
straiten 24.
strange 11.
stranger 2.
strap 21. 91.
stray 52.
stream 5. 80. = river.
strength 9. 28. 32.
strengthen 62.
stretch 72. — forth 77. — out 82.
strife 18.
strike 24. — down 75. — off 90.

stripe = stroke.
strive 45. 56. 62. 79.
stroke 38.
strong 10. 86. 88. am 35.
struggle 20.
study 70.
stupid 75.
sturdy 86.
style = call.
subdue 15.
subject 12. 15. am 13. 42.
subjugate 51.
submit 38. 85.
subsequent 15. 89.
succeed 74. 87.
success 6.
successful 30. am 50.
succor 7. 61.
succumb = am in-ferior.
suddenly 37.
suffer 24. 49. 78. 81.
suffering 2. 24. 28.
suffice 81.
sufficient 70.
suite 92.
suited 47.
suitor 82.
sully = stain.
summer 28.
summon 27.
sumpters 90.
sun 2.
suppliant 9.
supplicate 89.
supplies 47.
supply 59.
support 50.
sure 30.
surely 69. 91.
surpass 23. 74. am surpassed 52.
surrender 91.
surround 51. — with a wall = fortify.
sway, have 27.
swear falsely 62.
sweat 18.
sweet 32.
swift 32.
swiftness 28.
sword 28.
symposium 35.
symptom = sign.

Table 36.
take 15. 85. 86. — a bath 51. — alive 85. — along, up

to myself 92. — by siege 50. — counsel 13. — part = partake. — ref-uge 74. — the field 13. 43. — thought 41. — vengeance 61.
taken prisoner 89.
tale 28.
talent 55.
talented 30.
tall 10. 36.
talon 17.
tame 12.
tastes and habits = manners.
tax 91.
teacher 8.
teaching 47.
tear 10. shed tears 13.
tear away, to pieces 81.
tell 1. 56. — a lie 27.
temenos 89.
temperance 9.
temperate 20.
tempest = storm.
temple 10. 83.
tenable 88.
tent 6.
terms of surrender 92.
terrible 10.
test 52.
thanks 18.
that 15. 42.
tne — the 63.
theatre 49.
then 24. 52. 53. 70. — at once 24.
thence 53. 72. 92.
there 37. 48. 91. am 22. 26. from 53. 72. 92.
therefore 52. 70.
thereupon 53.
thick 32. 84.
thickly set 32.
thin 32.
thing 19. good 10.
think 9. 40. 50. 61. — fortunate 69.
thinking, way of 58.
thirst 24.
thither 37.
thong 21.
thought 58. take 41.

threefold 14.
thriving = prosper-ous.
throne = empire.
throw 23. 58. — away 58. 71. — into 23. — into disorder 57. — out 74. — up against 23. — upon 92.
thunder 91.
thus 42. 59.
till 4.
time 2. 20. right 12. at any (some) 24. at that 24. at the same 43. 83.
times, of danger, war 2.
timid = cowardly.
to 1.
together 43. 83.
toil 2. 81.
toilsome 69. 91.
tolerate 78.
tomb 14. 49.
to-morrow 90.
tone 60.
tongue 7.
too 1. — much 57.
tooth 21.
touch 61. 83.
tower 91.
town-hall 78.
trail behind 82.
train = exercise. = educate.
training 6.
traitor 9.
tranquil = quiet.
transport = vessel.
travel 4. 52.
treason 86.
treasure 22.
treat 80.
treated, am 24.
treaty 62. make a 57.
tree 3.
trench = ditch.
trial 31. make — of 52.
tribe 12. 28.
tribute 21. 91.
trifling = small.
triple 14.
tripod 19.
trireme 30.
troops 31. = army.
trophy 3.

trouble 19. 57. give
91.
troublesome 10.
true 10. 30.
trumpet 17.
trust 1. 27. 59.
trustworthy=trusty.
trusty 10. = faithful.
truth 7. in 91. speak
the 26.
truthful 30.
truthfulness 7.
try 4. 52.
turn 15. — about
89. — off 44. —
out 71.
tusk 21.
tyranny 18.
tyrant 11.

Ugly = unsightly.
unacquainted 22.
uncertain 12. 30.
uncover 58.
under garment 20.
undergo 85.
understanding 6. 31.
undertake 50. —ing
31.
undeserving 12.
uneducated 60.
uneven 32.
unfortunate 30. 70.
am 50.
ungodliness = im-
piety.
ungodly 30. = im-
pious.
ungrateful 42.
ungrudging 48.
unhappy 30. 70. am
50.
uniform 53.
unintentionally 21.
universe 8. =world.
unjust 12.
unknown 12. 30.
unlawful 48. = un-
just. by — means
= unlawfully.
unluckiness 6.
unlucky 30.
unreasonable 20.
unseen 30. make 56.
unserviceable 12.
unsightly 10.
unsuccessful 30. am
50.
until 72.
untrue 30.
untrustworthy 12.

untruthful 30.
unveil 58.
unwillingly 21.
unworthy 12.
up 90. — to 1.
uphold = preserve.
upper air 16.
upright = just.
urge 4. 84.—on 52.
63.
use 7. 80. am of 50.
— force 56. make
— of = use.
useful 10. 12. 41.
useless 12.

Valor = bravery.
valuable 12. 58. =
clever. = prized.
valued = prized.
vanguard 89.
variety, a — of 11.
various 11.
veil 58.
venerable 61.
vengeance 46. 77.
take 61.
venture 49.
versed, not — in =
unacquainted
with.
very much 89.
vessel 3.
vices 7.
victorious, am 49.
victory 6.
victual the army 74.
vie 56. — with =
rival.
view 70. = opinion.
village 43.
vine 5.
violence 46.
violent 46.
virgin = maiden.
virtue 6.
virtuous = worthy.
visible 30. 82.
voice 60.
voluntarily 21.
vote 56.
votive offering 19.
vow 23.
voyage 14.
vulture 17.

Wage war 50.
wages 3.
wagon 7.
wait 35. 71. 90. —
upon 4. 92.

walk 24.
wall 28. — off 89.
surround w. a 46.
wander 52.
want 37. am in 77.
war 2. make, wage
50.
ward off 71.
warfare = war.
warlike 17. 33.
warm 10.
wash 51.
watch 4. 49. 52. 89.
watch-fires 35.
water 19.
waterless 24.
way 2. 5. — of think-
ing 58. — out of
5. give 90. make
62.
weak 38.
wealth 2. = riches.
wealthy 20. = rich.
weapon 3.
wear = carry.
weave 72.
wedding 37.
weep 13. — over 82.
weight 28. have 35.
welfare 10.
well, am 71.
well-born 30.
well-bred 35.
well-disposed,
-minded 14. 30.
when 15. 24. 44. 69.
72.
whence 77.
whenever 44. 59.
where, from 77.
whether 44. — or
60.
while 72.
whip 17. 51.
whole 13. 21.
wholly 70.
wicked 10.
wickedness 7.
wicker-shield 84.
wide 32.
width 28.
wife 35.
wild 11. — animal
3. 16.
willing 21. 38. am
40.
win 49.
wind 2. 19.
wine 5.
wing 17. 19.
winter 20.

wisdom 6.
wise 10. — man 7.
18.
wish 15. 18. 23. 40.
51. 53. 70.
withdraw 50. 62.
within 70. 89.
withstand 62.
witness 35.
woe 24. 28.
wolf 17.
woman 35.
wonder 1.
wonderful 14.
wood 58. of 72.
wooden = of wood.
woods = forest.
woody dell 88.
word 2. 28. bring
43.
work 3. 78. — hard
81.
world 8.
worship 4.
worsted, am = am
inferior.
worth 11. — much
58.
worthy 10. 11. deem
51.
wound 16. 19.
wrap up 81.
wrath 3. 14. =anger.
wreathe 51.
wretched = unfor-
tunate, = in dis-
tress.
write 1. — upon 23.
wrong 6. 50. am
in the 50. do 50.
84.
wrongdoing 6.

Year 15. 28.
yet 57.
yield 62. 90.
yoke 28. 91.
yonder 48.
young 9. 11. — man
9.
your 12.
yours 12.
youth 18. = young
man.

Zeal 86.
zealous 11. = ear-
nest.
zephyr = air.

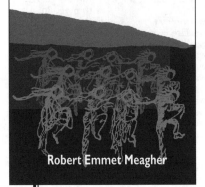

The Essential Euripides

Dancing in Dark Times

Robert Emmet Meagher

*Plays and Interpretation
in One Affordable Volume*

THIS UNIQUE VOLUME INCLUDES:

✦ A monograph on Euripides entitled *Mortal Vision: the Wisdom of Euripides*

✦ Five plays in translation: *Hekabe, Helen, Iphigenia at Aulis, Iphigenia in Tauris,* and *Bakkhai*

✦ A concluding essay entitled *Revel and Revelation: the Poetics of Euripides*

In "Mortal Vision" Meagher endeavors to strike the core of what he takes to be Euripides' abiding concerns: war, the plight of women, and the awful mystery of the gods. The five plays selected for inclusion here embody those concerns as fully and powerfully as any in the Euripidean repertoire. Finally, in "Revel and Revelation," Meagher looks back at Euripides' consummate masterwork, the *Bakkhai*, as a definitive response to the ancient quip that Athenian drama has little or nothing to do with Dionysos. Nothing could be further from the truth.

xii + 556 pp. (2002) Paperback, ISBN 0-86516-513-0

Bolchazy-Carducci Publishers, Inc.

1000 Brown Street, Unit 101
Wauconda, Illinois 60084
847/526-4344
www.bolchazy.com

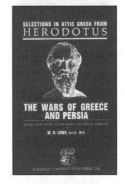
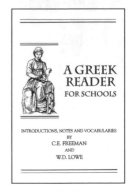